Andrej Tarkowskij
Der Spiegel

ANDREJ TARKOWSKIJ

»Der Spiegel«

Novelle, Arbeitstagebücher und Materialien
zur Entstehung des Films

LIMES

Die Deutsche Bibliothek – CIP-Einheitsaufnahme

Tarkowskij, Andrej
»Der Spiegel« (»Serkalo«) : Filmnovelle, Arbeitstagebücher und Materialien zur Entstehung des Films / Andrej Tarkowskij. [Aus dem Russ. von Kurt Baudisch und Ute Spengler]. – Berlin : Limes, 1993
ISBN 3 8090 2322 1

Aus dem Russischen übertragen von Kurt Baudisch
und Ute Spengler
Redaktion: Christiane Bertoncini
Alle Rechte vorbehalten
© Verlag Ullstein GmbH
Frankfurt a. Main/Berlin 1993
Satz: R. Benens & Co., Berlin
Druck und Verarbeitung: Ebner Ulm
Printed in Germany
ISBN 3 8090 2322 1

INHALT

Filmnovelle »Heller, heller Tag«   7

Arbeitstagebuch I   91

Arbeitstagebuch II   183

Anhang

a) Fragen an die Mutter (1. Entwurf)   266

b) Dokumente zum langen Marsch des »Spiegel« durch die Instanzen der sowjetischen Filmbehörde   269

Nachwort von Hans-Joachim Schlegel   321

> Was liegt an meinem Namen dir?
> . . .
> Doch wenn dich tiefes Weh befällt,
> Sag ihn dir still, in trübem Tone,
> Und sprich: »Noch denkt man mein, die Welt
> Besitzt ein Herz noch, wo ich wohne.«
> A. S. Puschkin*

Dann kam der Winter doch. Und mit ihm der erste Schnee; im Stadtzentrum schaffen ihn Räumfahrzeuge beiseite, und die Hausmeister nehmen ihren täglichen Kampf mit ihm auf, der ein paar Monate dauern wird, fast bis Anfang April.

Hier draußen am Stadtrand ist dieser leichte, noch junge Schnee vor allem Anlaß zur Freude. Er läßt an Neujahr denken und ist wie der Beginn eines Festtages. Schon tagt es novemberlich spät; wer aus dem Haus tritt, denkt unwillkürlich: »Sieh an – der Winter ... Unglaublich, schon wieder ein Jahr vorbei! ...« Und wenn sich durch tiefhängende Wolken hindurch die Sonne erahnen läßt, erscheint die lange Straße mit dem hohen weißen Steinhaus zwischen den hölzernen Chalets, mit den Vorgärten und den Schuppen im Hof wie verwirrt über den unvermuteten Schmuck.

Eine neue, bereits winterliche Stille liegt über der Straße. Jeder Laut klingt leicht, offen und hell. Und man verspürt den unerklärlichen Drang, ein neues Leben zu beginnen.

*

Am Eingang zum Friedhof bieten Frauen Papierblumen und Tannenzweige zum Kauf an. Der Polizeiposten, der sie gewiß nicht zum ersten Mal hier sieht, bemüht sich, ihnen keine Beachtung zu schenken, und betrachtet die späten Astern hinter den frisch bereiften Schaufensterscheiben

---

* Übers. von Friedrich Fiedler.

des Blumengeschäfts. Durch das weit geöffnete Tor des Friedhofs gehen Leute, die in Lappen gewickelte Spaten und Harken tragen. An jedem freien Tag kommen die Lebenden hierher, um nach ihren Toten zu sehen.

*

»Ja!... Bist du das, Mama?«

»Natürlich! Wer sonst? Warum rufst du an? Was ist passiert?«

»Gar nichts. Ich rufe einfach mal an. Nur so.«

»Ist bei dir alles beim alten? Arbeitest du?«

»Nein, ich tue nichts. Ich sammle meine Gedanken.«

»Was ist mit deiner Stimme? Bist du krank?«

»Eine Angina wahrscheinlich. Nichts Tragisches. Ein paar Tage hab ich überhaupt kein Wort herausgebracht. Ich habe geschwiegen. Worte können ja ohnehin nicht alles wiedergeben, was der Mensch denkt! Irgendwie sind sie flau und kraftlos. Hör mal, heut nacht habe ich von dir geträumt. Von ganz früher... In welchem Jahr hat uns Vater eigentlich verlassen?«

»Großer Gott! Was soll das alles?«

»Und das Feuer? Als die Scheune auf dem Vorwerk niederbrannte?«

»Warte mal... Was wollte ich denn... Du machst mich ganz konfus! Ja – stell dir vor, Lisa ist gestorben.»

»Welche Lisa denn?«

»Elisaweta Pawlowna!! Lisa! Die mit mir in der Druckerei gearbeitet hat, auf der Walowaja!«

»Mein Gott! Wann?«

»Heute morgen um sieben.«

»Und jetzt ist es?«

»Sechs Uhr, denke ich.«

»Morgens?!«

»Was ist los mit dir? Abends natürlich.«

»Hör mal... Verzeih mir, wenn ich etwas Falsches gesagt habe. Ja?... Übrigens, weißt du zufällig noch, wie dieses

Flüßchen hieß? Das auf dem Vorwerk, irgend so ein seltsamer Name...«
»Was für ein Flüßchen?! In Ignatjewo? Die Worona*?«
»Ja, ja, natürlich. Worona.«
»Wozu willst du das denn wissen?«
»Nur so, kein besonderer Grund. Es fiel mir einfach so ein... Du, Mama, heute kann ich wahrscheinlich nicht vorbeikommen. Ich rufe an. Gut? Also – bis bald?...«

*

Über die verschneiten Seitenwege des Friedhofs bewegt sich ein kleiner Trauerzug. Männer tragen einen Sarg. Vorn ein Mann mit Spaten; er geht schneller und bleibt deshalb von Zeit zu Zeit stehen und wartet.

Ein leichter Windstoß, wie er in der Stadt kaum wahrnehmbar wäre – hier, unter den Bäumen, rieselt der Schnee auf die unbedeckten Köpfe und auf das Gesicht des Toten.

*

Niemand glaubt mir, wenn ich sage, daß ich noch deutliche Vorstellungen von mir als Anderthalbjährigem habe. Aber ich erinnere mich tatsächlich daran. An die Terrassentreppe, den Fliederstrauch... ich rutsche am Geländer entlang..., an den Aluminiumdeckel der Kasserole und an einen Tag voll strahlendem Sonnenlicht...

*

Der Sargdeckel wurde geschlossen. Plötzlich warf sich neben dem Grab jemand aufschluchzend in den Schnee und verlangte, man solle den Sarg öffnen. Es war sehr still in diesem Wald voller Trauer, nur die Bäume wiegten sich knarrend im Wind.

* *worona* heißt auf russisch Krähe. (A. d. Ü.)

Manchmal denke ich, es sei besser, nichts über den Tod zu wissen. Sich keine Gedanken darüber zu machen. Wie wir auch von unserer Geburt nichts wußten und nicht über sie nachzudenken vermochten.

Warum, wem zu Gefallen, muß das Leben so unwiederbringlich, so hoffnungslos verstreichen? Warum ist der Verlust um so furchtbarer, um so unersetzlicher, je mehr wir geliebt haben? Warum, mit welchem Recht haben wir uns an den Tod gewöhnt? Warum leiden wir an Verzweiflung und Leere? Woher nimmt der Mensch soviel Kraft? Wofür büßt er? Wir haben doch ohnedies genug erduldet! Sind nicht genug Menschen gestorben? Die Gefallenen werden nicht mehr nach Hunderten, nicht mehr nach Tausenden, sondern nach Millionen und zig Millionen gezählt! Und vielleicht läßt ein künftiger Krieg keinen Lebenden mehr zurück, und es wird niemand mehr bleiben, der uns beweint.

Doch die Menschen sterben, werden auf Lafetten gebracht oder im Sand verscharrt, von Vätern beweint, die ihre Kinder überlebt haben, man hackt ihnen Gräber ins Eis und nimmt Abschied von ihnen für immer und schickt für sie Salven in die Luft...

Vielleicht ist es besser, niemanden zu lieben, sich völlig blind und taub zu stellen und unfähig zu jeder Erinnerung? Wie diesen Schmerz in uns töten? Wie all dem ein Ende setzen?!

Und plötzlich erinnerte ich mich jener schrecklichen Verse, Fluch und Beschwörungsformel zugleich...

> Und er griff tief in meinen Schlund
> Und riß die Zunge aus dem Mund,
> Die eitle, sündhafte und bange,
> Und durch erstarrter Lippen Rand
> Stieß seine blutbespritzte Hand
> Den weisen Stachel einer Schlange.
> Und meine Brust ein Schwert durchstob,
> Und ihr mein bebend Herz entrang er,

Und in die offne Wunde schob
Er eine Kohle flammenschwanger.*

Auch ganz und gar Vereinsamte sterben und haben niemanden, der sie begräbt; sie sterben im hohen Alter oder haben das Leben noch gar nicht begonnen, sie sterben von Napalm verzehrt, an Bord von Schiffen, und das Meer wird ihr Grab; eine Kugel trifft sie, sie ertrinken in Sümpfen, Hunderte Kilometer von daheim, werden begraben nach Reglement, begleitet vom kalten Blut, sie sterben unbeachtet, sie sterben dramatisch, in Bühnenkulisse, gehen in die Erde, ins Feuer, ins Nichts, vergehen spurlos im unbesiegten Leid der Liebenden, ihrer verzweifelten Verlassenheit, und immer noch gehen sie, gehen hinaus in die Leere eines abgebrochenen Lebens ...

... Ich lag im Wüstensand wie tot,
Und Gottes Stimme mir gebot:
»Steh auf, Prophet, und sieh und höre,
Verkünde mich von Ort zu Ort,
Und wandernd über Land und Meere,
Die Herzen brenn mit deinem Wort.«

Die Erde wird sich erheben und auftun und den Sarg freigeben, und die Menschen werden aus der Todesstarre erwachen, und die Tränen werden trocknen.

Es verging nur wenig Zeit, und die Leute kehrten vom Friedhof in die Stadt zurück. Und alles war so alltäglich, geräuschvoll und lebendig wie immer ...

*

---

* Aus A. S. Puschkin, »Der Prophet« (in der Übersetzung von Wolfgang E. Groeger, 1923), ebenso die nachfolgenden Verse. (A. d. Ü.)

Ein Fragebogen, den meine Mutter hätte beantworten sollen, wenn sie nicht so plötzlich gestorben wäre:

1. BEI KRIEGSBEGINN HABEN SIE MIT IHREN KINDERN MOSKAU VERLASSEN. ERINNERN SIE SICH AN DAS DATUM? WER HAT SIE BEGLEITET? WIE SIND SIE GEREIST? VERSUCHEN SIE SICH BITTE ZU ERINNERN.
2. WOHIN WAREN SIE EVAKUIERT? IN WELCHEN ORT? HATTEN SIE SICH IRGENDWANN FRÜHER SCHON EINMAL DORT AUFGEHALTEN?
3. WEN LIEBEN SIE MEHR – IHREN SOHN ODER IHRE TOCHTER? UND FRÜHER? ALS BEIDE NOCH KINDER WAREN?
4. WIE STEHEN SIE ZUR ENTDECKUNG DER KERNENERGIE?
5. SCHMÜCKEN SIE AN FESTTAGEN GERN IHR HAUS UND LADEN GÄSTE EIN?
6. SPIELEN SIE EIN MUSIKINSTRUMENT? UND HABEN SIE ES NIE GELERNT?
7. LIEBEN SIE TIERE? WELCHE? HUNDE? KATZEN? PFERDE?
8. WAS HALTEN SIE VON »FLIEGENDEN UNTERTASSEN«?
9. GLAUBEN SIE AN OMEN?
10. SIE HABEN LANGE ALS KORREKTORIN IN EINER DRUCKEREI GEARBEITET. HAT DIESE ARBEIT SIE BEFRIEDIGT?
11. WAS HALTEN SIE VON EINEM BEGRIFF WIE SELBSTAUFOPFERUNG?
12. WARUM HABEN SIE NACH DER TRENNUNG VON IHREM MANN NICHT VERSUCHT, EINE NEUE STÜTZE, EINEN NEUEN EHEMANN ZU FINDEN?

*

Die ruhige, seichte Worona mit ihrem Saum undurchdringlicher hopfenumwundener Erlenbüsche und ihren plätschernden Buchten floß mitten durch eine große Wiese.

Mit meiner Schwester stromerte ich am Ufer des warmen Flüßchens entlang; wir suchten in den übers Wasser hängenden Sträuchern nach wilden Johannisbeeren. Unsere Lippen waren dunkelblau gefärbt, die Hände rosa und die Zähne hellblau.

In der Nähe des Steges, der aus zwei gefällten Erlen bestand, spülte die Mutter die Wäsche und legte sie in eine weiße Emailleschüssel.

»Manja-a-a!« erklang vom bewaldeten Hügel her eine Stimme im Echodoppel.

»Dunja!« rief die Mutter zurück.

»Manja!« kam es von oben. »Gehst du ihn abholen? Er muß doch mit dem Zwölfuhrzug kommen!«

»Dunjascha! Komm runter, ja? Nimm die Wäsche! Und ich renne, ja? Und die Kinder?«

»Ist gu-u-ut!«

Die Mutter kam eilig aus dem Wasser heraus, zog im Laufen die Ärmel herunter und lief auf einem Pfad, der sich im Wald verlor, bergaufwärts.

»Heh! Bleibt, wo ihr seid! Tante Dunja kommt gleich!« rief sie im Laufen herüber und verschwand zwischen den Bäumen.

*

Vom Bahnhof herkommend, führte die Straße zunächst durch Ignatjewo; einen Kilometer vom Vorwerk entfernt, wo wir jeden Sommer verbrachten, bog sie, einer Krümmung der Worona folgend, ab und lief dann durch einen stillen Eichenwald weiter bis nach Tomschino. Zwischen dem Vorwerk und der Straße lag ein Kleefeld. Von unserm Haus aus war die Straße nicht zu sehen, doch ließ sie sich erraten, wenn Leute vom Bahnhof aus den Weg nach Tomschino nahmen. Im Augenblick war die Straße leer.

Die Mutter saß auf einer biegsamen Stange des Zauns, der sich am Feldrand entlangzog. Von hier aus ließ sich nicht einmal am Gang ausmachen, wer die Straße heraufkam. Jemanden von uns erkannten wir gewöhnlich erst dann, wenn er an einem großen, dichten Busch auftauchte, der mitten im Feld stand.

Die Mutter zog von Zeit zu Zeit an ihrer Zigarette und ließ die Straße nicht aus den Augen.

Ein Mann kam die Straße entlang und verschwand hinter dem Strauch. Wenn er jetzt links davon auftaucht, ist ER es. Kommt er aber rechts heraus, ist ER es nicht, und das heißt, daß ER nie mehr zurückkommen wird.

Der Fußgänger erschien links. Wenige Minuten später kam er bereits den Pfad herauf, der am Zaun entlangführte. In der Hand trug er eine verschlissene Reisetasche.

»Entschuldigung, Fräulein, bin ich hier richtig nach Tomschino?« rief er von weitem.

»Sie hätten am Strauch in die andere Richtung gehen müssen«, gab sie zur Antwort.

»Na, so was!« Er drehte sich um und blickte auf das Feld zurück.

»Und was machen Sie hier?«

»Ich wohne hier.«

»Wo hier?«

»Ich begreife nicht ganz – interessiert Sie der Weg nach Tomschino oder mein Wohnort?« fragte sie gereizt.

»Na-na ... Da ist ja ein Haus!« tat er ganz erstaunt, als er die Blockhütte in der Mitte des Kiefernwäldchens bemerkte.

»Tatsächlich!« erwiderte sie feindselig.

»Warum sind Sie denn so nervös?« Der Unbekannte trat näher und griff ohne weitere Umstände nach ihrer Hand. »Zeigen Sie doch mal! – Seien Sie doch nicht so ängstlich, ich bin Arzt! Außerdem kann ich Ihren Puls nicht messen, wenn Sie mich weiter daran hindern.«

»Ich muß wohl meinen Mann rufen, was?« sagte sie und zog ihre Hand zurück.

Der Unbekannte brach in Gelächter aus.

»Na so was, gleich den Mann rufen! Haben Sie vielleicht gar keinen?« Wieder lachte er.

Sie schwiegen.

»Na schön, aber um eine Zigarette darf ich wohl bitten?« erkundigte sich der Passant friedlich.

Schweigend hielt ihm die Mutter die Schachtel hin. Er nahm sich eine, riß ein Streichholz an und zog genußvoll den Rauch ein. Dann setzte er sich auf die Erde, verschränkte die Arme hinter dem Kopf und ließ sich zurück ins Gras fallen.

»Wurzeln ... Sträucher, Gras ...« äußerte er sich rätselhaft und schloß dabei die Augen. »Ist Ihnen nie in den Sinn gekommen, daß auch Pflanzen fühlen und wahrnehmen können? Vielleicht sogar begreifen! ... Die Bäume, dieser Haselnußstrauch ...«

»Aber das ist doch eine Erle«, erwiderte die Mutter voller Mißtrauen. »Und nie im Leben ein Haselnußstrauch!«

»Ist doch völlig egal! Ob Erle oder Haselnuß ... Sehen Sie, sie bewegt sich, wiegt sich im Wind ... Und wir rennen immer, hetzen uns ab, geben nichts als Banalitäten von uns! Und warum – weil wir der Natur nicht vertrauen! Immer ist da ein Argwohn, oder unnötige Hast vielleicht! Keine Zeit, um nachzudenken!«

»Wenn ich Sie so sehe, muß ich an eine Figur von Tschechow denken. ›Saal Nr. 6‹*, erinnern Sie sich?« spöttelte sie.

»Das habe ich schon einmal gehört! Mir droht nichts dergleichen, ich bin ja Arzt.«

»Eben! Gerade darum.«

»Alles vom guten Tschechow erfunden! Erdichtet ...« Der Unbekannte seufzte, warf die ausgerauchte Zigarette weg und reckte sich.

* *»Palata nomer schestj«* – bekannte Erzählung A. Tschechows, deren Held, ein Landarzt, wahnsinnig wird. (A. d. Ü.)

»Wissen Sie was? Kommen Sie doch mal zu uns nach Tomschino! Manchmal haben wir es da ganz lustig!« Er nahm die Arzttasche vom Boden.

Die Mutter erwiderte nichts. Er lächelte, winkte und ging den ausgetretenen Pfad hinunter, auf die Abbiegung nach Tomschino zu.

Die Mutter sah ihm lange nach. Dann sprang sie vom Zaun und kehrte langsam zum Haus zurück. Ein plötzlicher Windstoß drückte die Erlen, die den Zaun säumten, zu Boden.

»Auf Wiedersehn!« ertönte von fern die Stimme des Fremden, »danke für die Zigarette!«

*

Die Lampe war noch nicht angezündet. Ich saß mit meiner Schwester in der halbdunklen Stube am Tisch; wir aßen Buchweizengrütze mit Milch. Die Mutter stand am Fenster, nahm aus einem Koffer ein Heft, setzte sich auf die Fensterbank und begann darin zu blättern.

Kein Augenblick in jenen frühen Stunden,
Der nicht wie höchste Feier, Wandlung, uns verbunden.
Allein in aller Welt mit dir. Und du –
Behender als auf Schwingen flogst im Nu
Mir schwindelschnell voran die Stufen nieder
Zum Garten, führtest mich in dunkler Ruh
Durch Tau und abendfeuchten Flieder
Den Tiefen deines Reichs jenseits der Spiegel zu.

Es kam die Nacht. Und des Altares Türen
Stehen weit auf – Gunst wird mir zugewandt.
Die Schritte sagen, die dich schimmernd zu mir führen,
Dein sanfter Schatten, daß ich Gnade fand.
»Gesegnet sei!« Halb träumend sprech ich – sehe,
Wie dreist der Segen, den ich dir erflehe:
Du schläfst, und von des Tisches Rand,

Daß deine Lider Sternenbläue spüren,
Hängt schwer der Flieder – und sie, das Blau berührend,
Sind ruhig jetzt, und warm die Hand.

Ich sah in ein Kristall, durchpulst von Flüssen
Sah Schaum der Meere, blauer Firne Schein,
Der Kugel Glas umschloß der Welten Enden –
Du throntest, da du schliefst – sie lag in deinen Händen
Und du – gerechter Gott! – warst mein.

Erwacht hast du die Sprache neu ersonnen,
Der Alltagssinn der Worte galt nicht mehr.
Der Rede Fluß hat Kraft und Glanz gewonnen –
Ein Wort wie DU hieß KÖNIG jetzt und HERR.

Der Tag war neu. Neu auch die ewig alten
Dinge – Becken, Krug in deiner Hand,
Wo zwischen uns, als sollt' es Wache halten,
Die reglos starre Schicht des Wassers stand.

Wir trieben fort an Ziele unbekannt.
Und Städte hielten uns wie Traumgestalten,
Die Zauberhand in festen Stein gebannt.
Die Minze neigte sich zu unsern Füßen,
Und Fische stiegen in den Flüssen,
Und Vögel zogen mit uns über Land,
Vor unserm Blick sich öffnend Himmelstiefen lagen ...

Als sich das Schicksal aufmacht, uns zu jagen,
Ein Tobender, die Klinge in der Hand.

(Arsenij Tarkowskij, Erste Begegnungen)

Plötzlich begann jemand zu schreien. Ich erkannte die Stimme von Onkel Pascha, der das Vorwerk bewirtschaftete.
»Dunja! Ach du lieber Herrgott ... Dunja!!«

Die Mutter warf einen Blick aus dem Fenster und rannte in die Diele, kam sofort zurück und sagte vollkommen ruhig:

»Ein Feuer! Aber bitte fangt jetzt nur nicht an zu brüllen...«

Außer uns vor Entzücken stürmten wir auf den Hof. Unter dem Vordach am Eingang stand im ungewissen Licht der Dämmerung die ganze Familie Gortschakow. Alle, außer dem Halbwüchsigen Witka: Onkel Pascha, Dunja, ihre Mutter und die sechsjährige Klanka. Sie blickten zur Weide hinüber.

»Saukerl!« murmelte Onkel Pascha zwischen den Zähnen, »wenn ich dich erwisch!«

»Aber vielleicht war's ja gar nicht unser Witka... Vielleicht ist er da drin! Vielleicht ist er verbrannt!« sagte Dunja leise und wischte sich mit dem Zipfel ihres Kopftuchs die Tränen ab.

Der riesige Heuschober, der mitten in der Wiese stand, loderte wie ein Scheiterhaufen. Das Heu der Gortschakows brannte lichterloh. Es war windstill, und eine einzige gelbrote Flamme stieg geschlossen und stetig zum Himmel empor. Am fernen Waldrand leuchteten die Birkenstämme.

*

13. SIE WAREN 10 JAHRE ALT, ALS DIE REVOLUTION STATTFAND, ERINNERN SIE SICH NOCH GUT AN DIESE ZEIT?
14. HABEN SIE JEMALS GEGEN IHR GEWISSEN GEHANDELT? WENN JA, UNTER WELCHEN UMSTÄNDEN?
15. WEN HALTEN SIE FÜR STÄRKER – DIE MÄNNER ODER DIE FRAUEN?
16. GESTATTEN SIE EINE OBERFLÄCHLICHE FRAGE: WAS ESSEN SIE GERN?
17. WIE HABEN SIE ZU RAUCHEN ANGEFANGEN? BEDAUERN SIE ES JETZT?

18. WAREN SIE JE MIT LEUTEN AUSSERHALB IHRES EIGENEN KREISES BEFREUNDET? BERICHTEN SIE ÜBER EINEN VON IHNEN! DENJENIGEN, DER IHNEN AM NÄCHSTEN STAND.
19. WIE FASSEN SIE DEN BEGRIFF ›GESCHICHTE‹ AUF?
20. WARUM HABEN WIR IHRER ANSICHT NACH DEN WELTKRIEG GEWONNEN?
21. IHR ENKEL IST NOCH EIN KIND, MIT WELCHEN BÜCHERN, BILDERN UND MUSIKALISCHEN WERKEN HABEN SIE IHN BEREITS BEKANNT GEMACHT?
22. WENN SIE DIE MÖGLICHKEIT HÄTTEN, SICH MIT EINEM RAT ODER EINER BITTE AN ALLE REGIERUNGEN DER WELT ZU WENDEN, WAS WÜRDEN SIE IHNEN SAGEN?
23. WAREN SIE SCHON EINMAL UNGERECHT? BEI WELCHER GELEGENHEIT?
24. IST ES IHNEN SCHON EINMAL PASSIERT, DASS SIE BESONDERS ANSTÄNDIG UND PRINZIPIENGETREU GEHANDELT UND DANN UNTER DEN KONSEQUENZEN IHRES VORGEHENS GELITTEN HABEN? MUSS MAN FÜR SEINE PRINZIPIEN IMMER BEZAHLEN?
25. WAS WÜRDEN SIE AUFGRUND IHRER EIGENEN ERFAHRUNG JENEN RATEN, DIE NOCH AM ANFANG IHRES LEBENS STEHEN?
26. HABEN SIE SICH IHREN SOHN ALS SOLDATEN VORGESTELLT? HATTEN SIE WÄHREND DES KRIEGES DAS GEFÜHL, DASS AUCH SEINE TODESNACHRICHT EINMAL KOMMEN KÖNNTE?

*

Die Kirche von Jurjewez stand, von alten Linden und Birken umgeben, auf einem von der Sonne versengten flachen Hügel. Ich erinnere mich noch daran, wie vor langer Zeit, noch vor dem Krieg, ihre Kuppeln niedergerissen wurden.

Ich befand mich mit meiner Schwester unter einer Schar

Frauen, die mit heimlicher Angst nach oben blickten. Bei uns war unser Kindermädchen, Madame Eugénie, eine fette, schwerfällige Französin aus Lyon mit verschlagenen Glotzaugen und kurzem Hals. In der Hand hatte sie eine aus Zeitungspapier gedrehte Tüte, in der es knisterte und raschelte von glänzenden braunen Ameisen. Falls wir ungehorsam wären, so hatte man uns angedroht, würde sie uns den Inhalt des Tütchens in den Kragen schütten.

Geschäftig kletterten einige Bauern, sich mit lauten Schreien verständigend, das Kirchendach hinauf. Einer von ihnen zog ein schweres Tau hinter sich her. Auf dem First angekommen, umstellten sie eine der Kuppeln und begannen um den Ziegeluntersatz eine Schlinge zu legen.

Ich trat näher heran und lehnte mich an einen knorrigen Birkenstamm. Zwischen den Erwachsenen, die rundherum standen, erblickte ich für einen Augenblick das erregte Gesicht von Madame Eugénie.*

»... Mache zuallererst den Rauch der Geschütze, der sich in der Luft mit dem Staub vermengt, den die Pferde der Kämpfenden mit ihren Bewegungen aufgewirbelt haben. Dieses Gemisch schaffe, wie folgt: Der Staub, eine erdige und schwere Materie, steigt infolge seiner Feinheit zwar leicht nach oben und vermischt sich mit der Luft, fällt aber nichtsdestoweniger leicht nach unten zurück; besonders hoch fliegt der leichtere Teil, so daß er weniger gut sichtbar und fast von der Farbe der Luft sein wird.

---

* Dieses und die folgenden Kursiv gesetzten Zitate stammen aus Tolstois Erzählung »Kindheit, Knabenjahre und Jugend«.
Die Auszüge beziehen sich auf die Stelle, als der deutsche Erzieher Karl Iwanowitsch – eine halb lächerliche, halb rührende, zutiefst gutartige Gestalt – bei seiner unerwarteten Entlassung dem Knaben die Geschichte seines traurigen, liebeleeren Lebens erzählt. (A. d. Verf.)

Der Rauch, der sich mit der staubigen Luft vermischt, wird, sobald er eine gewisse Höhe erreicht hat, als dunkle Wolke erscheinen, und weiter oben wird der Rauch deutlicher sichtbar sein als der Staub...«*

Ich hörte, wie in der Nähe eine Frau zu weinen begann. Ihre Stimme vermengte sich mit den Schreien eines alten Mannes in grüner Uniformjacke, der hastig gestikulierend an der Kirchenmauer entlanglief und Befehle erteilte.

Arbeiter, die unten standen, fingen die vom Dach herabgeworfenen Tauenden auf und banden sie um den Fuß der Birke, an der ich lehnte. Der Alte, der herbeigeeilt war, stieß mich zur Seite. Zwischen den Tausträngen wurde mit Hilfe eines Propellers ein Hebel in Bewegung gesetzt.

»... auf der Lichtseite wird diese Mischung viel dunkler sein als auf der entgegengesetzten; die Kämpfenden aber werden, je mehr sie sich innerhalb dieser Staubmasse befinden, um so weniger deutlich erscheinen, und ihre Lichtseite wird sich um so weniger von ihrer Schattenseite unterscheiden...

Entfernte Figuren jedoch, die vor der Sonne stehen, werden sich dunkel vom hellen Grunde abheben, und ihre Beine werden, je näher sie der Erde sind, um so weniger deutlich erscheinen, weil der Staub dort am größten und dichtesten ist...«

Plötzlich begann sich das Tau mit schlangenähnlicher Bewegung zügig in einen doppelten Knoten zu schrauben.

Ich hob den Kopf und sah die hohe blaue Kuppel mit den silbernen Sternen und dem Kreuz darüber unbeweglich wie

---

* Dieses und die fünf folgenden in Anführung gesetzten Zitate entstammen Leonardo da Vincis *Ashburnham-Manuskript I*. (Siehe Szene mit dem Vater auf Seite 61.)

zuvor. Über dem Glockenturm trieben mit hellem Gezänk zwei aufgeregte Dohlen.

Einer von den Bauern an der Birke schrie etwas und ließ sich mit dem ganzen Körper auf das gespannte Tau fallen. Die übrigen folgten seinem Beispiel. Sie warfen sich auf das straffe, zuckende Tau und fingen an, sich rhythmisch, im Takt, so lange darauf zu schaukeln, bis die Kuppelbasis erzitterte und nachgab. Das Mauerwerk begann zu bersten, Ziegelbrocken lösten sich, das Kreuz neigte sich langsam zur Seite.

»... die Luft muß voller Pfeile in den verschiedensten Positionen sein: Die einen steigen auf, andere fallen, einige müssen sich horizontal bewegen; die Kugeln der Gewehrschützen müssen auf ihrer Flugbahn von einer kleineren Menge Rauch begleitet sein. Den Figuren im Vordergrund jedoch mache die Haare staubig, ebenso wie die Brauen und andere Stellen, die den Staub festhalten. Stelle die Sieger im Lauf dar, so daß ihr Haar und ihre Gewänder sich im Wind bauschen und die Brauen sich zusammenziehen.

... und zeigst du einen Fallenden, so vergiß nicht die Spur seines Ausgleitens in dem mit Blut vermischten Staub darzustellen, und in der halb aufgeweichten Erde ringsum wirst du die Spuren der Menschen und Pferde wiedergeben, die dort vorübergezogen sind ...«

Und jetzt – endlich – brach das ganze Gebilde zusammen, zunächst das eiserne Dach, dann stürzte mit ohrenbetäubendem Donnern das zerschmetterte Mauerwerk zu Boden; Staubwolken stiegen auf, und ich, unfähig, die Augen zu schließen, geblendet, sah fast nichts mehr, hustete nur halb erstickt und wischte mir mit der Hand die Tränen ab.

Wieder brach etwas ein, zerriß die bodenlang niederhängenden Zweige der Birken, Kalkstaub wirbelte hoch, den ein böiger Wolgawind als eilige Wolke in die Baumwipfel trieb.

»... zeige ein Pferd, das seinen toten Herrn mit sich schleift, und hinter ihm laß im blutvermengten Gemisch aus Staub und Schmutz die Schleifspuren des Körpers sehen. Die Besiegten und Geschlagenen mache blaß, mit erhobenen zusammengezogenen Brauen, und die Haut darüber sei in zahlreiche Falten gezogen, die den Schmutz ausdrücken sollen ... Andere wiederum stelle mit geöffnetem Mund und fliehend dar; zwischen den Füßen der Kämpfenden aber zeige Waffen der verschiedensten Art ... dann stelle die Toten dar, einige halb, andere ganz vom Staube bedeckt. Der Staub vermischt sich mit dem niederströmenden Blut und wird zu rotem Schmutz, das Blut in seiner natürlichen Farbe muß in gewundenem Lauf vom Körper zum Staube herabfließen. Laß die Sterbenden die Zähne zusammenbeißen, die Augen verdrehen, die Fäuste an den Körper drücken und die Beine krümmen ...«

Man brachte mich in den kühlen Schatten, auf die andere Seite der Kirche. Ich lag mit geschlossenen Augen im Gras und hörte, wie Madame Eugénie jemandem durch das Krachen des einstürzenden Gebäudes zurief:

»Tüch, bitte, ein Tüch!«

Niemand verstand sie, doch beharrlich verlangte sie auch weiterhin von jemandem, den ich nicht sehen konnte, ein Tuch, weil sie es nicht zulassen konnte, daß ich auf der nackten Erde lag. Dann wurde ich auf eine Zeltplane gebettet, ein Krug mit Wasser wurde gebracht, und Madame Eugénie öffnete mir mit unbeholfenen, plumpen Fingern ein klein wenig die Lider und begann mir das Wasser in die Augen zu gießen. Ich riß mich los.

»C'est assez! Oui, mon cher? C'est assez!« sagte sie.

Auf der anderen Seite der Kirche ertönten laute erboste Stimmen, immer noch schlugen mit dumpfem Gepolter die Steine auf, etwas grollte und prasselte mit anschwellendem Lärm zu Boden.

»... du kannst ein Pferd zeigen, das mit windzerzauster Mähne zwischen den Feinden einherjagt und mit seinen Hufen großen Schaden anrichtet. Zeige auch einen Verstümmelten, der gestürzt ist und sich mit seinem Schilde schützt, während der Feind sich niederbeugt und ihn zu töten sucht; auch zahlreiche Niedergefallene in einem Haufen über einem toten Pferde. Man wird sehen können, wie einige der Sieger vom Kampf ablassen und aus dem Gedränge heraustreten, wobei sie sich mit beiden Händen die Augen und Wangen von dem Schmutz säubern, der durch die Vermischung der Tränen mit dem Staub entstanden ist ...«

Von der Straße kam das Brüllen einer Herde, die von den Hirten zur Tränke getrieben wurde, und das Pistolengeknall der langen Riemenpeitsche mit ihrer Spitze aus Pferdehaar. Und Madame Eugénie goß mir noch immer ohne Unterlaß Wasser in die Augen.
Endlich war der Krug leer, sie lächelte und sagte leise, den Blick zur Seite gewandt:
»Karl Iwanowitsch ... Karl ... Iwanowitsch ... Das m u ß man doch lesen ... ›Und ich wurde Ssoldat und trug Waffen‹ ...«
Ihr Gesicht verdüsterte sich, und sie wiederholte kaum hörbar: »›Und ich wurde Ssoldat ...‹«
Ich hatte mich inzwischen vollständig beruhigt, stand, in gefahrloser Entfernung von fallenden Ziegeln und Mauerresten, wieder aufrecht und sah, wie die einhörnige Kuh unserer Nachbarin, erschreckt vom Lärm, vom Menschenauflauf und vom Krachen der umstürzenden Bäume, sich mitten ins Geschehen warf; ein abgebrochener Birkenast fiel blätterraschelnd auf sie herab, sie brach wie gefällt zusammen, erschlaffte und machte nicht einmal den Versuch, sich zu erheben.
Geborsten und zerschmettert lagen die Kuppeln zu Füßen der Birken, die mit Vogelmist bedeckten Kreuze verbogen in

in einem Gewirr mitgerissener Zweige, deren Blätter in der heißen Julisonne zitterten. Ringsum standen die Bauersfrauen, bekreuzigten sich unaufhörlich und wischten sich die Tränen ab.

»... du zeigst auch den Feldherrn, der mit erhobenem Kommandostab auf die Truppen zugaloppiert, um ihnen zu weisen, wo sie am meisten vonnöten sind. Stelle auch den Fluß dar, durch den Pferde sprengen, wobei sie das Wasser um sie herum mit unruhigen Wellen, Schaum und trübem Gischt erfüllen, der in die Luft und unterhalb ihrer Leiber zwischen den Beinen emporspritzt. Und vergiß nicht, es darf kein Stück ebener Fläche geben, das nicht blutige Fußspuren füllten.«

Die Kuh lag auf einem Schutthaufen und zappelte mit den Beinen. Der aufgebrachte Alte im staubigen Uniformrock, der die Zerstörung geleitet hatte, kam gelaufen und entfernte zunächst einmal den Zweig, der den Kopf der Kuh bedeckte. Dann ging er in die Hocke, strich ihr mit den Fingern über das Euter, seufzte und begann sie mit geübten, bäuerlich kräftigen Bewegungen gemächlich zu melken.

Zischend strömten die prallen Strahlen zur Erde. Als die Kuh ausgemolken war, richtete der Alte sich mühsam auf und trat beiseite, Milchtropfen von seiner schäbigen, alten Jacke schüttelnd.

Die Kuh erhob sich schwerfällig und ungeschickt, stand schwankend eine Weile still, senkte dann den einhörnigen Kopf und trottete langsam den Abhang hinunter.

Ich blickte ihr nach, und in meinen Ohren erklangen wie ein Echo die schwermütigen Worte mit ihrem fremden Akzent: »Und ich wurde Ssolda ... Und ich wurde Ssolda ...«

*

27. WIE SEHEN SIE DEN RUSSISCHEN CHARAKTER?
28. IHR LIEBLINGSKOMPONIST?
29. GLAUBEN SIE AN GOTT? SIND SIE ÜBERHAUPT EIN RELIGIÖS VERANLAGTER MENSCH ODER NICHT?
30. HABEN SIE WIRKLICHE FREUNDE?
31. SAGEN SIE IMMER DIE WAHRHEIT?
32. WORÜBER KÖNNTEN SIE SICH IN DIESEM MOMENT BESONDERS FREUEN?
33. WAS IST FREIHEIT? ES GIBT EINEN ALTEN SPRUCH: »WENN DU FREI SEIN WILLST – SEI ES!« WIE VERSTEHEN SIE DIESE ÄUSSERUNG?
34. WIE VIELE JAHRE HABEN SIE IN DER DRUCKEREI GEARBEITET?

*

Es regnete in Strömen. Die Mutter sprang vom Trittbrett der Straßenbahn und eilte über die Straße. Sie war ohne Mantel und in wenigen Minuten naß bis auf die Haut. Am Eingang strich sie sich die nassen Haare zurecht und schlüpfte in die Pförtnerloge.

Der Pförtner in der Dienstmütze studierte schweigend ihren Dienstausweis.

»Ich hab's eilig«, sagte sie ungeduldig.

Der Pförtner wollte etwas erwidern, reichte jedoch nach einem Blick auf ihr durchnäßtes Kleid und eingefallenes Gesicht das Papier zurück und sagte:

»Sie sind aber in der andern Schicht...«

Durch einen kurzen Durchgang lief sie in den Innenhof: Die Tür gegenüber, die Treppe zum dritten Stock, die halbgeöffnete Tür des Korrekturbüros – und im leeren Zimmer nur Milotschka, die blutjunge blasse Milotschka, die sich erschreckt umdrehte, als die Mutter hereinkam.

»Marja Nikolajewna? Was ist los?«

»Wo sind die Bögen, die ich heute korrigiert habe?« Die Mutter stürzte an ihren Tisch.

»Ich weiß nicht... Ich bin doch erst eine Woche...«

stotterte Milotschka fast unhörbar; sie begriff, daß etwas sehr Ernstes passiert war. »Ich gehe sofort... vielleicht Elisaweta Pawlowna!...« Und sie sprang aus dem Zimmer.

Die Mutter eilte ans Fenster, wo auf der Fensterbank Stöße von Fahnen abgelegt waren, und begann diese hastig Seite für Seite durchzusehen, wobei sie lautlos die Lippen bewegte.

Die Tür ging auf, und im Türrahmen stand eine große, kräftige Frau. Hinter ihrem Rücken schaute Milotschka hervor.

»Marussja, was ist denn? In den Bögen von heute morgen? In den Gesammelten Werken?« Ihre tiefe Stimme klang schrill vor Erregung. Fast winselnd plötzlich, doch dann gutmütig und in hilflosem Mitgefühl: »Reg dich nicht auf!... Mascha...«

»Also sind sie schon im Satz«, sagte die Mutter, bemüht, gelassen zu erscheinen, und rieb sich mit den Fingern die Schläfe. »Ich komme wahrscheinlich zu spät.«

»Sie drucken schon seit zwölf Uhr nachts!« Milotschka verkündete es wie eine Freudenbotschaft.

Die Mutter wandte sich zur Tür, doch Elisaweta Pawlowna hielt sie zurück:

»Du regst dich ganz umsonst auf! Es weiß doch noch niemand etwas!«

Mit breiter Gebärde riß sie vor der Mutter die Tür auf und wiederholte:

»Niemand weiß etwas...«

Schweigend gingen sie durch den leeren Flur, und unvermutet brach Milotschka in Tränen aus.

»Sei doch still, du Idiotin!« wies Elisaweta Pawlowna sie schroff zurecht, während sie der Mutter eine Hand auf die Schulter legte.

»Aber Stalin! Und eine solche Ausgabe...«* murmelte Milotschka, hinter ihr her trippelnd.

---

* Für Vergehen wie die Entstellung Stalinscher Texte durch Druckfehler konnte man mit Lagerhaft bestraft werden. (A. d. Ü.)

»Na, was heißt das schon: ›Ausgabe ...‹ Druckfehler dürfen in keiner Ausgabe vorkommen!«

»Natürlich ... in keiner Ausgabe ...« sprach die Mutter wie ein Echo nach.

Sie betrat als erste die Werkhalle und ging, Elisaweta Pawlowna und Milotschka hinter sich lassend, an den Werkbänken vorbei in die entfernteste Ecke; dort saß an einem Pult ein hagerer alter Mann mit langem Gesicht.

»Iwan Gawrilowitsch ...« Die Stimme versagte ihr. Ringsum versammelten sich Neugierige.

»Na, na!« sagte seufzend und mit überraschend ruhiger Stimme Iwan Gawrilowitsch. »Völlig aus dem Konzept? Deinen Kuddelmuddel hab ich doch schon durchgesehen. Ist dir noch was eingefallen? Ein Druckfehler? Na, was ist es denn Furchtbares? ... Marussja ...«

»Furchtbar ist es natürlich nicht!« Die Mutter hatte Angst, aufzublicken. »Ich möchte einfach gern nachschauen, das ist alles! Vielleicht irre ich mich, das heißt, habe ich mich nicht geirrt ...«

»Eben! Alles der Reihe nach, Mascha!« mischte sich Elisaweta Pawlowna ein. An die ringsum versammelten Arbeiter gewandt, fragte sie mit drohender Stimme: »Na? Ist was los?«

Einige entfernten sich, und jemand sagte: »Passiert ist passiert! Was soll das jetzt noch?«

Bei diesen Worten geriet die Mutter vollends aus der Fassung.

»Iwan Gawrilowitsch, ich wollte nur sagen ... fragen ... Sind sie noch bei Ihnen oder schon in Arbeit?»

»In der Setzerei.« Der Alte erhob sich mühsam. »Also gut, gehn wir! Schrecklich, immer alles dringend! Immer dringend! Nie Zeit! ... Und dann wundern wir uns, wo die Druckfehler herkommen ...«

»Ich werde lieber selber nachsehn«, sagte die Mutter und ging schnell auf den Ausgang zu. Ihr selbst schien, sie gebe sich unbefangen und gelassen, doch von außen wirkte es ganz anders.

»Marussja!« rief ihr Iwan Gawrilowitsch nach. Sie blieb stehen.

»Meinen Sie, ich habe Angst?«

»Ich weiß, daß du keine hast«, erwiderte der Alte ruhig, »sollen doch die anderen Angst haben! Oder sagen wir lieber so: Die einen haben Angst, und die anderen arbeiten!«

Sie betraten die Setzerei. Alles um sie herum erzitterte in rhythmischem Getöse. Iwan Gawrilowitsch ließ die Mutter stehen und ging zu einem kleinen kräftigen Mann in adrettem, gebügeltem Arbeitskittel, beugte sich vor und schrie ihm etwas ins Ohr. Der Mann zuckte die Achseln. Iwan Gawrilowitsch überflog mit einem Blick die riesige Halle und schritt zielstrebig auf eine Maschine ganz außen an der Fensterseite zu. Die Mutter zog an ihrem Kleid, ihr Gesicht verdüsterte sich, und mit eiligen, doch irgendwie hölzernen Schritten folgte sie ihm ...

Hinter einen kleinen, von einer Lampe erhellten Tisch gequetscht, in der fernsten Ecke der Setzerei, prüfte die Mutter die Korrektur. Und plötzlich richtete sie sich unwillkürlich auf und erhob sich: Bei der jähen Bewegung flatterten die Fahnen auf den Zementboden ...

Sie drehte sich um und ging mit gesenktem Kopf rasch auf den Ausgang zu. Lange ging sie durch diese riesige Halle, an den lärmenden Druckmaschinen vorbei, den rhythmisch hoch- und niedergehenden Rahmen, die die Papierbögen auswarfen. Immer noch mit gesenktem Kopf schlüpfte sie an Elisaweta Pawlowna vorbei, ging durch eine größere Gruppe von Setzern, die ihr Platz machten, aus der Halle hinaus, eilte durch den langen Flur zum Korrekturbüro. Die Glastür fiel geräuschvoll hinter ihr ins Schloß.

»Und?« fragte Elisaweta Pawlowna leise, die hinter ihr hereinkam. »Ist alles in Ordnung?«

Und obwohl die Mutter nichts erwiderte, sah Elisaweta Pawlowna an einer winzigen, kaum wahrnehmbaren Bewegung, daß tatsächlich nichts Schreckliches passiert war. Entronnen!

»Was weinst du denn dann, dumme Gans?« Mit rauher Zärtlichkeit umfaßte Elisaweta Pawlowna die Schulter der Mutter, aber ruhig zu sprechen fiel auch ihr schwer. »Reg dich doch nicht auf! Reg dich nicht auf!« wiederholte sie ein ums andre Mal und verschmierte die Tränen auf ihrem dicken geröteten Gesicht.

Milotschka warf einen raschen Blick ins Büro, verschwand aber erschrocken alsbald wieder hinter der Tür.

»Nein, Lisa, das wäre ein Wahnsinnsfehler gewesen! Nicht mal aussprechen läßt sich das!« lachte die Mutter plötzlich, während ihr die Tränen aus den Augen strömten. »Und wieso mich das plötzlich so verfolgt hat?! Stell dir vor, ich war sogar völlig überzeugt, daß es schon gedruckt ist! Wie dieses Wort aussehen würde!«

Jetzt lachte auch Elisaweta Pawlowna, sie redeten gleichzeitig, einander unterbrechend, ohne sich zuzuhören, und brachen bald in Tränen, bald in Gelächter aus.

Die Tür ging auf, und herein kam Iwan Gawrilowitsch und stellte schweigend eine Flasche auf den Tisch.

»Schnaps ... Nur noch wenig, aber wirksam. Du bist ja völlig durchnäßt! Weißt du, wie du aussiehst? Die reinste Vogelscheuche ...« lächelte er.

»Meine Güte!« Wie in plötzlicher Erinnerung schlug die Mutter die Hände zusammen, »ich bin ja ganz naß!«

Sie ging zum Fenster, hinter dem der Sturzregen toste. Der Lärm verschmolz mit dem rhythmischen Stampfen der Maschinen in der riesigen Druckerei, einem ganzen Quartier im Stadtteil Samoskworetschje, wo die gesammelten Werke Josef Stalins gedruckt wurden.

»Also«, die Mutter seufzte und lächelte. »Ich gehe wohl mal unter die Dusche!«

»Mein Gott!« Elisaweta Pawlowna fixierte sie eindringlich, und ihre Stimme klang ungläubig erstaunt, »weißt du, wem du jetzt gleichst?«

»Wem?« gab die Mutter zurück.

»Marja Timofejewna!«

»Welcher Marja Timofejewna?«

»Na, das war doch diese – Marja Timofejewna Lebjadkina. Die Schwester von Hauptmann Lebjadkin. Die Frau von Nikolaj Wsewolodowitsch Stawrogin!«* Elisaweta Pawlowna nahm eine Zigarette, rollte sie zwischen zitternden Fingern und zündete sie an.

»Das verstehe ich nicht ... Was soll das denn alles?« sagte die Mutter abwehrend.

»Gar kein Grund. Einfach so! Ich hab ganz einfach plötzlich entdeckt, daß du ihr unerhört ähnlich bist. Eben dieser Marja Timofejewna!«

»Und worin soll ich ihr deiner Meinung nach ähnlich sein?« Die Mutter war leicht gekränkt.

»Doch, doch, es *ist* Dostojewskij! Alles, was du sagst!«

»Wieso? Was sage ich denn?«

»Ist das nicht klar genug? Lebjadkin, bring mir Wasser! Lebjadkin, gib mir die Schuhe!« Elisaweta Pawlowna hatte unversehens zu schreien begonnen. »Nur bringt das Brüderlein ihr nichts, sondern schlägt sie halbtot! Und sie bildet sich ein, daß sie nur zu winken braucht!«

Die Augen der Mutter füllten sich mit Tränen. »Hör auf zu zitieren und erklär mir das. Ich verstehe nichts.«

»Dein ganzes Leben ist doch nichts anderes als ›Bring mir‹ und ›Gib mir‹.« Elisaweta Pawlowna war in Rage geraten und hörte nicht auf zu schreien. »Nach außen unabhängig! Und was schaut dabei heraus?! Keinen Finger kannst du rühren! Wenn dir irgend etwas nicht paßt, dann tust du entweder so, als ob die Sache nicht existierte, oder du rümpfst die Nase! Ganz etepetete!«

»Wer schlägt mich denn? Was faselst du da zusammen?« Die Mutter versuchte sich zu beherrschen.

Aber Elisaweta Pawlowna war, wie es so schön heißt, in Fahrt geraten und nicht mehr zu halten.

»Ich wundere mich bloß über die Geduld deines lieben

---

* Personen aus Dostojewskijs »Die Dämonen«. (A. d. Verf.)

Exgatten! Meiner Berechnung nach hätte er viel früher abziehen müssen. Und zwar blitzartig!«

»Ich versteh das nicht ... Was will sie bloß von mir?« Blind vor Tränen sah sie sich völlig aufgelöst nach allen Seiten um.

»Gibst du es vielleicht irgendwann mal zu? Nein, nicht einmal wenn du selber schuld bist! Das ist doch einfach unglaublich! Du hast dir doch diese ganze Situation selbst eingebrockt! Alles, was dir mit deinem werten Gatten passiert ist! Und sollte es dir nicht gelungen sein, ihn mit deinem absurden emanzipierten Verhalten restlos fertigzumachen, dann wollen wir eben annehmen, daß er sich noch rechtzeitig in Sicherheit gebracht hat!«

Sie bedeckte ihr Gesicht mit den Händen und brach in Tränen aus.

»Hör mit dem Blödsinn auf!« sagte die Mutter, die sich ganz plötzlich beruhigt hatte, scharf und verächtlich, zog die Tischschublade heraus, entnahm ihr Seife, Waschlappen und Handtuch und verließ mit resoluten Schritten das Zimmer, die Tür hinter sich ins Schloß werfend.

»Dem Höhepunkt des Lebens war ich nahe, da mich ein dunkler Wald umfing und ich verirrt den rechten Weg nicht wieder fand«*! rief ihr Elisaweta Pawlowna nach und brach in baßtiefes Gelächter aus. Es war schon eher ein hysterischer Lachkrampf.

*

35. WAS IST GLÜCK? KÖNNTEN SIE ZUFRIEDENHEIT EMPFINDEN, WENN DIEJENIGEN, DIE SIE LIEBEN, AUF EINE ART GLÜCKLICH WÄREN, DIE IHREM GLÜCKSBEGRIFF WIDERSPRICHT?
36. HABEN SIE HÖHENANGST? ODER ANGST VOR GEWITTERN? ODER DER DUNKELHEIT?

* Eingangszeilen von Dante, »Die Göttliche Komödie« (A. d. Verf.). Deutsche Übers. von Karl Vossler.

37. VERZEIHEN SIE EINE ETWAS TAKTLOSE FRAGE: HABEN SIE IN IHREM LEBEN JEMALS ETWAS GETAN, DESSEN SIE SICH HEUTE SCHÄMEN?
38. SIND SIE NICHT BEI KRIEGSENDE, ALS ABENDS AUF DEM ROTEN PLATZ EIN FEIERLICHES SALUTSCHIESSEN STATTFAND, AUS DER EVAKUIERUNG NACH MOSKAU ZURÜCKGEKEHRT? WIE HABEN SIE DIESEN TAG VERBRACHT?
39. IST IHNEN SCHON EINMAL DER GEDANKE GEKOMMEN, DASS DER GRÖSSTE UND VIELLEICHT BESTE TEIL DES LEBENS BEREITS VORBEI IST UND DIE JUGEND SCHON WEIT ZURÜCKLIEGT? WAS BEDEUTET FÜR SIE DAS ALTER?
40. WAS IST IHR LIEBLINGSGEDICHT?
41. SIND SIE SICH SCHON EINMAL ÜBERFLÜSSIG VORGEKOMMEN, WENN MENSCHEN FRÖHLICH SIND? KÖNNEN SIE FRÖHLICH SEIN?
42. HABEN SIE SCHON EINMAL JEMANDEM DEN TOD GEWÜNSCHT?
43. HABEN SIE NOCH NIE DIE JUGEND BENEIDET?

*

»Ich habe immer gesagt, daß du meiner Mutter ähnlich bist«, sagte ich.

»Deshalb haben wir uns ja offenbar auch getrennt«, entgegnete Natalja. Sie stand vor dem Spiegel in der Diele und betrachtete konzentriert ihr Spiegelbild. »Ich bemerke mit Entsetzen, daß Ignat dir mehr und mehr zu gleichen beginnt.«

»Warum mit Entsetzen?«

»Siehst du, Aleksej Aleksandrowitsch, wir beide haben doch noch nie miteinander reden können«, erwiderte sie mit einem bezaubernden Lächeln. In der großen, vernachlässigten Wohnung war es fast finster. Ignat, unser zwölfjähriger Sprößling, erschien in einer Tür. In der Hand hielt er ein Glas Wein.

Ich erschrak. »Ignat, mach keinen Unsinn!« Ignat lachte und verschwand im Nebenzimmer.

»Ich mach nur Spaß!« klang es herüber.

»Das sind mir vielleicht Späße...« brummte ich.

»Du wirst niemals mit jemandem normal leben können«, spann Natalja ihren Faden weiter.

»Sehr wohl möglich.«

Ich hätte das Gespräch liebend gern abgebrochen. Ich wußte nur zu genau, worauf sie aus war und wie es enden würde.

»Nimm es mir bitte nicht übel, aber aus irgendeinem Grund bist du überzeugt, daß allein die Tatsache deiner Existenz jedermann beglücken muß! Du kannst nur fordern!« Unaufhörlich ergötzte sie sich an ihrem Spiegelbild.

»Vermutlich deshalb, weil Frauen mich erzogen haben«, erwiderte ich bissig, »wenn du übrigens nicht willst, daß Ignat so wird wie ich, solltest du wieder heiraten.«

»Wen?« Sie schien aufzuleben, wandte sich sogar vom Spiegel ab.

»Oder laß mir Ignat«, gab ich statt einer Antwort zurück.

»Warum hast du dich bis heute nicht mit deiner Mutter ausgesöhnt?« Boshaft sah Natalja mich an. »Du bist doch schuld!«

»Schuld? Und woran?« empörte ich mich. »Daran, daß sie sich eingeredet hat, sie wüßte besser als ich, wie ich leben muß? Oder daß sie mich am Ende doch glücklich machen könnte?«

»Dich? Glücklich?!« Natalja lachte sarkastisch auf.

»Was Mutter und mich angeht, so empfinde ich das alles jedenfalls stärker als du, die unbeteiligt ist, das versichere ich dir!«

»Wie war das?? Was empfindest du stärker?«

»Daß wir uns immer weiter voneinander entfernen, meine Mutter und ich, und daß ich daran nichts ändern kann.«

»Na gut, lassen wir das.« Sie lächelte spöttisch.

»Ich wollte dich um folgendes bitten: Wir haben die

Handwerker in der Wohnung. Ignat möchte schrecklich gern bei dir wohnen. Ein oder zwei Wochen. Geht das?«
»Aber natürlich! Gern! Das würde mich sehr freuen!«
Hinter der Tür des Nebenzimmers sah ein strahlender Ignat hervor.

*

Wir gehen über einen harten, schlüpfrigen Pfad. Meine Beine sind überall wund und jucken unerträglich. Der Pfad läuft durch Sträucher und hohes Brennesselgestrüpp voller Spinnweben, an denen die rosigen Blätter der Faulbeere kleben.

Die Mutter geht voran, die Hände auf dem Bauch verschränkt. Von Zeit zu Zeit schaut sie besorgt in meine Richtung. Über uns hängt eine Wolke gieriger Stechmücken.

Wir kommen auf eine zerstampfte Viehweide. Eine gebückte Alte in durchnäßter Jacke humpelt auf das Dorf zu und treibt mit einem Stock ein ausschlagendes Bullenkalb vor sich her.

Die Mutter erkundigt sich bei ihr nach dem Weg.

Die Alte fährt sich mit einer raschen Bewegung übers Kopftuch und mustert uns interessiert von Kopf bis Fuß. Ihr kleines Gesicht mit den lebhaften Äugelchen ist von der Sonne bräunlich gefärbt, nur die tiefen Falten sind weiß geblieben.

»Seid's krank? Seid's Hiesige?«

»Nein, nein, nur Bekannte«, erwidert die Mutter und zieht ihren nassen Kragen glatt. »Zu Besuch. Das heißt, geschäftlich ...« Sie lächelt verlegen; zu der Alten gewandt, wartet sie auf Antwort.

»Ihr seid's ja scho' da! Da hinten, Fünfwandhaus under Birken, ganz hinten, ans Ufer 'nüber ... aber beeilen müsset ihr euch, ich hab g'hört, der Doktor hätt' in die Stadt wolle. Vielleicht ischt er scho' furt!«

»Und ans Ufer 'nüber, wie gehn wir?« Lebhaft geworden, versucht die Mutter sich im Dialekt. Mir ist unbehaglich.

»Danunder, danunder geht«, brummelt die Alte, die das Interesse an uns verloren hat. »Vielleicht ischt er noch daheim.«

Wie halten auf den Birkenhain zu, der vorn über der Flußkrümmung schimmert.

»Mama, was ist ein Fünfwandhaus?« frage ich.

»Einfach ein großes Bauernhaus mit fünf Hauptwänden«, entgegnet die Mutter, rutscht plötzlich aus und stolpert.

»Verdammt«, sagt sie wütend.

»Wieso mit fünf?«

Die Mutter nimmt einen Zweig vom Boden und zeichnet ein Rechteck auf den Weg.

»Was schaust du mich an? Schau *da*hin! Hier in diesem Rechteck sind vier Seiten, siehst du? Das ist ein normales Bauernhaus. Und wenn hier in der Mitte querrüber noch eine Wand ist, dann ist es ein Fünfwandhaus.« Die Mutter zieht mit dem Zweig einen Strich durch das Rechteck. Ich grinse.

»Was findest du denn so lustig?« sagt sie gekränkt und hüllt sich mit einem Seufzer fröstelnd in ihre Jacke. »Ach, Aleksej, Aleksej!« Wieder seufzt sie. »Also, hast du jetzt verstanden? Weißt du jetzt, was ein Fünfwandhaus ist?«

»Hmm«, entgegne ich, »ich wußte es ja auch schon vorher, ich hatte es nur vergessen...«

Wir standen lange auf der nassen Vortreppe. Auf das zarte Klopfen der Mutter hatte sich nichts gerührt.

»Vielleicht ist niemand da?« murmelte ich hoffnungsvoll.

Es dämmerte schon, und ringsum versank alles in einem kalten Nebel, in dem der breite, hier seichte Fluß und die alten, in der Windstille wie erstarrten Birken kaum zu erkennen waren.

»Aleksej, geh doch mal auf der andern Seite nachschaun! Vielleicht ist dort jemand.«

Die Mutter sah mich an und merkte, daß ich um nichts in der Welt irgendwo nachschauen wollte, weil ich nämlich große Angst hatte, diesen »jemand« zu finden. Mir wurde siedendheiß, und ich begann mir mit dem nassen Jackenärmel die ohnehin schon bis aufs Blut zerkratzten Beine zu reiben.

»Herr im Himmel! Ich hab dir doch schon tausendmal gesagt, du sollst dich nicht kratzen!« sagte sie gereizt.

»Klopfen wir lieber noch mal lauter! Du hast nur einmal angeklopft, und noch dazu so leise ... Glaubst du, daß die sofort gelaufen kommen?« erwiderte ich und sah die Mutter flehend an.

»Dann warte du hier, und ich sehe auf der andern Seite nach ...«

Und wieder erschrak ich. Ich stellte mir vor, wie sich, kaum daß sie um die Ecke war, die Tür öffnen und ich den auf der Schwelle stehenden Dr. Solowjow wie ein Idiot anstarren würde und nicht wüßte, was ich sagen sollte.

Die Mutter ging die Treppe hinunter und war schon auf dem Weg, der im Nebel schimmerte, als plötzlich das Geräusch eines eisernen Riegels laut wurde. Ich sprang die Treppe hinunter, rannte hinter der Mutter her und sagte atemlos: »Mama, sie machen auf! ...«

»Was hast du denn?« fragte sie und bemühte sich, völlig gelassen zu erscheinen, als sie zur Treppe zurückging.

In der erleuchteten Türöffnung stand eine große blonde Frau in einem Morgenrock aus roter Seide. Ich sah die Mutter an und schluckte vor Erregung.

»Guten Tag!« sagte die Mutter und lächelte der Frau zu wie einer guten alten Bekannten.

»Guten Tag ...«, die Blonde im Morgenrock sah uns fragend an. »Zu wem möchten Sie?«

»Zu Ihnen, nehme ich an!« erwiderte die Mutter schalkhaft lächelnd. »Sind Sie Nadjeschda Petrowna?«

»Ja ... Haben wir uns vielleicht schon mal ...«

»Wissen Sie«, unterbrach sie die Mutter, »ich bin die Stieftochter von Nikolaj Matwejewitsch Petrow. Ich glaube, er war mit Ihrem Mann befreundet. Ich weiß nicht ...« Sie wurde verlegen und verstummte.

»Nikolaj Matwejewitsch? Was für ein Nikolaj Matwejewitsch?« fragte Nadjeschda Petrowna vorsichtig.

»Petrow! Nikolaj Matwejewitsch Petrow! Der Arzt! Früher hat er hier in Sawraschje gewohnt, und dann ist er nach Jurjewez gezogen. Dort war er gerichtsmedizinischer Experte«, erklärte die Mutter eindringlich.

»Ah ja ...« Nadjeschda Petrowna schien sich zu erinnern; sie fröstelte in ihrem Morgenmantel. »Und woher kommen Sie selbst? Aus der Stadt?«

»Eigentlich sind wir aus Moskau. Aber in Jurjewez haben wir ein Zimmer.« Ohne Eile und, wie ihr schien, klar und verständlich setzte die Mutter ihre Erläuterung fort.

»Moskauer also«, brummte Nadjeschda Petrowna mißbilligend.

»Ja, wir haben immer in Moskau gewohnt. Aber im letzten Herbst sind wir evakuiert worden. In Moskau fingen die Bombardierungen an. Und ich habe zwei Kinder. Und hier hat meine Mutter immerhin alte Verbindungen. Außerdem bin ich hier auch aufgewachsen.«

»Ahhh!« sagte Nadjeschda Petrowna plötzlich gedehnt, und es klang enttäuscht. »Dimitrij Iwanytsch ist im Moment nicht zu Hause. Er ist in der Stadt.« Und sie nahm die Hand vom Türpfosten. Vor Freude begann ich zu lächeln.

»Aber eigentlich wollte ich zu Ihnen! Ein kleines Geheimnis unter Damen.« Der Zeitpunkt für die Bemerkung schien unglücklich.

Die Augen Nadjeschda Petrownas blitzen halb ängstlich, halb voll argwöhnischer Neugier.

»Dann kommen Sie doch herein. Was sollen wir hier draußen stehen«, lud sie plötzlich ein. Die Neugier hatte gesiegt.

Wir folgten der Hausherrin. Statt einer Diele erblickte ich etwas wie ein Entree mit glänzendem Fußboden und einem Spiegel in geschnitztem Holzrahmen an der Wand. In einer Ecke standen alte messingbeschlagene Truhen, und über der Küchentür hing eine Petroleumlampe mit schönem Schirm in einem etwas künstlichen Grün. Schränke mit blitzenden Griffen und Schlössern türmten sich auf. An einer der glattgehobelten Balkenwände hing ein dunkles Bild in einem schweren Rahmen.

»Aber treten Sie sich die Füße ab. Mascha hat die Böden geputzt«, befahl die Doktorsfrau.

Wir traten uns sorgfältig die Füße ab. Die Mutter tat es, um mich zu ermutigen, mit übertriebenem Eifer und, wie es ihr selbst schien, nicht ohne eine gewisse heitere Ironie. In dieser Minute fürchtete ich nichts mehr, als daß die Hausherrin bemerken könnte, daß wir barfuß waren.

Nadjeschda Petrowna öffnete die Tür zur Küche und sah die Mutter abwartend an.

»Aleksej, du setzt dich hier einen Moment hin, ich komme gleich zurück. Es dauert nicht lange!« teilte die Mutter der Solowjowa munter mit.

Allein geblieben setzte ich mich auf einen Stuhl, der gegenüber dem Spiegel stand, und sah plötzlich, völlig unerwartet, mein Spiegelbild. Ich war vermutlich an Spiegel einfach nicht mehr gewöhnt. Sie schienen mir ganz und gar entbehrliche Gegenstände und eben darum kostbar. Mein Abbild hatte mit ihnen nichts gemein. In dem prunkvollen schwarzen Rahmen wirkte es wie eine gröbliche Beleidigung. Ich stand auf und kehrte dem Spiegel den Rücken zu.

Aus der Küche drangen undeutliche Stimmen zu mir herüber, das Klappern von Büfettüren, dann das unverhoffte Lachen Nadjeschda Petrownas. Und plötzlich wurde mir warm ums Herz.

Ich ging zur Küchentür und öffnete sie vorsichtig: Vor dem Spiegel stand, sich kokett bald von rechts, bald von links betrachtend, Nadjeschda Petrowna und probierte Ohrringe an, die fröhlich blau und golden glänzten.

Leise entfernte ich mich von der Tür und setzte mich auf eine Truhe.

»Haben wir dich hier so einfach allein gelassen? Wie heißt du denn?« fragte die Doktorsfrau, die plötzlich in der Tür stand.

»Aljoscha«, antwortete ich.
»Wissen Sie«, sagte sie, zur Mutter gewandt, »wir haben auch einen Sohn! Er ist natürlich noch nicht so groß. O je, schwierig ist das mit den Kindern jetzt im Krieg! Und ich möchte doch noch eins«, lachte sie, »eine Tochter! Mein Sohn ist jetzt im Schlafzimmer. Er schläft. Wollen Sie ihn sehen?«
»Machen wir ihn nicht wach?« fragte die Mutter mit übertriebener Besorgnis.
»Keine Angst, wir sind ganz leise. Er ist ein Wunder! Da kommt er plötzlich zum Vater und fragt: ›Warum sind denn fünf Kopeken mehr und zehn Kopeken weniger?‹* Dimitrij Iwanytsch hat doch tatsächlich nichts darauf geantwortet. Er konnte nicht! Und am Anfang wollte er ein Mädchen! Er hatte sogar schon einen Namen für sie – Lora! Und ich hatte alles in Rosa vorbereitet, auch das Steckkissen und die Schleife. Alles mußte geändert werden! Der kleine Bandit hat uns ganz schön in Atem gehalten. Wir waren so überzeugt, es würde ein Mädchen!«
Sie war froh erregt, und die Erregung teilte sich meiner Mutter mit.
Nadjeschda Petrowna öffnete behutsam die Tür zum Schlafzimmer.
Der Raum war riesig und fast leer. Hinter den blauen Fensterscheiben war es jetzt beinahe dunkel geworden; das glänzende Parkett spiegelte den ruhigen Schein eines Nachtlichts wider. In der Mitte des Zimmers, zwischen den Fenstern und der Tür, durch die wir hereingekommen waren, stand so etwas wie ein Bett aus rotem poliertem Holz, von der Decke fielen Kaskaden von etwas, das wie leichter hellblauer Rauch aussah, und unter der ebenfalls hellblauen seidenen Decke schlief ganz in Spitzen ein rosiges gelocktes Kind, auf dessen Wangen lange, leicht bebende Wimpern lagen.
Es seufzte plötzlich tief auf und öffnete die Augen.

* Gemeint ist die Größe der Münzen. (A. d. Verf.)

»Haben wir dich doch geweckt, ja? Du hast vielleicht eine Mutter! Die schwätzt und schwätzt!« Weiter ging der Singsang der Doktorsfrau: »Wer ist denn da gekommen? Hm? Kennst du die gar nicht? Was ist denn? Ei-ei-ei! Und wirst gar nicht wach? Ist ja gut, dann schlaf! Schlaf ein, mein Süßer, schlaf!«

Mit offenem Mund und verrenktem Hals betrachtete ich ihn. In der Stille erklang das glückliche Lachen Nadjeschda Petrownas.

Ich drehte mich um und sah die Mutter an.

Ihre Augen waren so voller Schmerz und Verzweiflung, daß ich erschrak. Sie schien es plötzlich eilig zu haben, flüsterte der Solowjowa etwas zu, und wir gingen ins Entree zurück.

»Sie stehen mir doch, meinen Sie nicht?« fragte Nadjeschda Petrowna, als sie die Schlafzimmertür hinter sich schloß. »Nur dieser Ring ... Ist er nicht vielleicht zu schwer für mich? Was meinen Sie?«

Die Mutter eilte wortlos in die Küche. Am Fenster blieb sie stehen, bedeckte das Gesicht mit den Händen und fiel auf eine Bank.

»Was haben Sie denn?« fragte Nadjeschda Petrowna beunruhigt.

»Mir ist nicht ganz wohl ...« flüsterte die Mutter.

»Himmel, Sie waren ja so lange unterwegs! Sind Sie vielleicht müde?«

Sie ging zum Büfett, füllte ein Glas aus einer kleinen Karaffe und reichte es der Mutter. »Hier, trinken Sie erst mal ... Das wärmt ... Ich hab mich völlig verschwatzt! Und Abendbrot muß ich ja auch noch machen! Wann sind Sie wohl aus dem Haus gegangen?!«

»Nein, machen Sie sich bitte keine Umstände!« Die Mutter nahm aus Höflichkeit einen Schluck und stellte das Glas neben sich auf die Fensterbank.

»So kann ich Sie doch nicht gehen lassen!« jammerte die Doktorsfrau.

»Wir haben gegessen, bevor wir weggingen, machen Sie sich keine Sorgen!«

Das war eine Lüge. Zum letzten Mal hatten wir vor zwei Tagen gegessen, und auch da nicht genug, um satt zu werden.

»Dimitrij Iwanytsch kommt jetzt auch bald«, drängte die Hausherrin weiter.

»Nein, nein, danke. Wir haben doch noch dreieinhalb Stunden zu gehen. Und es ist schon fast dunkel.«

»Aber die Ohrringe!« sagte Nadjeschda Petrowna erschreckt. »Das Geld hat doch mein Mann! Schauen Sie, wie müde der Junge ist! Wir schlachten jetzt erst mal ein Huhn. Nur eine ganz kleine Bitte hätte ich: Ich bin doch im vierten Monat«, aus irgendeinem Grund sagte sie es flüsternd, »und mir wird dauernd schlecht. Ich brauche nur die Kuh zu melken – schon kommt es mir hoch, und aus! Und dann einen Hahn schlachten – das sehen Sie ... das sehen Sie doch selbst. Das müssen Sie also für mich tun!«

»Einen Hahn?« Die Mutter sah sich hilflos nach allen Seiten um. Sie war bleich wie ein Laken. »Das brauchte ich noch nie zu machen!«

»Einfach ein Kinderspiel!« scherzte die Doktorsfrau munter. »In Moskau bekommen Sie sicher nur geschlachtete! Wir machen hier alles selber, auf die ganz einfache Art! Hier auf dem Balken schlachten wir. Da unten, unter der Bank, ist das Beil. Dimitrij Iwanytsch hat es heute morgen noch scharf gemacht.«

»Wie, direkt im Zimmer?!« flüsterte die Mutter verzweifelt.

»Wir stellen natürlich einen Kübel auf!«

»Nadjeschda Petrowna, ich kann es nicht«, sagte die Mutter kurz.

»Das sind so unsere weiblichen Schwächen! Dann bitten wir vielleicht den kleinen Burschen da? Der ist ja immerhin ein Mann!« lachte die Doktorsfrau und ging in den Hof hinaus.

»Nein, wieso denn den Kleinen«, sagte die Mutter kaum hörbar.

Aus der Diele kam Lärm, das Geflatter von Flügeln und Geschrei. Die Tür öffnete sich wieder, und herein trat Nadjeschda Petrowna, einen riesigen schmutzigweißen Hahn in den Händen. Mit dem Fuß stieß sie das Beil unter der Bank hervor.

»Sie müssen ihn ganz fest halten! Sonst reißt er sich los und zerschlägt das ganze Geschirr! Hier, nehmen Sie ihn doch! O je, ich glaube, mir wird jetzt doch schlecht...«

Der Hahn schrie laut und zappelte in ihren Händen.

»Was haben Sie denn? Nehmen Sie doch das Beil!«

Unser Aufbruch glich einer Flucht. Die Mutter gab unsinnige Antworten, sagte, sie hätte es sich anders überlegt, der Preis, den die Doktorsfrau genannt hätte, sei zu niedrig, und als diese sie überredend am Ellbogen faßte, riß sie sich beinahe los.

Als wir nach Jurjewez zurückgingen, war es dunkel geworden und regnete. Ich achtete nicht auf den Weg, fiel ständig in die Brennesseln und verbrannte mir die Beine, sagte aber nichts. Die Mutter ging vor mir her. Ich hörte das Platschen ihrer Füße in den Pfützen und das Rascheln der Sträucher, die sie in der Dunkelheit streifte.

Dann vernahm ich schluchzende Laute. Ich blieb stehen und horchte, spähte angestrengt in das undurchdringliche Dunkel.

Doch nichts war zu hören außer dem gleichmäßigen Rauschen des Regens und dem Geplätscher des Flusses irgendwo in der Nähe hinter den Büschen.

*

An jenem fernen Vorkriegsmorgen erwachte ich voller Glück. Ins Fenster fiel festlich glänzendes Licht. Mit durchdringendem Funkeln brachen sich Sonnenstrahlen bizarr an einem Kristallflakon und zogen einen Regenbogen über das Weiß der Waschschüssel, die in einer Ecke des Zimmers stand. Hinter der geöffneten Tür war niemand. Ich setzte mich aufs Bett, ließ die Beine baumeln und lauschte.

Das helle Klirren des eisernen Henkels an der Eimerwand, Wasser platscht auf die wacklige Bank, der frische, gedämpfte Lärm von der Straße, der durch das offene Fenster, durch die Spitzengardinen und die Jasminzweige auf der Fensterbank ins Zimmer dringt.

Ich blickte durch die geöffnete Tür ins Nebenzimmer, auf den Fußboden neben der Couch, sah die Schuhe mit den spitzen hohen Absätzen und weißen Knöpfchen. Und den Koffer.

Im Nu verstand ich, stürzte zur Tür und erstarrte atemlos vor Freude auf der Schwelle. Vor dem Spiegelschrank stand im hellen Sonnenlicht meine Mama. Sie mußte nachts angekommen sein, und jetzt stand sie im blendenden Schein der Sonne und probierte Ohrringe aus funkelndem Gold und matt leuchtenden Türkisen.

*

44. HABEN SIE SCHON EINMAL GEHUNGERT? UND IHRE KINDER?
45. WAREN SIE STOLZ AUF IHRE BERUFLICHEN ERFOLGE? HATTEN SIE AM ARBEITSPLATZ ENGE FREUNDE, MIT DENEN SIE AUCH JETZT NOCH FREUDE UND SORGEN TEILEN WOLLEN? WAS EMPFANDEN SIE, ALS SIE BEI DER PENSIONIERUNG ZUM LETZTEN MAL DAS GEBÄUDE DER DRUCKEREI VERLIESSEN?
46. WOHER HABEN SIE, WENN IHNEN DAS LEBEN UNERTRÄGLICH SCHWER WURDE, DIE KRAFT ZUM ÜBERLEBEN GENOMMEN?
47. BEI FAST JEDEM RUFT DER ANBLICK VORÜBERFAHRENDER ZÜGE TRAUER HERVOR, WIE IST ES BEI IHNEN?

48. HATTEN SIE JEMALS DAS GEFÜHL, AMBITIÖS ZU SEIN? HABEN SIE SCHON EINMAL GEDACHT: »WENN ICH AN DER SPITZE DER REGIERUNG STÜNDE, WÜRDE ICH UNBEDINGT...« WAS WÜRDEN SIE IN DIESEM FALL ALS ERSTES TUN WOLLEN?«

*

Im Entree ging Natalja in die Hocke und sammelte die auf dem Fußboden verstreuten Sachen auf, die ihr aus der Handtasche gefallen waren.

»Mein Gott! Immer dasselbe – wenn man's eilig hat... Hilf mir, Ignat! Nein, nicht einpacken, gib sie mir einfach so, ich muß gehn!«

Ignat kroch über den Boden und half der Mutter. Plötzlich zuckte er zusammen und ließ die Münzen fallen, die er in der Hand hielt.

»Uj, ich glaube, das war Strom!«

»Was für Strom?«

»Eben Strom! Normaler Strom!« Er setzte sich auf den Boden und blickte sich erstaunt nach allen Seiten um. »Als wäre das alles schon irgendwann mal passiert: Da hab ich auch Geld aufgesammelt! Und ich bin doch erst zum zweiten Mal hier«. Er lächelte.

»Ignat! Gib mir das Geld und laß doch bitte das Phantasieren!« tadelte sie gereizt und nahm den Mantel vom Haken. »Und paß auf, daß du Vater nichts kaputtmachst, solange du hier bist. Ach ja, wenn Marja Nikolajewna kommt, sag ihr, sie soll warten und auf keinen Fall weggehen. Dein Vater bittet darum. Klar? Vergißt du es auch nicht? Man muß sich Mühe geben, da ist nichts zu machen! Bis später!«

Das Geräusch der zuschlagenden Tür hallte in der leeren Wohnung wider, rollte durchs Treppenhaus und erstarb in der Frühlingsstille des Moskauer Innenhofs.

Plötzlich kam aus dem Nebenzimmer ganz deutlich das behagliche Klirren von Teegeschirr.

Ignat erschrak: Außer ihm war niemand in der Wohnung und konnte auch niemand dort sein. Er überwand seine Angst und ging auf Zehenspitzen zur Tür, hinter der jetzt, wie ihm schien, Stimmen laut wurden. Eine weibliche Stimme lachte und hüstelte.

Mit einem zitternden Seufzer stieß Ignat die Tür auf.

Am Fenster zum Hof, in dem schmutzige Schneemassen tauten, saß an einem offenen Sekretär, der vor die verschlissene Wand gerückt worden war, eine unbekannte, nicht mehr junge Frau in einem schweren dunklen Samtkleid und trank Tee. Eine zweite, die eine weiße Schürze trug und eine Brille mit runden Gläsern aufhatte, stand, ein Tablett in der Hand, mitten im Zimmer und blickte Ignat interessiert an.

»Komm doch rein!« forderte die Unbekannte ihn gastfreundlich auf. »Guten Tag! Jewgenija Dmitrijewna, noch ein Täßchen für den jungen Mann! Ist das recht?«

Ignat stand in der Tür und versuchte zu begreifen, wer die beiden waren und wie es sie in die Wohnung verschlagen hatte.

Die Frau mit der Schürze und dem Tablett in der Hand ging in den Flur und machte die Tür fest hinter sich zu.

»Sei doch so gut und hol mir bitte ein Heft aus diesem Schrank, im dritten Fach an der Seite«, sagte die Unbekannte, die an einem vergoldeten Täßchen nippte. »Und lies mir die Seite vor, in der das Band liegt. Ein grünes Seidenband.«

Die Angst war verschwunden. Ignat ging zum Schrank und fand ein dickes altes Heft, in das ein hellblaues Band eingelegt war.

»Es ist aber blau! Das Band!« sagte Ignat und blickte die Unbekannte fragend an.

»Ja, tatsächlich ... Siehst du, kein Gedächtnis mehr!« erwiderte sie. »Ist ja gleich, ob es blau ist – lies!«

Das Heft war alt und abgenutzt; die Seiten hatten sich mit der Zeit bräunlich gefärbt und waren mit einer zierlichen, eleganten Schrift bedeckt, die noch die alten Buchstaben

Jatj und *Fita* verwendete. Die braune Tinte war verblichen und durchsichtig.

»Auf die Frage, wie Wissenschaft und Kunst sich auf die menschlichen Sitten auswirken, hat Rousseau in seiner Dijoner Dissertation geantwortet – ›negativ‹ ...« las Ignat vor.

Die Unbekannte lächelte; mit den langen weißen Fingern strich sie über ihren Kragen aus vergilbter Spitze und unterbrach den Jungen. »Nein, nein, lies nur das, was rot unterstrichen ist. Die Zeit ist kurz.«

Ignat fand die Stelle, die mit blasser, einstmals roter Tinte unterstrichen war:

»... Il n'y a pas de doute que le schisme nous a séparé du reste de l'Europe et que nous n'avons pas participé à aucun des grands événements qui l'ont remuée; mais nous avons eu notre mission á nous. C'est la Russie, c'est son immense étendue qui a absorbé la conquête mongole. Les tartares n'ont pas osé franchir nos frontières occidentales et nous laisser à dos. Ils se sont retirés vers leurs déserts, et la civilisation chrétienne a été sauvée. Pour cette fin, nous avons dû avoir une existence tout-à-fait à part, qui en nous laissant chrétiens, nous laissait cependant tout-à-fait étrangers au monde chrétien ... Vous dites que la source où nous sommes allé puiser le christianisme était impure, que Byzance était méprisable et méprisée etc. – hé, mon ami! Jésus Christ lui-même n'était-il pas né juif et Jérusalem n'était-elle pas la fable des nations? L'évangile en est-il moins admirable? ... Quant à notre nullité historique, décidément je ne peux être de Votre avis ... et (la main sur le cœur) ne trouvez-vous pas quelque chose d'imposant dans la situation actuelle de la Russie, quelque chose qui frappera le futur historien? ... Quoique personellement attaché de cœur à l'empereur, je suis loin d'admirer tout ce que je vois autour de moi; comme homme de lettre, je suis aigri; comme homme à préjugés, je suis froissé – mais je Vous jure sur mon honneur, que pour rien au monde je n'aurai voulu changer de patrie, ni avoir d'autre histoire que celle de nos ancêtres, telle que Dieu nous l'a donnée. ...«

Aus einem Brief Puschkins an Tschaadajew von 1836. Von mir abgeschrieben im August 1838.*

Im Flur ging laut surrend die Klingel.
»Schnell, mach auf«, sagte die Unbekannte, stellte die Tasse ab und erhob sich aus ihrem Sessel.
Ignat ging ins Entree hinaus und öffnete die schwere Tür zum Treppenhaus; dort war niemand. Er schloß die Tür

* von Tarkowskij russisch zitiert – »Es ist unzweifelhaft, daß das Schisma uns von Europa getrennt hat und daß wir an keinem der großen Ereignisse teilhatten, die es erschüttert haben; doch hatten wir unseren eigenen Auftrag. Rußland nämlich, seine unermeßlichen Weiten haben den Mongoleneinfall aufgehalten. Die Tataren haben es nicht gewagt, unsere westlichen Grenzen zu überschreiten und uns im Rücken zu haben. Sie haben sich in ihre Wüsten zurückgezogen. Damit dieses Ziel erreicht wurde, mußten wir eine völlig abgesonderte Existenz führen, die uns einerseits zwar unser Christentum ließ, uns jedoch gleichzeitig der christlichen Welt völlig entfremdete ... Sie sagen, daß die Quelle, aus der wir das Christentum geschöpft haben, unrein war, daß Byzanz verachtenswert und verächtlich war etc. Lieber Freund!! Ist nicht Jesus Christus selbst als Jude geboren und war Jerusalem nicht das Gespött der Völker? Ist das Evangelium darum weniger wunderbar? ... Was nun unsere historische Bedeutungslosigkeit betrifft, so kann ich Ihnen durchaus nicht beipflichten ... (Hand aufs Herz) hat die gegenwärtige Situation Rußlands nicht etwas Imposantes, etwas, das den künftigen Historiker erstaunen wird? ... Obwohl ich dem Zaren persönlich eng verbunden bin, bin ich weit davon entfernt, alles zu bewundern, was ich um mich herum sehe; als Schriftsteller bin ich erbittert, als Mensch mit Vorurteilen – gekränkt, doch ich schwöre Ihnen bei meiner Ehre, daß ich um nichts auf der Welt mein Vaterland eintauschen, noch eine andere Geschichte haben wollte als die unserer Vorfahren, so, wie sie Gott uns gegeben hat ...« (A. d. Ü.)

wieder. Die seltsame Unbekannte mit dem Samtkleid und dem durchdringenden Blick gefiel ihm. Er ging in das Zimmer zurück, wo sie Tee getrunken hatte, und blieb verblüfft auf der Schwelle stehen. Niemand. Wieder erschrak Ignat. Da läutete in der Diele das Telefon. Ignat rannte hin. Er riß den Hörer von der Gabel.

»Ignat?« vernahm er weit entfernt die Stimme des Vaters.

»Ja...« antwortete Ignat schwer atmend.

»Ist Marja Nikolajewna nicht gekommen?« fragte ich.

»Nein.«

»Warum atmest du so laut? Mach doch irgendwas! Aber richte kein Chaos an! Oder lade dir jemand ein! Hast du Bekannte? Irgendwelche Kinder, Mädchen?«

»Ach, die...« murmelte Ignat geringschätzig.

»Was redest du denn? In deinem Alter hab ich mich schon verliebt. Das war im Krieg. Auch unser Ausbilder lief ihr nach, ein Kriegsbeschädigter. Rothaarig war sie, und ihre Lippen waren immer aufgesprungen... Bis heute ist sie mir in Erinnerung geblieben!... Hörst du mich? Ignat!«

Ignat antwortete nicht. Ich wußte, daß er jetzt lächelte.

*

Unsere Klasse, die 4 B, marschierte in Richtung Stadtpark, wo sich der Schießplatz befand. Das Kommando hatte ein Bursche vom Land, der schwer kriegsverletzt war. Ihm oblag unsere militärische Ausbildung. Da ihm ein Stück des Schädels fehlte, trug er ein rosa Zelluloidkäppchen mit Löchern darin, das an ein Sieb denken ließ. Natürlich gaben wir ihm den simplen, einfallslosen Spitznamen – »Der Invalide«.

Unsere Klasse zerfiel in zwei feindliche Lager – die Einheimischen und die aus Moskau und Leningrad Evakuierten.

»Links! Links!« krähte der Invalide und schwang die Feldtasche aus Kunstleder. Gekleidet war er immer gleich:

in abgetretene Stiefel aus Lederersatz, eine verschossene Feldbluse und einen langen Soldatenmantel, der bereits einiges hinter sich hatte. Auf dem Kopf trug er eine Kunstfellmütze mit Ohrenklappen.
»Singen!« kommandierte er plötzlich.
Das galt mir. Ich hatte damals einen durchdringenden, abscheulichen Diskant.

> »Lebt wohl der Heimaterde weite Fe-e-lder,
> die ferne Straße ruft uns von zu Haus,
> Des Vaterlandes kühne junge He-e-lden,
> ziehn wir schon morgen in die Schlacht hinaus«,

kreischte ich, was die Lungen hergaben. Die andern fielen ein:

> »Wir wollen zerstreun der Feinde dunkle Hee-e-re,
> und der Gefahr mit Mut ins Auge sehn.
> Der Feind wird nicht dem Grab in dunkler E-er-de,
> dem sichern Tod im Felde nicht entgehn.«

Der Invalide lächelte. Passanten sahen uns ergriffen nach. Da kam, geführt von der Sportlehrerin Nina Petrowna, mit geschulterten Skiern die 4 A auf uns zu. Nina Petrowna war eine große füllige Blondine mit weit auseinanderstehenden grauen Augen und einer Stubsnase.

Während wir durch die offene Pforte den Schießstand betraten, wo an einer Bretterwand vor aufgehäuften Erdwällen die Zielscheiben befestigt waren, blickte der Beschädigte mit unsagbarer Wehmut Nina Petrowna nach, was bei den Schülern spöttisches Kichern hervorrief. Sie schien seinen Blick zu spüren, drehte sich um und ging mit einem kurzen Auflachen achselzuckend weiter.

»Der Invalide!« riefen ein paar aus der 4 A.
»Rile-rale-raut! Bräutigam und Braut!« schloß sich einer von den Unseren an.
»Stillgestanden! Eins, zwei!« kommandierte der Invalide gereizt.

Alle standen stramm – nur Assafjew nicht, ein unterernährter schmalgesichtiger Jüngling aus Leningrad.

Er stand da wie zuvor und fuhr fort, mit seinen unförmigen Filzstiefeln auf den Schnee zu stampfen. Die Stiefel hatten zweierlei Farbe – einer war schwarz, der andere grau. Wir lachten.

Der Invalide bleckte die Zähne, schwenkte den Arm und schrie: »Stillgestanden! Stillgestanden war das Kommando! Bist du taub?«

Auf dem Schnee lagen ein paar Matten. Ein alter Mann in feldgrauer Jacke warf auf jede ein Kleinkalibergewehr und reichte dem Invaliden eine Schachtel mit Patronen.

Eine Fünfergruppe stellte sich mit dem Rücken zu den Matten auf, und der Beschädigte schrie: »Ringsum kehrt! Eins, zwei!«

Alle machten eine Kehrtwendung und standen vor den in fünfzig Meter Entfernung aufgehängten Zielscheiben. Nur Assafjew drehte sich ganz um die eigene Achse und blickte, in die Ausgangsposition zurückgekehrt, wieder dem Ausbilder ins Auge.

»Ringsum kehrt war das Kommando«, sagte der.

»Ich habe mich ja auch umgedreht«, sagte Assafjew leise, aber fest.

»Kennst du das Truppenreglement? Ja oder nein?!«

Assafjew zuckte die Achseln und sagte:

»Ringsum heißt auf russisch ringsum, genau das, was ich gemacht habe. Eine Wendung ringsum bedeutet, wie mir scheint, eine Drehung um 360 Grad.«

»Grad!! Was denn sonst noch?! Scheint ihm! Rrringsum!!«

Assafjew drehte sich einmal um sich selbst und stand aufs neue dem Invaliden gegenüber.

Wieder lachten alle. Der Invalide wurde bleich, ballte die Fäuste und senkte den Kopf.

»In Feuerstellung – marsch!« sagte er leise.

Die Jungen legten sich auf die Matten. Assafjew rührte sich nicht vom Fleck.

»Ich schicke dich zu deinen Eltern zurück!« sagte der Invalide und trat dicht an ihn heran.

Er arbeitete noch nicht lange an unserer Schule und konnte nicht wissen, daß Assafjew seine Eltern vor wenigen Monaten verloren hatte: Der Vater war gefallen, Mutter und Großmutter waren vor seinen Augen in Leningrad verhungert.

»Hast du verstanden?« zischte der Invalide.

»Welche Eltern?« Dem Jungen kamen die Tränen.

»Die, wo du hingehörst.«

»Was für eine Feuerstellung? Ich versteh das nicht«, sagte Assafjew kaum hörbar.

»Nun leg dich schon auf die Matte!!« brülle der Ausbilder plötzlich, dessen Hals zuckte und rot angelaufen war. »Feuerstellung ... heißt Feuerstellung, kapiert?!«

Assafjew legte sich auf die Matte und ergriff das Gewehr. Der Ausbilder drehte sich um.

»Jegorow!« schrie er.

»Hier!« antwortete Jegorow und sprang von der Mitte hoch.

»Mich interessiert nicht, daß du hier bist!« bemerkte der Invalide mit spöttischem Lächeln.

»Warum wird dann aufgerufen, wenn das nicht interessiert?« fragte Assafjew höhnisch, Tränen in den Augen.

Der Ausbilder verzog keine Miene.

»Hinlegen!« befahl er Jegorow. »Es heißt ›zu Befehl‹ und nicht ›hier‹, kapiert?« Und noch einmal schrie er: »Jegorow!«

»Zu Befehl!« Noch einmal sprang Jegorow auf die Füße.

»Nenne die wesentlichen Teile des Kleinki... Kleinkabi... des Gewehrs TOZ Nr. 8!«

Dem Ausbilder hatte der erfolglose Kampf mit dem unaussprechlichen Wort »Kleinkalibergewehr« den Schweiß auf die Stirn getrieben.

»Der Kolben!« antwortete Jegorow.

»Und?«

»Die Mündung ...«

»Schöne Mündung bist du!«*

»Was denn sonst? Die Mündung ...« wiederholte Jegorow stumpfsinnig.

»Was für eine Mündung ist das?«

»Was für eine denn nun?« schrie ich von meiner Matte.

»Die Mündung ist die Mündung! An Opas Sturmgewehr! Kapiert?« witzelte der Invalide.

»Das sag ich doch – die Mündung«, nuschelte Jegorow.

»Lauf! Lauf heißt das! ›Mündung‹!« Der Ausbilder bewegte nur abfällig die Hand.

Jeder bekam fünf Patronen. Ich stützte mich auf die Ellbogen und zielte. Das Korn hüpfte auf und ab, und die schwarze Schießscheiben dahinter verschwamm zu einem dunklen Fleck. Jeder gab fünf Schüsse ab. Der Invalide nahm die Schießscheibe von der Wand und kam zurück. Er betrachtete sie aufmerksam, runzelte die Stirn und riß alle bis auf eine in kleine Stücke, die er in den Schnee warf.

»Wenn wir an der Front so schießen würden...« begann er.

»... was hätten Sie dann? Kein Loch im Kopf?« Assafjews Frage war plump und sinnlos. Mir aber erschien sie der Gipfel an Witz, und ich lachte los. Die anderen wahrten vorsichtiges Schweigen und warteten ab, was passieren würde.

Der Invalide lächelte plötzlich. »Genau das...« Er glättete die einzig verschonte Schießscheibe und zeigte auf mich. »Mordskerl!« lobte er, »49 von 50 Augen. Und ihr seid Stümper!« warf er den andern verächtlich hin. »Du, zum Beispiel, wohin hast du gezielt? Ich hab's genau gesehen! Denkst du, ich seh das nicht?« sagte er zu Repejkin, einem abenteuerlich rothaarigen Jungen. »In die Luft hast du geschossen! Dafür... weißt du, was dafür fällig ist?...«

»Was hab ich denn gemacht?« jammerte Repejkin.

»Du fragst auch noch ›Was?‹!«

---

* Das russ. Wort für »Mündung« – *dulo* – hat im Russischen sowohl die Bedeutung »Spitzbube« als auch »Gewehrlauf«. (A. d. Ü.)

»Da ist doch niemand...«
»Und wenn jemand dagewesen wäre?«
»Wo? Da sind doch nur Bäume...«
»Und wenn jemand auf einen Baum geklettert wäre?«
Wir schauten in die Wipfel der kahlen Birken mit den leeren Nestern und kicherten.

Der Invalide holte aus seiner Manteltasche neue Schießscheiben aus Papier und ging auf die Wand zu.

In dümmlicher Erregung über das Lob warf ich mich auf die Matte, ohne das Kommando »in Feuerstellung« abzuwarten, und nahm also die folgenden Ereignisse vom Boden aus wahr, weshalb sie mir besonders unerwartet, verrückt und gefährlich vorkamen.

In der Hand Assafjews blitzte die dunkelgrüne Sprenggranate »Limonka« auf. Im nächsten Moment hatte sie ein anderer. Es sah so aus, als ob nicht die Jungen sie einander abnähmen, sondern sie selbst von einem zum andern spränge.

Der Invalide spürte mehr, als daß er sah, was hinter seinem Rücken vor sich ging. Er drehte sich in dem Moment um, als Assafjew bereits den Ring von der Granate gezogen und sie dem anämischen Zykin in die Hand gedrückt hatte, der sie schreckgelähmt mit aller Kraft ausgerechnet gegen seinen Bauch preßte.

»Gib her!« schrie der Invalide mit heiserer, überschnappender Stimme und sprang auf ihn zu, in der Hoffnung, ihm die Limonka entreißen zu können.

Assafjew nahm sie aus Zykins Händen, warf nicht, ließ sie fallen, und sie rollte über den Bretterboden auf die Zielwand zu.

»Hinlegen! In die Ecke! Auf die Erde!!!« hörte ich den Entsetzensschrei des Invaliden und spürte, wie sein Körper über mich hinwegflog und mir die kratzigen Mantelschöße das Gesicht aufschürften.

Eine Zeitlang herrschte würgende Stille. Im Schnellfeuerrhythmus klopfte mir das Herz im Hals.

Dann hörte ich ein Kichern und öffnete die Augen.

Der Invalide lag flach auf dem Boden, den Körper in den Winkel zwischen der Zielwand und den schneebedeckten Bodenbrettern gepreßt – mit einer Anspannung, als decke er keine Granate zu, sondern ersticke ein kraftvolles lebendiges Wesen.

»Sie hat doch keinen Zünder!« sagte Assafjew mit dünner, stockender Stimme, »man muß sich da schon auskennen...«

In abwartendem Schweigen lagen die Burschen auf dem gefrorenen Boden des Schießplatzes.

Der Invalide stand auf und sah Assafjew an. Bei dem unverhofften Sprung hatte er sowohl Mütze wie Zelluloidkäppchen verloren. Mit ängstlicher Neugier blickten die Jungen auf die tiefe Wunde hinter dem linken Ohr, über die sich rosig pulsierend die Haut spannte.

»Ausgerechnet ein Leningrader, einer, der die Blockade mitgemacht hat!« sagte der Invalide ohne Groll und bückte sich nach seiner Mütze.

Es war sehr still. So still, daß wir den schweren, röchelnden Atem des Invaliden hörten. Es hieß, deutsche Granatsplitter hätten ihm die Lunge zerrissen.

Assafjew erhob sich jäh von der Matte, auf der er gelegen hatte, und stampfte in seinen absurden Filzstiefeln schwerfällig zum Ausgang.

Langsam ging er durch die Stadt, wie ein Mensch, der den Preis der Kraft kennt, die er mit jedem Schritt verbraucht. Zu Silvester war in Jurjewez so viel Schnee gefallen, daß ein Vorwärtskommen in der Stadt fast unmöglich war. In den Straßen bewegten sich die Leute langsam in verschiedene Richtungen; am Schulterjoch trugen sie Eimer mit schwarzem, schäumendem Bier.

Mit Mühe wich ihnen Assafjew auf den schmalen Trampelpfaden aus und hörte nicht, wie sie sich gegenseitig Glück wünschten zum beginnenden Festtag. Wein war natürlich nicht zu bekommen, aber die Stadt besaß eine Bierbrauerei, und an Feiertagen durfte man Bier in unbeschränkter Menge kaufen.

Kurze Zeit später tauchte die vor Kälte zusammengekrümmte Gestalt Assafjews am Zaun der Kirche auf, die auf einem flachen Hügel stand: Er kraxelte die Anhöhe hinauf. Oben blieb er stehen – weiter aufwärts ging es nicht. Die Mühe des Aufstiegs brachte ihm keine Erlösung von seiner Scham.

Vor seinen Augen, in denen Tränen standen, erschien das Städtchen als verschwimmendes Doppelbild. Weiter hinten, jenseits des Flusses, waren die wenigen Orientierungspunkte der verschneiten russischen Ebene ins Ununterscheidbare zurückgewichen, und diese ganze dämmernde Dezemberwelt schien Assafjew ein Tal der Unerbittlichkeit, Ausweglosigkeit und Vergeltung.

*

Mit verwunderlicher Beharrlichkeit träume ich stets ein und denselben Traum. Als wolle mein Gedächtnis nicht zulassen, daß ich das Wichtigste vergesse, und dränge mich stetig und unabweislich dazu, an die schmerzhaft geliebten Orte zurückzukehren, an denen ich seit jetzt schon mehr als zwanzig Jahren nicht mehr gewesen bin.

Ich träume, daß ich durch Sawraschje gehe, am Birkenwäldchen entlang, vorbei an der eingefallenen, verlassenen Badehütte und dem alten Kirchlein mit dem bröckelnden Verputz, in dessen Türöffnung aufgerissene Kalksäcke und eine zerbrochene Kolchoswaage zu sehen sind. Und in den hohen Birken das zweistöckige Holzhaus. Das Haus, in dem ich geboren bin, wo mein Großvater, der Landarzt Nikolaj Matwejewitsch, mir vor vierzig Jahren auf einem Eßtisch mit frisch gestärktem Tischtuch in die Welt geholfen hat. Und dieser Traum ist so glaubhaft und überzeugend, daß er wirklicher scheint als die wachend erlebte Realität.

*

49. GLAUBEN SIE AN DIE MÖGLICHKEIT EINES NEUEN WELTKRIEGES?
50. ICH WEISS, DASS SIE MUSIK LIEBEN. WIE HÖREN SIE MUSIK? VERFOLGEN SIE DIE MELODIE ODER DEN MUSIKALISCHEN AUFBAU, ODER GEHÖREN SIE ZU DEN MENSCHEN, DIE IM KONZERTSAAL EINFACH ABSCHALTEN UND ERINNERUNGEN UND ASSOZIATIONEN NACHHÄNGEN, DIE DIE MUSIK HERVORRUFT?
51. KÖNNEN SIE HASSEN? SIND SIE NACHTRAGEND?
52. WAS HALTEN SIE VOM KINO? GLAUBEN SIE DAS, WAS SICH AUF DER LEINWAND ABSPIELT? WAS IST DER FILM IHRER ANSICHT NACH? KUNST ODER NUR UNTERHALTUNG?
53. WELCHE ZEIT IHRES LEBENS HALTEN SIE FÜR GLÜCKLICH?

*

Die Straßenbahn überraschte mich: Rot, fast leer, mit offenen Fenstern, unter denen »Nicht hinauslehnen!« stand, raste sie den Ring hinunter. Mir gegenüber saß die Mutter, die schlafende Schwester im Arm.

Es war 1943. Wir kamen aus der Evakuierung nach Moskau zurück. Zurück in diese Stadt. In Jurjewez hatte ich mir eingebildet, ich würde mich ganz genau an diese Stadt erinnern. Jetzt saß ich da und war verwirrt vor Glück, hatte die hinter den Scheiben vorbeihuschenden Häuser, die Drahtigel der Panzerabwehr von '41, die Pyramiden toter Brandbomben, das Grün der Bäume in den Straßenbahnfenstern, wie man so sagt, leibhaftig vor Augen – und fühlte mich hier noch als Fremder.

Ich stand auf und ging ans gegenüberliegende Fenster.

Vor meinen Augen floß eine dichte Laubwand vorüber. Mir schwindelte. Ich schloß die Augen und verspürte ein nagendes Hungergefühl. Um nicht an Essen denken zu müssen, streckte ich die Hand aus und versuchte, einen der vorbeifliegenden Zweige zu fassen; er verbrannte mir schmerzhaft die Handfläche, in der schmutzige Spuren der dünneren Zweige und ein paar schmutzige Blätter zurückblieben. Da begriff ich, warum ich mich hier so unbehaglich fühlte. Die Luft! Hier war sie so dick wie aufsteigender Staub im Sonnenlicht. Und ich dachte, niemals würde ich hier leben können. Ich würde ersticken.

Da spürte ich an meinem Hals, hinter dem Ohr, ein Krabbeln. Ich warf einen schnellen Blick zur Mutter hinüber, wohl wissend, wie unwillig sie sein würde, wenn sie das sah. Doch sie saß in Gedanken verloren am Fenster und blickte nicht in meine Richtung.

Ich faßte hinters Ohr, erwischte dieses Etwas und wußte eine Weile nicht, was ich damit anfangen sollte. Dann ließ ich es unbemerkt aus dem Fenster fallen. Mit ihm die Blätter, die ich in der anderen Hand hielt. Dann ging ich zur Mutter zurück, und ich sah, wie ihre feinen Haare sich im Luftzug bewegten. Vorsichtig blies ich darüber hin.

»Gehen wir gleich nach Hause?« fragte ich.

»Nein, zu Marja Georgijewna. Du weißt ja, unser Zimmer ist belegt. Da wohnt noch jemand.«

Wie gut, daß die Mutter nichts gesehen hatte. Denn in Jurjewez hatten sie doch immer gesagt: »Läuse, die kommen vom Kummer.«

Die Straßenbahn hielt, und die Mutter trieb zur Eile.

»Nimm die Tasche«, sagte sie zu mir, während sie, im linken Arm die Schwester, mit der rechten Hand nach dem Koffer griff und mir mit einem Blick bedeutete, auch das noch daliegende Bündel zu nehmen.

Die Straßenbahn hielt noch, und während wir ausstiegen, blickte der Fahrer uns aufmerksam an. Er war ein sehr alter Mann.

*

54. WAS IST IHRE LIEBLINGSFARBE? UND DIE FARBE DES KLEIDES, DAS IHNEN AM BESTEN STEHT?

55. SIND SIE EIN GUTER SCHWIMMER? WÄREN SIE JETZT GERN IRGENDWO AM MEER? AN EINEM RUHIGEN ORT, WO SIE AN NICHTS ZU DENKEN BRAUCHTEN? STELLEN SIE SICH WENIGSTENS EINMAL FÜR EINE MINUTE VOR, DAS SEI MÖGLICH. MIT WEM WÜRDEN SIE FAHREN?
56. IN WELCHEM ALTER SEHEN SIE SICH, WENN SIE AN IHRE KINDHEIT DENKEN?
57. IN WELCHEM LAND WÜRDEN SIE AM LIEBSTEN LEBEN? GIBT ES IN IRGENDEINER STADT IM AUSLAND PLÄTZE, DIE SIE AUS BÜCHERN KENNEN UND SICH BESONDERS GUT VORSTELLEN KÖNNEN? WÜRDEN SIE GERN DORT LEBEN?
58. HABEN SIE SCHON EINMAL EINE DEMÜTIGUNG ERFAHREN, VON DER SIE IN JENEM MOMENT GLAUBTEN, SIE KÖNNTEN SIE NICHT ERTRAGEN?
59. HALTEN SIE SICH FÜR EINEN GUTEN MENSCHEN? SIND IHRE FREUNDE DERSELBEN MEINUNG? UND IHRE KINDER? STANDEN SIE IHNEN INNERLICH NÄHER, ALS SIE NOCH KINDER WAREN? ODER SIND SIE IHNEN JETZT NÄHER?
60. WELCHE JAHRESZEIT IST IHNEN DIE LIEBSTE?
61. TRÄUMEN SIE VIEL? ERZÄHLEN SIE EINEN TRAUM, DER SIE BESONDERS TIEF BEEINDRUCKT HAT!
62. WELCHE IHRER BEKANNTEN ODER WELCHE HISTORISCHE PERSÖNLICHKEIT ODER LITERARISCHE HELDIN VERKÖRPERT FÜR SIE DAS IDEAL EINER FRAU?
63. GLAUBEN SIE, DASS SIE ZUSAMMEN MIT IHREN KINDERN DIE BLOCKADE IN LENINGRAD HÄTTEN ÜBERLEBEN KÖNNEN?
64. ERINNERN SIE SICH AN DEN TAG, ALS SIE SICH ZUM ERSTEN MAL ALS MUTTER FÜHLTEN?
65. SIND SIE WEHLEIDIG?

*

Ich hob den Kopf und sah, wie die Wipfel der Bäume sich leicht im Wind bewegten.

Vereinzelte Birken und Tannen, kein Wald und kein Hain, einfach verstreute Bäume rings um das Ferienhäuschen, das einmal dem Schriftsteller Bruno Jassenskij gehört hatte und in dem wir im Herbst 1943 lebten.

Ich sah nach oben und dachte: Warum ist es unten, unter den Bäumen, so windstill? Ich hatte Lust, auf eine Birke zu klettern und dort im Wind zu schaukeln. Ich stellte mir vor, wie gut von dort oben wahrscheinlich die Eisenbahn zu sehen wäre, und der Bahnhof und weiter hinten der Wald hinter dem Pumpenhaus.

Seit dem frühen Morgen fühlte ich mich unwohl und verdrossen. Den ganzen Tag ging ich wie in Trance herum, und die Mutter fragte endlich:

»Was ist los mit dir?«

»Nichts ist los ...« Ich zuckte die Achseln, weil ich wirklich nicht begriff, daß etwas mit mir nicht stimmte.

Und jetzt jagte die Mutter uns buchstäblich aus dem Haus – wir sollten Morcheln sammeln. Meine Schwester war grundlos vergnügt, rannte zwischen den Bäumen herum und rief dauernd: »Kuck mal, ich hab schon wieder eine! ...« Zu jeder andern Zeit hätte mich das geärgert, aber jetzt nickte ich nur, wenn sie von weitem den nächsten Pilz herüberzeigte.

Wie ich so ziellos unter den Bäumen herumirrte, stand ich plötzlich vor einer Pfütze voll Schmelzwasser. Auf ihrem Boden lag zwischen alten Blättern des vergangenen Jahres ein Dreikopekenstück. Ich bückte mich, um es herauszuholen, und in diesem Moment sprang meine Schwester, die mich wohl erschrecken wollte, hinter einem Baum hervor. Ich wurde wütend und holte sogar schon zu einem Schlag aus, als ich die vertraute, unverwechselbare Stimme hörte:

»Marina-a-a!«

In derselben Sekunde stürzten wir zum Haus zurück. Ich raste, was ich konnte, ohne auf den Weg zu achten, dann riß etwas in meiner Brust, ich stolperte und fiel, und Tränen strömten mir aus den Augen.

Dann sah ich seine Augen. Die schwarzen Haare, das sehr schmale Gesicht, die Offiziersuniform, das Lederkoppel, seine Hände. Er hielt uns an sich gedrückt, und alle drei weinten wir und drängten uns aneinander, und ich spürte, wie meine Finger taub wurden, mit solcher Kraft klammerte ich mich an seine Uniformjacke.

»Bleibst du jetzt da? Ja? Für immer?« murmelte meine Schwester mit erstickter Stimme; ich aber hielt nur fest, ganz fest sein Koppel umklammert und konnte nicht sprechen.

Plötzlich wandte der Vater den Kopf und richtete sich auf. Ein paar Schritte von uns entfernt stand die Mutter. Sie sah den Vater an, und auf ihrem Gesicht lag so viel Glück und so viel Leid, daß ich unwillkürlich die Augen zusammenkniff.

Damals, in jenen Tagen, las der Vater uns die Texte Leonardos über die Darstellung einer Schlacht vor. So wie er sie las, wurde uns klar, daß er das alles mit eigenen Augen gesehen hatte – entsetzliche Kämpfe auf offenen Feldern, die aufgewühlter schwarzer Schnee bedeckte; Leichenberge und auch Panzerangriffe und Artilleriefeuer; verbrannte Städte und eingeäscherte Dörfer; Soldaten, die auf den toten Feldern des Krieges vom Leben Abschied nahmen, damit die Hand des Feindes uns nicht berührte. Und die Erinnerung an die Verluste, die qualvolle Überwindung des Todes um des Sieges willen, eingedenk der ausgepumpten Erde, des Preises für unser Leben – wie könnten wir anders, als Rückschau halten, uns freudig besinnen auf den Ursprung unserer halbvergessenen und gedemütigten Freiheitsliebe.

*

Gegen den Abend hin richtete das zähe, niedergetretene Steppengras sich auf. Seine Halme schienen weniger im

Wind als in den Krämpfen der Wiederbelebung zu zittern. Auf der endlosen Weite des Schnepfenfeldes war der Nebel über den Auen des Don in toter Reglosigkeit erstarrt.

Ein Stöhnen – die mit einfallender Nacht müde gewordenen Schmerzensschreie – erhob sich wie Echo von allen Seiten des Feldes und schien aus dem Innern der Erde zu kommen.

»Scher dich weg!« Ein ganz junger Bursche mit rotem Haarschopf, das Hemd über dem Rücken aufgerissen und blutverschmiert, versetzte einer kleinen Tatarenstute einen Schlag übers Maul. »Hat keine Angst, macht sich an die Fremden ran! Du bist wohl noch benommen von gestern, Tatarenbrut!«

»Such, such weiter, genug geschwatzt!« unterbrach ihn ein Hauptmann, ohne sich umzuwenden, und beugte sich nieder, um den Leichnam eines Tataren beiseite zu schleppen, der schwer auf der Brust eines reichgekleideten Kriegers lag.

»Dimitrij Ioanowitsch! Fürst!« hallte es über das dämmernde Feld.

»Schau her!« zeigte der Hauptmann, »ist er das nicht?«

Unter einem Leichenberg glänzte das Ende eines weißen silberbestickten Gürtels. Schweigend zogen sie die Körper der Getöteten beiseite, hoben den reglosen Fürsten auf und legten ihn auf eine improvisierte Bahre aus Lanzen, über die Mäntel gebreitet waren. Zusammen mit vier anderen, die herbeiliefen, trugen sie den Fürsten die Anhöhe hinauf.

Der Rotschopf war zurückgeblieben und zum Flußufer hinübergegangen, wo er sich auf die Knie niederließ und eine Handvoll Wasser aus dem Don schöpfte. Er ließ es sogleich in den Fluß zurückfallen – es war rot vom Blut.

Auf dem Hügel stand unter dem silbern und schwarz gestickten Bild des Erlösers, dem Banner des Fürsten, auf seine Krieger gestützt, der schwerverletzte Dimitrij...

Über das Feld kam gemächlich ein Tatare geritten. In der Stille des Dunkels vor Morgengrauen scheute das Pferd beim plötzlichen Ton eines Horns, brach aus und flog am

Ufer entlang, der aus dem Nebel aufgehenden Sonne entgegen.

Der Tatare, längst tot, erschlagen gleich zu Beginn der Schlacht, glitt langsam zur Seite. Aus seinem Rücken ragte ein gefiederter Pfeil.

Er stürzte zu Boden, und das Pferd, von seiner grausigen Last befreit, flog weiter und weiter, in die Steppe hinein.

Nicht eins nur – zehn Hörner bliesen jetzt über dem Schnepfenfeld und riefen alle, die sich lebendig fühlten, auf, sich zu erheben und unter das Banner des Fürsten zu treten. Es war Zeit zur Heimkehr.*

Der Krieg ist anders geworden. Jetzt genügt, um den Menschen zu töten, ein einziger zufälliger Granatsplitter, eine an den Körper schwappende, an ihm festklebende flüssige Napalmflamme, radioaktiver Staub, der mit dem Nebel sinkt oder mit dem Regen fällt. In jenen alten Zeiten wurden Kriege weit ungenierter und rücksichtsloser geführt und erinnerten an die Arbeit eines Metzgers. Aber ist der Preis menschlichem Lebens seit damals gesunken? Haben jene Männer, die jetzt bei Tagesanbruch nach der Schlacht die ersten Schritte tun, sich nicht voller Verwegenheit und tödlicher Trauer auch für unsere Freiheit und unsere Zukunft geschlagen?

*

66. WAS HALTEN SIE VON WELTRAUMFLÜGEN?
67. WELCHE MENSCHLICHEN EIGENSCHAFTEN SCHÄTZEN SIE AM HÖCHSTEN? WELCHE VERURTEILEN SIE – WÜRDEN SIE JEDOCH TROTZ ALLEM ENTSCHULDIGEN?
68. WAS HALTEN SIE VOM EGOISMUS?
69. WAS SCHÄTZEN SIE AN DER HEUTIGEN JUGEND, UND WAS BEFREMDET SIE AN IHR?

---

* Diese Episode berichtet von der Schlacht zwischen Russen und Tataren auf dem Schnepfenfeld am Don im Jahre 1380. (A. d. Verf.)

70. GIBT ES IN IHRER NATUR ABSONDERLICHKEITEN, DIE SIE NICHT ERKLÄREN KÖNNEN? WELCHE?
71. ERZÄHLEN SIE DIE LÄCHERLICHSTE BEGEBENHEIT IHRES LEBENS.
72. SIND SIE AN IHREM ARBEITSPLATZ JEMALS IN SCHWIERIGKEITEN GERATEN?
73. WAS WISSEN SIE NOCH VOM SPANISCHEN BÜRGERKRIEG?
74. LIEBEN SIE BACH?
75. WIE IST ES IHNEN BEI IHREM ENTBEHRUNGSREICHEN LEBEN GELUNGEN, IHREM SOHN EINE KÜNSTLERISCHE UND MUSIKALISCHE BILDUNG ZU VERMITTELN?

*

Diesen Traum habe ich oft. Er wiederholt sich detailgetreu, abgesehen von völlig unbedeutenden Abweichungen. Nur das Haus, in dem ich geboren bin, sehe ich immer anders: mal bei Sonnenschein, mal bei Regen, im Winter oder im Sommer. Ich habe mich daran gewöhnt.

Und wenn ich jetzt von den Balkenwänden träume, die die Jahre geschwärzt haben, von der weißen Holzverkleidung, der halboffenen Tür ins schattige Dunkel – dann weiß ich schon im Schlaf, daß alles nur Traum ist, und die überwältigende Freude der Rückkehr in die Heimat verdüstert sich in Erwartung des Erwachens. Gehe ich aber durch raschelndes Laub auf die Haustür zu, behält die Sehnsucht nach Heimkehr die Oberhand, und das Erwachen ist immer unerwartet und voller Trauer ...

*

76. WELCHE MENSCHLICHE EIGENSCHAFT HALTEN SIE FÜR DIE WICHTIGSTE? WELCHE SCHÄTZEN SIE AM MEISTEN?
77. WÄREN SIE GERN EINE DICHTERIN VOM RANG –

SAGEN WIR EINER ZWETAJEWA ODER ACHMATOWA? WER VON DEN BEIDEN STEHT IHNEN NÄHER?
78. HATTEN SIE SCHON EINMAL DAS GEFÜHL, DASS HOCHBEGABTE MENSCHEN BEI IHNEN IRRITATION HERVORRUFEN?
79. WAS DENKEN SIE ÜBER DEN KRIEG?
80. HABEN SIE NICHT DAS GEFÜHL, ES FEHLE IHNEN MANCHMAL AN VERSTÄNDNIS FÜR DIE PROBLEME, DIE DIE HEUTIGE JUGEND BEWEGEN? DASS SIE SICH SELBST ISOLIERT HABEN?
81. ERZÄHLEN SIE ALLES, WAS SIE NOCH VON SAWRASCHJE WISSEN, AUSSER DER TATSACHE, DASS DORT IHR SOHN GEBOREN WURDE. WAS FÜR EIN ORT WAR DAS?
82. LIEBEN SIE BLUMEN?

*

Es war früher Morgen und sehr kalt. In diesem ersten Nachkriegsherbst kam sie oft hierher auf den kleinen Markt unweit vom Pawelezer Bahnhof. Damals durften aus unerfindlichen Gründen Blumen nicht einmal auf dem Markt verkauft werden. Und was für Blumen waren das damals! Nicht wie heute, wo sie waggonweise und mit Flugzeugen aus allen Himmelsrichtungen angeliefert werden!

Vor den Toren dieses Marktes standen in einer engen Gasse mit niedrigen alten Häusern einige Frauen und boten buntes Steppengras und späte, welke Astern an. Man kann nicht sagen, daß der Handel blühte; die Zeiten waren einfach nicht danach.

Unter diesen Frauen, die aus der Stadt herausgekommen waren, stand auch meine Mutter. In den Händen hielt sie einen Korb, der mit Leinwand zugedeckt war. Aus dem Korb nahm sie akkurat gebundene Sträußchen aus »Hafergras«, einem wilden gefiederten Gras, das an Haferähren erinnerte, und auch sie wartete wie alle anderen auf einen Käufer.

Ich stelle mir vor, wie sie die vorübereilenden Leute betrachtete. Ihr Blick war herausfordernd: Ich stehe nur zufällig hier, sollte er ausdrücken, aber zugleich auch den ungeduldigen Wunsch, die Ware so schnell wie möglich loszuwerden, um der Schande zu entrinnen.

Ein älterer Mann mit Bärtchen in einem langen hellen Mantel kam heran, nahm ein Sträußchen, steckte ihr fast entschuldigend das Geld zu und ging rasch weiter. Die Mutter senkte den Kopf, verbarg das Geld in der Tasche und zog den nächsten Strauß aus dem Korb.

Durchs Markttor kam ein magerer Milizionär; er blieb stehen und sah sich gebieterisch nach allen Seiten um. Die Frauen mit den Blumen zerstreuten sich im Nu. Nur die Mutter blieb auf ihrem Platz, jeder Zoll Ausdruck dessen, daß die durch das Erscheinen des Milizionärs ausgelöste Panik sie in keiner Weise betraf.

Sie holte eine Zigarette heraus, fand jedoch keine Streichhölzer. Der Milizionär kam herüber, schlug die Leinwand über dem Korb zurück und sagte beim Anblick der »Blumen« mit heiserer Stimme:

»Na, jetzt mach aber mal ...« Dann sah er sie an und setzte sich abwendend hinzu:

»Machen Sie, daß Sie hier wegkommen!«

»Bitte sehr!« Die Mutter lächelte ironisch, zuckte die Achseln und ging ein Stück weiter. Diese Bewegung hatte etwas sehr Selbstbewußtes und gleichzeitig Rührendes. Sie bat einen Passanten um Feuer und inhalierte tief. Sie mußte husten. Es hieß abwarten, bis der Milizionär sich entfernte.

*

Im Zug war es dunkel, und die Luft war so drückend, daß mir trotz der geöffneten Fenster schwindelte und vor meinen Augen bunte Ringe tanzten. Ich stand mit der Mutter im Gang, und Antonina Alexandrowna, unsere Tante, saß, von der Masse eines riesigen Mannes mit verschwitztem

Gesicht in die Ecke gezwängt, neben meiner Schwester am Fenster.

Der Zug sauste polternd an eingestaubten Zwischenstationen, an Lagerschuppen und rauchenden, mit Stacheldraht eingezäunten Müllgruben vorbei.

Dann begannen die Wälder. Doch auch sie brachten keine Erleichterung, und der Luftzug im Wagen verstärkte nur noch die würgende Stickigkeit.

Im Wagen wurde geschrien, gelacht und gesungen. Durch das Lärmen und Poltern des Zuges hindurch hörte man am andern Ende des Wagens jemanden mit stumpfer Beharrlichkeit eine Harmonika malträtieren. Mir wurde dunkel vor Augen, und ich spürte, wie ich erbleichte. Es war, als würde ich mich in diesem Moment gleichsam von außen sehen, und ich erschrak über mein plötzlich grün gewordenes Gesicht und die eingefallenen Wangen. Die Mutter schaute mich erschrocken an.

»Mir ist schlecht, ich geh auf die Plattform«, murmelte ich und begann mich durch den brechend vollen Gang zu drängen. Die Mutter kam mir nach. Mir zitterten die Knie, meine Beine waren wie aus Watte, ich sah nichts mehr und stürzte mit letzten Kräften auf die rettende Plattform. »Nur nicht fallen«, dachte ich, »nur nicht fallen!«

Dann stand ich auf der obersten Stufe des Trittbretts und hielt mich an der Geländerstange fest. Die Mutter hatte von hinten meinen Gürtel gefaßt.

Der Zug raste an einem grünen Abhang vorbei, der eine aus geweißten Ziegeln gemauerte Inschrift trug:
UNSRE SACHE IST GERECHT – WIR HABEN GESIEGT!

Ich hielt das Gesicht in den Fahrtwind und bemühte mich, tief zu atmen. Langsam kam ich zu mir.

»Was hat er denn?« vernahm ich hinter mir eine mitfühlende weibliche Stimme. Die Mutter gab etwas zur Antwort. Wieder bei Kräften, drehte ich mich zu ihr um und versuchte sogar zu lächeln.

»Wir steigen ja gleich aus«, sagte sie und blickte mich forschend an.

»Hier, trink mal«, hörte ich dieselbe mitleidige Stimme sagen. Eine ältere Frau, die trotz der Hitze eine wattierte Jacke und Gummistiefel trug, beugte sich über eine große Milchkanne und goß Milch in ein trübes, unsauberes Glas. Ich sah die Mutter an. Sie nickte und wandte sich ab.

»Danke«, sagte ich zu der Alten und versuchte das geschliffene Glas, das sich klebrig anfühlte, aus ihrer Hand zu nehmen, ohne etwas zu verschütten. Während ich trank, blickte sie mich fröhlich an. Die Mutter drehte sich um und ging in den Wagen zurück.

»Wir steigen jetzt aus... ich muß gehen.«
Ich schämte mich plötzlich und errötete.

Als der Zug weitergefahren war, standen wir noch lange auf der hölzernen Rampe und hörten zu, wie sein Poltern in der Ferne verklang. Dann brach eine ohrenbetäubende Stille an, und reiner harzig riechender Sauerstoff strömte in meine Lungen.

Auf dem Feld war es kühl. In der lehmigen Erde der Straße standen gelbe Pfützen. Die Sonne schien durch helles Gewölk. Durch das trockene hohe Gras pfiff der Wind.

Wir wanderten über das holprige, von Maulwurflöchern aufgerissene Brachland und sammelten »Hafergras«. Wenn ich ein paar der kleinen üppigen Sträußchen zusammen hatte, umwickelte ich sie, wie die Mutter es uns gezeigt hatte, mit langen Grashalmen und legte sie in einen Korb. Ich wußte, wozu diese kleinen »Bukettchen« bestimmt waren.

»Mama, ist das nicht genug!« sagte ich zur Mutter, die mit einem Arm voll Hafergras auf mich zu kam und sich wieder nach besonders schönen Exemplaren bückte. »Wir gehen und gehen und pflücken und pflücken endlos... Blödes Zeug!«

»Was ist, bist du müde?« sagte die Mutter, ohne mich anzusehn.

»Das blöde Zeug! Ich hab genug...«
»So, du hast genug! Aber ich hab noch nicht genug.«

»Dann sammel doch dein Hafergras selbst! Ich sammle nichts mehr!«

»So, du sammelst also nichts mehr!«

Die Mutter wechselte die Farbe, Tränen stiegen ihr in die Augen, und sie gab mir eine schallende Ohrfeige. Glutrot geworden, sah ich mich schnell um. Doch weder meine Schwester noch die Tante hatten etwas bemerkt.

Dann ging ich ganz in die Mitte des Feldes. Meine Wangen brannten. Ich nahm ein Stöckchen vom Boden und begann zur Ablenkung in den lockeren Erdhügelchen über den Maulwurflöchern zu stochern, um die unterirdischen Gänge der Maulwürfe aufzuspüren.

Von weitem sah ich, wie meine Schwester, Antonina Alexandrowna und die Mutter langsam hin und her gingen und sich wieder und wieder nach dem gottverdammten Hafergras bückten ...

*

83. HABEN SIE JEMALS IHRE KINDER GESCHLAGEN?
84. ERZÄHLEN SIE BITTE VON DEN SCHÖNSTEN TAGEN IHRER KINDHEIT! TRÄUMEN SIE JETZT NOCH VON DIESER ZEIT?
85. SIND SIE NICHT DER ANSICHT, DASS JEDES LEBENSALTER SEINEN EIGENEN, EINMALIGEN REIZ BESITZT UND DASS DAS ALTWERDEN NICHT SO TRAURIG, UNINTERESSANT UND FREUDLOS IST, WIE ES DEN JÜNGEREN MANCHMAL ERSCHEINT – WENN ES SICH UM DAS ALTWERDEN EINES STARKEN UND GEFESTIGTEN MENSCHEN HANDELT?
86. GLAUBEN SIE NICHT AUCH, DASS DIE LIEBE DER HÖHEPUNKT DES LEBENS IST UND ALLES ÜBRIGE NUR AUFSTIEG ZU DIESEM GIPFEL ODER ABSTIEG?
87. HABEN SIE IHREN KINDERN EINMAL VON IHRER LIEBE ERZÄHLT? DAVON, WAS SIE LIEBE NENNEN? FÄLLT ES IHNEN LEICHTER, MIT IHREN KINDERN

DARÜBER ZU SPRECHEN ODER MIT AUSSENSTEHENDEN?
88. KÖNNEN SIE VERZEIHEN?
89. TRENNEN SIE SICH LEICHT VON MENSCHEN?

*

Sie liegt schlafend auf einem gebrechlichen Bett, dessen Volant bis zum Fußboden reicht. Ihr Gesicht ist voller Sommersprossen, die rötlichen Haare sind zur Seite gefallen. Ihr Atem geht schnell, hin und wieder zuckt sie im Schlaf. Die Hände sind leicht und ruhig. In dem Holzhaus ist es dunkel, aber ich bin schon lange wach, und meine Augen haben sich an die Dunkelheit gewöhnt.

Ein schmales, von Erlengebüsch überwachsenes Flüßchen plätschert am Rand des Dorfes vorbei, in dem wir wohnen, und der Nebel darüber verschmilzt mit dem weißen Buchweizenfeld jenseits der Niederung, die es durchfließt.

Draußen regt sich nichts. Und die Stille weckt im Herzen ein sanftes, freudiges Ruhegefühl. Ihr Gesicht, sorgenschmal und blaß, um die Augen Fältchen, die sie alt machen und schutzlos und schmerzhaft vertraut. Auf ihrem Antlitz liegt die Dunkelheit, und sie scheint noch im Schlaf in die feindliche Stille des fremden Hauses hineinzuhorchen und ihr schweres, undankbares Amt zu versehen – den Sohn vor den Gefahren zu schützen, die ihn, wie ihr scheint, auf Schritt und Tritt umlauern.

Ich höre Stimmen:

»Die Barfüßigen und die Häßlichen muß man vor allem zunächst in Erstaunen setzen – so muß man sich an sie heranmachen. Und ihr wußtet das noch nicht? In Erstaunen muß man sie setzen, bis zur tiefsten Erschütterung, bis sie sich darüber schämen, daß ein so feiner Herr sich in ein so unansehnliches Ding verlieben konnte ...«

Gemessene Worte, in Abständen fallend, mal unnatürlich gedehnt, mal unangenehm scharf.

»Es ist wirklich prächtig, daß es auf Erden immer Herren und Knechte gegeben hat und geben wird, denn dann wird es auch immer so eine kleine Scheuermagd geben und immer auch einen Herrn für sie, und mehr braucht es ja nicht zum Lebensglück!...«[*]

Es ist nicht einfach, auseinanderzuhalten, was man selbst erlebt hat, was erfunden, und was man in Büchern gelesen hat, und als ich plötzlich die heisere, viehische Stimme des alten Karamasow höre, kann ich nicht mehr unterscheiden, ob es sich um Erdachtes, Gelesenes oder Erlauschtes handelt.

Plötzlich beginnt sie im Schlaf zu weinen, als könne sie das hören, was ich höre. Lautlos zuerst; dann schluchzt sie, am ganzen Körper zitternd, bitterlich und verzweifelt, fährt im Bett hoch und hält sich mal den Kopf, mal den Hals, um besser Luft zu kriegen. Dann ist sie wach.

»Was für ein Traum war das! Mein Gott, was für ein Traum!« Ich beruhige sie, schlafe nur mit Mühe ein und träume ebenfalls.

Und sitze vor einem großen Spiegel, dessen Rahmen in der Dunkelheit unmerklich in die Balkenwände übergeht. Mein Gesicht kann ich nicht sehen. Und mein Herz ist voller Trauer und Entsetzen über ein geschehenes und nicht wiedergutzumachendes Unglück.

Warum habe ich das getan; wozu, warum so plump und sinnlos das zerstört, um dessentwillen ich gelebt habe, ohne Kummer, ohne Skrupel zu empfinden? Wer hat es von mir verlangt, wer hat es zugelassen? Wozu das alles? Warum dieses Unglück?

Der Raum, der im Spiegel erscheint, ist von Kerzen erhellt. Ich hebe den Kopf und erblicke in der warmen, goldnen schimmernden Dunkelheit ein fremdes Gesicht. Jung ist es und schön in seiner dreisten franken Dummheit, mit eindringlichem Blick und geweiteten Pupillen. Ich drehe

---

[*] Aus dem Roman »Die Brüder Karamasow« von F. Dostojewskij – deutsche Übers. von H. Ruoff und Richard Hoffmann.

um und sehe seitwärts auch den andern, den, mit dem ich das Gesicht getauscht habe. Ruhig mit der Schulter an die Wand gelehnt, steht er da und sieht nicht zu mir herüber. Er betrachtet seine Handflächen – unverwandt und mit so übertriebener Aufmerksamkeit, daß ich zu begreifen beginne: Er kann sich kaum halten vor lauter Lachen. Und er trägt mein Gesicht.

Warum habe ich das getan? Jetzt läßt sich doch nichts mehr zurückholen! Zu spät! Ist mein, das heißt, jetzt sein Gesicht vielleicht auch gar nicht besonders schön, nicht mehr das jüngste und ganz unregelmäßig – so ist es doch meins! Und so dumm ist es gar nicht – nein, im Gegenteil, eher klug ist es, dieses alte, weiterverkaufte, mir verhaßte Gesicht. Warum habe ich es getan? Warum?

*

Als ich erwachte, war es schon hell. In der Stube war niemand, nur die Hausfrau hantierte hinter der Wand geräuschvoll mit der Ofengabel.

»Hör mal, ich bin auf dem Weg zur Kirche, ich muß jetzt schnell machen, zu essen ist da, unter dem Handtuch. Fliegen sind das heuer! ... Ich habe Blini gemacht, iß nur, diese Aufnahmeleute von dir sind alle schon bei der Arbeit unten am Flüßchen. Zusammen mit den verkleideten Mönchen...«

»Aus welchem Anlaß gibt es denn Blini?« frage ich.

»Heut ist doch sechster August, nach dem alten Kalender. Christi Verklärung! Hast du schon mal was von Feiertagen gehört?«

Mein Gott, natürlich! Wie konnte ich das vergessen?

»... Und jemand fiel ein / daß der sechste August nach dem alten Kalender / der Tag des Herrn Verklärung war...«*

---

* aus »August« von Boris Pasternak (A. d. Verf.)

90. LIEBEN SIE IHRE ENKEL MEHR, ALS SIE IHRE KINDER IM GLEICHEN ALTER GELIEBT HABEN?
91. HABEN SIE KINDER GELIEBT UND EIGENE GEWOLLT, BEVOR IHR ERSTES KIND GEBOREN WURDE?
92. GAB ES IN IHREM LEBEN EINEN MENSCHEN, AN DEN SIE NOCH JETZT OFT DENKEN, DEM SIE GERN NÄHERGEKOMMEN WÄREN, OHNE DASS SICH JEDOCH DIE GELEGENHEIT DAZU BOT? IST ES EIN MANN ODER EINE FRAU?
93. WENN SIE WIE IM MÄRCHEN DREI WÜNSCHE FREI HÄTTEN: WORUM WÜRDEN SIE BITTEN? UND FÜR SICH SELBST?
94. WAS IST IHRER MEINUNG NACH HEIMWEH?

*

Sie redeten alle gleichzeitig, so daß kaum zu verstehen war, wovon sie sprachen. Es war im Sommer, in einem Straßencafé an der Ecke Stoleschnikowgasse / Petrowka. Vier Männer und eine Frau – Spanier.

Im Strudel der sommerlichen Menge, unter Auswärtigen, die die Läden stürmten, scharte sich in einer Ecke des Straßencafés unter der Markise eine Gruppe etwa vierzigjähriger Personen um ein labiles Kunststofftischchen. Trotz der Hitze waren sie dunkel gekleidet. Vor ihnen stand eine angebrochene Flasche Rotwein und ein Teller mit Oliven. Zwei von ihnen erzählten, einander ständig ins Wort fallend, von ihrer Reise in die Heimat.

»Wir haben gestritten ... Und ich weiß es doch genau – gegenüber war eine Jesuitenschule, und an der Ecke, neben der Apotheke, das Haus von Tante Angela. Ich weiß es genau!«

»Du hast gesagt, dort wäre eine Garage! Neben der Apotheke! Und von Garage ist da keine Spur!«

»Wir gehen hinein. Vierzehn Stufen, nach links, ich weiß es doch! Jetzt sind es komischerweise sechzehn.«

»Und wildfremde Menschen machen die Tür auf.«

»Julio, das sind doch ihre Neffen! Sie ist völlig blind und kann nicht allein leben. Und weißt du was, sie hat mich erkannt! Versteht ihr das?! An der Stimme hat sie mich erkannt! Wie ist denn das möglich! Damals war ich zwölf!«

»Und wißt ihr überhaupt, Ravioli, das ist ein ganz anderes Gericht als das, woran wir hier gewöhnt sind...«

»Onkel Alfonso ist tot... Ignacio ist im letzten Jahr gestorben.«

»Aber meine Großneffen müßtet ihr sehen! Ja, ja, diese Großneffen?! ... Ich habe einen Cousin – er arbeitet jetzt in Hamburg – der ist viel älter als ich, und er hat schon Enkel, das heißt, es sind meine Großneffen! Bernardico... Tomás...«

»Das ganz normale Licht, weißt du, ist abends auf den Straßen ganz anders! Irgendwie rosa... In Bilbao habe ich niemanden mehr; nur den Großvater. Mein Gott, er hat diesen erbärmlichen kleinen Tabakladen, angeschaut hat er mich wie einen Bettler! Er hat mich doch von selbst eingeladen, aber dann, das heißt, als ich da war, hatte er Angst, ich würde auf die Erbschaft spekulieren! Der – und Kapitalist! Ein wahrer Jammer...«

»Und die alten Frauen sitzen immer noch wie früher auf ihren Hockern vor der Haustür!«

»Das einzige freundliche Wort in unserm Haus hab ich von der alten Arrilaga gehört: ›Sie werden so aussehen wie Ihre Mutter – so um die Vierzig herum zunehmen...‹ Wo ich doch schon sechsundvierzig bin!«

»Jetzt leben sie natürlich besser. Im allgemeinen nicht schlecht. Die Touristen, Westdeutsche, Amerikaner, Japaner...«

»Ich hab dir ja schon gesagt, daß wir Gómez gesehen haben, den Fußballer. Er hat, scheint's, ein Auto, und eine große Wohnung, aber ich könnte nicht so leben: Er spielt beim Training die Bälle zu, so wie bei uns die kleinen Jungen für ›Dynamo‹...«

»Und der Wein! Ist das hier vielleicht Wein? Obst- und Gemüsekombinat Mytischtschin!«
»Und La Valle de los Caídos, das Tal der Gefallenen? Ein Hundertfünfzig-Meter-Kreuz! Was für ein schrecklicher Anblick! Und in der Kirche unter dem Mosaikboden liegen achtzigtausend ...«
»Fünfundachtzigtausend.«
»Fünfundachtzigtausend Republikaner.«
»Dort liegen nicht nur Republikaner, sondern auch die Aufständischen, die Franquisten. Alle sind dort zusammen begraben. Es ist eine Gedenkstätte für Opfer des Bürgerkriegs.«
»Aber errichtet haben sie die politischen Häftlinge. Wie Sklaven. Neunzehn Jahre haben sie gebaut. Wie die Sklaven ...«
»Auch das ist wohl nichts Neues ...«
»Ein seltsames Gefühl war das am ersten Morgen. Ich hatte die Augen noch nicht ganz auf und schon Spanisch im Ohr. Nur Spanisch ... Alle Fenster waren geöffnet, es war Markttag ... Und Stimmen, Stimmen, Stimmen ... Gemächlich, ohne jede Eile, gehen alle zum Markt. Ich hab mich ins Kopfkissen verkrochen, um nichts zu hören. Als wäre nichts geschehen: weder diese Reise noch Moskau ... noch die zwei Kriege. Als wäre ich fünf, und die Mutter ginge zum Markt Gemüse kaufen ...«
»Das ist ja alles gut und schön, aber ich weiß noch, was die Tante in dem Kinderheim von Gorkij immer so gern sagte – Ljuba hieß sie, ihre ganze Familie ist umgekommen, als die Deutschen ihr Haus angesteckt haben – sie hat immer gesagt: ›Schön ist es dort, wo wir nicht sind!‹ ...«
Eine Frau mit langem, wirr um die Schultern hängendem Haar erhob sich jäh und stürzte aus dem Café. Ihr Stuhl flog polternd auf den Asphalt. Einer der Männer lief ihr nach. Er holte sie ein, umarmte sie und stand mit ihr eng an die Hauswand gepreßt. An ihnen vorbei strömte die sonntägliche Menge.
»Maria ... Maria ...« murmelte er, ohne die Vorüber-

gehenden zu beachten, die sich nach ihnen umdrehten.
»Was ist denn? Hör auf! Bitte! Denkst du denn, für mich ist es leicht? Maria ...«

Die Frau verbarg das Gesicht an seiner Schulter. Er war klein gewachsen, schnauzbärtig, sie groß und schön.

»Wir könnten ja doch nicht mehr dort leben!« fuhr er fort.

»Alles ist anders. Alles ist eigentlich nur Erinnerung ... Nur Erinnerung! Sag doch etwas, und wein nicht mehr! Wir haben doch Kinder, und die verbindet nichts, buchstäblich nichts mit jenem Leben dort ... mit Spanien ...«

»Aber wir haben doch geschworen, erinnerst du dich denn nicht? Wir waren noch Kinder! Daß wir zurückkommen!« Sie schrie es fast heraus.

»Also gut! Dann geh!« Auch er schrie, plötzlich. »Geh! Wohin rennst du denn wie eine Besessene?! Maria?!«

»Ich hab hier einen Platz in der Schlange. Angela hat keine Wintermütze. Nach dem Mittagessen soll es welche geben ...«

Eine Weile standen sie schweigend in der Menge vor dem Warenhaus. Dann sagte Maria vor sich hin:

»Ich kann nicht mehr ... Weggehen kann ich nicht, und hier ... da kann ich auch nicht leben ... Und wir haben geschworen. Geschworen, daß wir zurückkommen ...«

Sie sprach es wie eine Beschwörung. Eine Beschwörung, die ihren magischen Sinn verloren hatte.

*

Schwer und gemächlich glitt der Dampfer »ORDSCHONIKIDZE« auf den Odessaer Landeplatz zu. Dunkeläugige Kinder drängten sich an der Reling, an den Fenstern, am Oberdeck. Der Marsch der Internationalen Brigaden ertönte an Deck und auf der Landungsbrücke und zerflatterte zwischen den Lautsprechern, mit denen alle hohen Gebäude des Hafens behängt waren.

... Und wieder gehe ich, an der eingefallenen Badehütte, an den spärlichen Bäumen vorbei, durch Sawraschje. Alles ist wie immer, wenn ich von meiner Heimkehr träume. Doch jetzt bin ich nicht allein. Bei mir ist meine Mutter. Langsam gehen wir längs der alten Zäune – oh, diese alten Zäune! – über die mir seit der Kindheit vertrauten Wege. Da ist auch das Wäldchen, in dem das Haus stand. Aber dort ist kein Haus. Die Wipfel der Birken ragen aus dem Wasser, das alles überschwemmt hat: die Kirche, den Friedhof und den Anbau hinter dem Haus meiner Kindheit, und das Haus selbst.

Ich ziehe mich aus und springe ins Wasser. Trübes Dämmerlicht fällt auf den unebenen, pflanzenbewachsenen Grund. Allmählich gewöhnen sich meine Augen an dieses Halbdunkel unter Wasser, und ich beginne in dem fast undurchsichtigen Wasser die Umrisse bekannter Gegenstände wahrzunehmen: Birkenstämme schimmern hell neben dem zerfallenen Zaun, die Ecke der Kirchmauer, die schrägstehende Kuppel der Kirche ohne Kreuz. Und da ist auch das Haus ... Schwarze Fensterhöhlen, die Tür hängt lose in einer Angel, der Kamin eingestürzt, Ziegelhaufen auf dem arg mitgenommenen Dach. Ich hebe den Kopf und sehe die hell glitzernde Wasseroberfläche und darüber den stumpfen Glanz einer trüben Sonne.

Über mir gleitet der Kiel eines Bootes vorbei.

Ich breite die Arme aus, stoße mich vom Dach ab, das unter meinen Füßen nachgibt, und schwimme an die Oberfläche.

Im Boot sitzt meine Mutter und sieht mich an. Und beide haben wir ein Gefühl, als wären wir in unseren innigsten und freudigsten Hoffnungen betrogen worden. Die ruhige, zitternde Freude der Heimkehr fließt langsam aus unserem Herzen wie Blut aus einer tödlichen Wunde und macht einer bitteren, schwermütigen Leere Platz. Wir hören das tiefe, heisere Tuten eines Dampfers ...

Wir hätten niemals mehr hierher kommen sollen! Kein Zurück an Stätten des Zerfalls! Seien es Städte, das Haus, in dem man geboren ist, oder ein Mensch, von dem man sich getrennt hat.

Als der Staudamm von Kujbischew gebaut wurde, ist der Spiegel der Wolga angestiegen und Sawraschje für immer im Wasser versunken.

*

95. ERINNERN SIE SICH AN DEN GLÜCKLICHSTEN TAG IHRES LEBENS? UND AN DEN TRAURIGSTEN? DEN SCHRECKLICHSTEN?
96. WAS IST IHR LIEBLINGSBAUM?
97. ALS WAS SÄHEN SIE IHREN SOHN AM LIEBSTEN? HÄTTEN SIE IHM EIN ANDERES SCHICKSAL GEWÜNSCHT?
98. LIEBEN SIE DEN BOXSPORT?
99. ERSCHEINEN IHNEN DIE GEWOHNHEITEN DER HEUTIGEN JUGEND NICHT ALLZU FREI? WAS HALTEN SIE VON DER SOGENANNTEN SEXUELLEN REVOLUTION? HABEN SIE DAVON GEHÖRT?
100. WAS WÄRE FÜR SIE JETZT DAS GRÖSSTE UNGLÜCK?
101. GLAUBEN SIE, DASS DIE EMANZIPIERTE FRAU ETWAS GUTES ODER ETWAS SCHLECHTES IST? WAS HALTEN SIE VON DER MEINUNG TOLSTOIS, DASS DIE EMANZIPATION FÜR DAS WESEN DER FRAU, IHRE SCHÖNHEIT UND SEELISCHE ABGRENZUNG VOM MANN UNHEILVOLL SEI?
102. HALTEN SIE SICH FÜR EINEN SOZIAL ENGAGIERTEN MENSCHEN?
103. WAS VERSTEHEN SIE UNTER DEM WORT »VOLK«? WIE STEHEN SIE DAZU? WAS BEDEUTET FÜR SIE DER BEGRIFF »DIENST AM VOLK«? WAS HEISST ES, TEIL DAVON ZU SEIN? WAS IST FÜR SIE SCHMERZLICHER UND SCHWERER: DAS LEIDEN DES VOLKES ODER DAS IHRER ANGEHÖRIGEN?
104. WAREN SIE SCHON EINMAL AUF EINER PFERDERENNBAHN?

Das Stadion tobte. Nicht mehr als dreißig Meter bis zur Zielgeraden, und das Feld war noch immer dicht beisammen. Die Jockeys in ihren grellfarbenen Jacken standen aufrecht in den Bügeln und »schaukelten« die Pferde in Fahrt, und es schien, jeden Moment müsse einer von ihnen vornüberkippen. Eine ältere Frau neben mir wimmerte schrill: »Brigadotschka!«

Ich sah nach hinten – meine Schwester, noch vor einer Minute völlig desinteressiert, war vor Erregung von ihrem Platz aufgesprungen. Ihr Sohn, ein magerer Junge mit dunklen Augen, schien erschrocken.

Jede Sekunde mußte die Glocke ertönen. Ich drehte mich wieder nach vorn, um doch noch mitzubekommen, wer das Rennen gewann, und erblickte unverhofft meine Mutter.

Sie suchte jemanden in der Menge. In dem engen Durchgang wurde sie ständig angerempelt, doch sie achtete nicht darauf, prallte nur überrascht zurück, als ein junger Bursche, der plötzlich zur Kasse hinüberstürzte, sie fast zu Boden riß.

Ich wollte ihr entgegen, doch sie hatte bereits meine Schwester entdeckt und kam, die Leute energisch beiseite schiebend, auf sie zu.

So erfuhr ich nun doch nicht, wer das Rennen gewonnen hatte. Die Pferde, von den Jockeys gezügelt, schwenkten bereits ab. Das Gebrüll ringsherum hatte aufgehört; der eine oder andere fluchte noch verbissen durch die Zähne, und ganze Packen von Wettscheinen flogen durch die Luft.

Die Mutter stieg zu der Reihe hinauf, in der meine Schwester mit ihrem Sohn Mischka saß, und kam nicht weiter: Vier kräftige Armenier in langen Mänteln versperrten den Durchgang und diskutierten hitzig das letzte Rennen.

Die Mutter rief meiner Schwester erregt etwas zu, doch ihre Stimme war nicht zu hören. Meine Schwester blickte schuldbewußt und verwirrt zu ihr hinüber. Endlich hatte die Mutter sie erreicht. Sie legte dem Enkel die Hand auf die Schulter, und ich erriet, daß seine Anwesenheit im Stadion die Mutter empörte.

Ein Mann rückte zur Seite, um ihr Platz zu machen, aber sie wollte sich nicht setzen.

Es war noch Zeit bis zum Beginn des nächsten Rennens, und viele Leute verließen deshalb die Tribüne und gingen nach unten. Es wurde ruhiger, und ich konnte von meinem Platz aus einzelne Worte ihres Gesprächs verstehen.

»Ich weiß nicht, ich weiß nicht ... Was macht er hier? ... Es fehlt nur noch, daß er ...«

»Er ist doch wenigstens an der frischen Luft ...«

»Ich weiß nicht ... Er sollte doch heute baden ... Was ist das hier? Eine Spelunke! Gewinne, Verluste, der Spielteufel!«

Meine Schwester wies mit dem Kopf auf eine in der Nähe sitzende Frau mit zwei kleinen Mädchen, und ich wußte, daß sie sagte:

»Was ist schon Schreckliches dabei? Da sind auch noch andere Leute mit Kindern ...« oder etwas in dieser Art. Dann stand sie auf und bahnte sich einen Weg zum Ausgang. Die Mutter rief ihr nach:

»Bleib nur nicht so lange! Ich bin hier nicht gern allein ... Und wo ...?«

»Er ist irgendwo in der Nähe, er kommt gleich! Er ist hier!«

Ich merkte, daß sie von mir sprachen. Die Mutter setzte sich neben Mischka und versuchte sich zu beruhigen. Sie nahm sich eine Zigarette und rauchte.

Mischka stand auf, und plötzlich reckte er sich und gähnte: Ihm war langweilig. Die Mutter sagte etwas zu ihm, und ich sah, daß sie plötzlich verlegen war und sogar lächelte, als sei sie erstaunt über ihre eigene Erregung und über das, was sie gerade zu ihrer Tochter gesagt hatte, und auch über ihre Anwesenheit im Stadion.

Die zwei Mädchen in der Nachbarschaft bekamen Eis; ihr Vater, der leicht angetrunken war, hielt Mischka ein Stück Schokolade hin und sagte:

»Hier, für dich!«

Eine ältere Frau kam mit einem Programm in der Hand auf die Mutter zu und schlug vor:

»Hätten Sie keine Lust mitzuspielen? Auf ›Abrek‹ da drüben mit der Nummer vier?«

»Was für ein ›Abrek‹? Was wollen Sie überhaupt von mir?« wehrte die Mutter ungehalten ab. Die Frau, die ihr diese brüske Antwort scheinbar nicht übelnahm, zog sich zurück.

Mischka aß die Schokolade und verschmierte sich Kinn und Lippen. Die Mutter rauchte und schaute sich um. Vermutlich sah sie erst jetzt die Rennbahn unten, das Feld, die Pferdeställe jenseits des Stadions und das riesige Panorama der Stadt, das sich hinter dem Platz in der Ferne ausdehnte. Und ihrem Gesichtsausdruck sah ich an, daß es ihr hier gefiel.

In diesem Augenblick kamen direkt vor der Tribüne ein paar Pferde vorbeigaloppiert. Die Mutter zuckte zusammen, beruhigte sich aber sogleich wieder, wandte sich ihrem Enkel zu und sagte lächelnd etwas zu ihm. Doch wieder füllte jetzt tausendstimmiger Lärm das Stadion, und ich verstand kein Wort mehr von dem, was sie Mischka sagte.

Ich sah nicht mehr auf die Rennbahn hinunter, saß am Geländer und stützte das Kinn auf die Fäuste. Nie mehr wird die Mutter mir jene Worte sagen, die sie gerade ihrem Enkel gesagt hat. Nie mehr...

In diesem Moment flog eine Gruppe von Pferden, die in Führung lagen, auf die Zielgerade zu. Alles um mich herum brüllte. Es war das Hauptrennen des Tages. Die Zuschauer auf der Tribüne stürzten bis an die Barriere.

Die versierten Reiter versuchten die Konkurrenten mit Stößen abzudrängen. Es war ein erbitterter Kampf.

Das Stadion tobte und trieb dadurch die Reiter noch stärker in Furor.

Ich sah, wie die Mutter aufstand, den Enkel fest an der Hand. Erstaunlicherweise hörte man durch das Toben hindurch das schwere heisere Atmen der gestreckt dahinfliegenden Pferde und die kurzen Schreie der Reiter, hart wie Peitschenknall. Die Mutter blickte nicht mehr nach unten auf die Bahn. Ihr Gesicht war bleich und angespannt. Sie wandte sich vom Feld ab und durchforschte mit den Augen die Menge. Plötzlich stießen zwei Pferde im vollen Lauf kurz mit der Kruppe aneinander. Einer der Jockeys wurde fast aus dem Sattel geworfen und schwebte einen Augenblick lang ohne jede Stütze in der Luft. Die Pferde brachen zur Seite, direkt zur Tribüne hin, aus. Das Stadion stöhnte auf...

Ich spürte einen Blick, drehte mich um und sah die Augen der Mutter. Mich hatte ihr Blick in der Menge gesucht. Ich wußte, woran sie sich jetzt erinnerte, hier auf der Rennbahn, und warum sie den verstörten Blick nicht von mir abwenden konnte...

... Jener Herbsttag, als das Pferd scheute, mich aus dem Sattel warf und ich, den linken Fuß im Bügel verwickelt, in einem lichten Wald über die harte, gefrorene Erde geschleift wurde und das Pferd mich immer weiter trug und ich begriff, daß mir der Huf, dessen Eisen schon vor meinen Augen aufblitzte, in der nächsten Sekunde den Kopf einschlagen würde. Wie durch ein Wunder befreite sich mein Fuß aus dem Bügel, ich stieß mit dem Kopf gegen etwas Hartes und verlor das Bewußtsein. Als ich zu mir kam, bemerkte ich, daß ich auf der Erde lag und nicht atmen konnte.

Die Mutter wußte von diesem Vorfall, ich hatte ihr davon erzählt.

*

105. WAS BEDEUTET FÜR SIE BÜRGERPFLICHT?
106. ERZÄHLEN SIE BITTE DIE UNWAHRSCHEINLICHSTE BEGEBENHEIT IHRES LEBENS.
107. GLAUBEN SIE, DASS IHRE LEBENSERFAHRUNG IHREN KINDERN NÜTZEN KÖNNTE? ODER HALTEN SIE SIE FÜR INDIVIDUELL UND UNVERMITTELBAR?

108. KÖNNTEN SIE EINEM MENSCHEN VIEL VERZEIHEN, NUR WEIL ER BEGABT IST?
109. WELCHE MENSCHLICHE EIGENSCHAFT HALTEN SIE FÜR DIE ABSTOSSENDSTE?
110. ERINNERN SIE SICH DARAN, WAS SIE IN DEM MOMENT MACHTEN, ALS SIE VOM AUSBRUCH DES KRIEGES ERFUHREN? WAS WAR IHR ERSTER GEDANKE?
111. IST IHNEN NIE IN DEN SINN GEKOMMEN, EIN FREMDES KIND ZU ADOPTIEREN?

*

»Du könntest öfter zu uns kommen«, sagte Natalja mit leichtem Vorwurf in der Stimme. »Du weißt doch, wie er an dir hängt.«
Ignat stand am hintersten Fenster des Arbeitszimmers, schaute auf den Hof und tat, als hörte er nichts.
»Wie wäre das«, sagte ich halblaut mit aller mir verfügbaren Unverfrorenheit, »Ignat könnte doch eigentlich bei mir wohnen?«
»Meinst du das im Ernst?« fragte sie zurück, war aber nicht gekränkt.
»Du hast doch selbst schon mal gesagt, daß er das gern möchte.«
»Dir kann man einfach nichts sagen, kein Wort, ohne daß du hinterher alles verdrehst.«
»Was habe ich denn verdreht? Fragen wir ihn doch selbst! Er soll entscheiden. Das wäre übrigens auch für dich leichter.«
»In welchem Sinn ist das gemeint?« Ihre Stimme hatte einen stählernen Klang.
»Ignat!« rief ich.
»Hast du deine Schulbücher?« mischte Natalja sich ein. Sie war sichtlich aus der Fassung gebracht, versuchte es jedoch zu verbergen. »Verabschiede dich vom Vater.«
»Ignat, wir möchten dich etwas fragen, die Mutter und

ich ...« sprach ich weiter, bereits weniger zuversichtlich.

»Was?« antwortete er aus dem Arbeitszimmer, kam zur Tür und blieb auf der Schwelle stehen.

»Vielleicht ist es einfacher für dich, wenn du bei mir lebst?« sagte ich mit gemachter Leichtfertigkeit.

»Wieso?« Ignat erschrak.

»Du bleibst einfach hier bei mir ... Wir leben zusammen. Du gehst in eine andere Schule. Hast du der Mama nicht schon mal so was gesagt?«

»Was hab ich gesagt? Wann?« Seine Stimme zitterte.

»Nein? Dann ist es gut, später mal ...« Ich konnte mich nicht entschließen, das Gespräch weiterzuführen.

Natalja stand am Schreibtisch und betrachtete Fotografien meiner Mutter. Ein Bündel davon lag neben der Lampe unter meinen Papieren. Ich war damals an Vorarbeiten für meinen Film »Der Spiegel« und hatte eine Reihe Probeaufnahmen gemacht.

»Wir haben tatsächlich große Ähnlichkeit miteinander!« bemerkte Natalja plötzlich und lachte grundlos auf.

»Aber absolut nicht!«

»Was heißt da absolut nicht? Du selbst hast das doch mal gesagt!«

»Ja, aber wann war das?!«

»Ich weiß, ich weiß«, sagte Natalja friedlich.

Ignat ging mit gesenktem Kopf aus dem Zimmer. Mir zog sich das Herz zusammen.

»Was willst du eigentlich von ihr? Von der Mutter. Welche Art Beziehung? Erklär mir das um Himmels willen, ich verstehe es nicht. Die von früher ist unmöglich: Du bist nicht mehr derselbe, sie ist nicht mehr dieselbe. Was du da von deinem Schuldgefühl ihr gegenüber sagst, weil sie für euch ihr Leben ruiniert hat ... was soll das? Das führt doch zu nichts. Und du kannst für sie nichts tun. Für sie müßtest du wieder das Kind sein, das sie auf den Arm nehmen kann ... und beschützen ... Aber schau doch mal in den Spiegel!«

In ihren Augen standen Tränen.

»Herr im Himmel, warum muß ich immer die Nase in fremde Angelegenheiten stecken!«

Sie stützte die Ellbogen auf den Tisch und legte den Kopf in die Hände. Ihre Schultern bebten.

»Könntest du mir vielleicht erklären, warum du heulst?« fragte ich wütend.

»Soll ich ihn heiraten oder nicht?« fragte sie plötzlich, richtete sich auf, ging zum Spiegel und begann sich mit einem zerknüllten Taschentuch die Augen zu trocknen.

»Wen?« staunte ich. »Kenne ich ihn?«

»Aber nein!« Ohne ersichtlichen Grund sagte sie es auf ukrainisch.

»Ist er vielleicht Ukrainer?« fragte ich gedankenlos.

»Ist das von Bedeutung?« entgegnete sie hochmütig.

Sie hatte recht: Es war ohne jede Bedeutung. Überhaupt war im Augenblick alles ohne Bedeutung.

»Trotzdem – was macht er denn?«

»Er ist Schriftsteller«, ließ sie sich herab.

»Und heißt nicht zufällig Dostojewskij?« stichelte ich plump.

Sie schwieg; die Dummheit meiner Frage blieb sozusagen in der Luft hängen und nahm den Charakter eines Faktums an.

»Hat keine Zeile geschrieben und ist total unbekannt«, doppelte ich nach und verschlimmerte die Situation, die sich ohnehin nicht zu meinen Gunsten entwickelte. »Um die Vierzig vermutlich? Ja? Ein Untalent also!«

»Weißt du, du hast dich sehr verändert«, sagte sie und seufzte.

»Na also«, insistierte ich hartnäckig, »kein Talent, schreibt nichts...«

»Nein, wieso denn? Er schreibt – nur wird nichts gedruckt.«

Ich ging zum Fenster und sah unten im Hof Ignat. Er war gerade dabei, einen Haufen Apfelsinenkisten aus dem Laden nebenan aufeinanderzustapeln, und versuchte nun, sie anzuzünden.

»Oha! Sieh dir das an! Unser werter Eliteschüler steckt etwas in Brand. Jetzt bekomme ich eine Geldstrafe.«

»Deine Ironie über Ignats schlechte Noten ist völlig unangebracht«, erklärte Natalja.

»Er beendet die Schule ganz gewiß nicht! Er wird zum Militär abgeschoben.« Ich geriet endgültig in Wut. »Und du wirst alle Hebel in Bewegung setzen und ihn vom Dienst befreien lassen! Was mir peinlich sein wird, dir aber nicht. Das sind alles, nebenbei bemerkt, die Früchte deiner Erziehung! Nicht ›bereit‹ zum Militärdienst! Dort würde ihm wohl nichts Schreckliches passieren ...!« brüllte ich weiter.

»Warum rufst du die Mutter nicht an?« fragte Natalja unerwartet leise. »Nach dem Tod von Elisaweta Pawlowna war sie drei Tage lang im Bett.«

Ich erschrak. »Davon habe ich nichts gewußt.«

»Natürlich nicht. Du rufst ja nicht an!«

»Aber sie ... Aber sie sollte heute um fünf hierher kommen!«

Wieder schwieg Natalja, und diese Pause unterstrich aufs neue meine Schwäche.

»Wir sprechen doch gerade über Ignat!« versetzte ich. »Ich weiß nicht, aber vielleicht trifft mich auch eine gewisse Schuld. Ich weiß nicht ... Oder ob wir einfach allzu bourgeois geworden sind? Aber wie denn? Unsere Bürgerlichkeit ist doch so undurchsichtig, so asiatisch! Wir sind keine Leute, die sparen. Ich besitze keinen einzigen Anzug zum Ausgehn. Kein Geld, kein Privateigentum, aber der Wohlstand wächst stetig, wie es in den Zeitungen heißt! Das ist gar nicht zu begreifen!«

»Warum bist du die ganze Zeit so gereizt?« fragte mich Natalie lächelnd. Doch ich war in Fahrt geraten.

»Bekannte von mir haben einen Sohn. Fünfzehn Jahre alt. Kommt zu den Eltern und sagt: ›Ich zieh aus. Endgültig. Mir wird einfach schlecht, wenn ich sehe, wie ihr euch windet, um es nur ja jedem recht zu machen. Mal der Regierung, mal den Dissidenten!‹ Ein prachtvoller Junge, kein solcher Schwachkopf wie der unsrige. Der wird ohnehin nie was sagen – leider!«

»Ich stelle mir deine Bekannten vor«, lachte Natalja.

»Und? Die sind nicht schlechter als wir. Er arbeitet bei der Zeitung. Hält sich auch für einen Schriftsteller. Versteht nur einfach nicht, daß Bücherschreiben noch lange keine Schriftstellerei ist, und auch kein Broterwerb, sondern, daß es da um Taten geht. Der Dichter ist berufen, die Seelen aufzuwühlen, und nicht dazu, Götzendiener heranzuziehen.«

Natalja stand am Fenster und sah in den Hof, wo der von Ignat aus Kisten errichtete Scheiterhaufen lichterloh brannte. Aschepartikel flogen durch die Luft.

»Hör mal, wem noch ist denn dieser brennende Busch erschienen? Das heißt, dieser Engel in Gestalt eines brennenden Dornbusches?« fragte sie plötzlich.

»Keine Ahnung... Jedenfalls nicht Ignat!«

»Vielleicht sollte man ihn auf die Suworow-Akademie schicken? Einer von den Nachfahren Dostojewskijs ist dort, glaub ich, General...«

»Ach ja«, erinnerte ich mich plötzlich. „Moses! Der Engel – in Gestalt eines brennenden Busches, nicht brennender Kisten, wohlgemerkt – ist Moses erschienen. Dem Propheten! Er hatte sein Volk schon durchs Rote Meer geführt.«

»Warum ist mir denn wohl nie so was erschienen? Was meinst du?« seufzte Natalja und brach wieder in Tränen aus.

*

112. MÖCHTEN SIE IHR LEBEN NOCH EINMAL LEBEN? HABEN SIE ES VORBILDLICH GELEBT? BEREUEN SIE HANDLUNGEN, DIE IHR SCHICKSAL BESTIMMT HABEN?

113. SAGEN SIE BITTE – ERINNERN SIE SICH OFT AN IHRE MUTTER? ODER AN IHRE KINDHEIT?

114. HABEN SIE SICH ALS JUNGES MÄDCHEN FÜR SCHÖN GEHALTEN? ICH HABE ALTE FOTOS VON IHNEN GESEHEN: SIE WAREN WIRKLICH SEHR SCHÖN. HATTEN SIE VIELE VEREHRER? HABEN SIE SCHON EINMAL EINE ANDERE FRAU UM IHRE SCHÖNHEIT BENEIDET? WAS DENKEN SIE VON AUSSERGEWÖHNLICHEN, DOCH UNSCHÖNEN FRAUEN?
115. WAS IST IHRER MEINUNG NACH DER ZWECK DER KUNST?
116. WORIN BESTEHT DER SINN DES LEBENS? VERZEIHEN SIE DIE TAKTLOSIGKEIT!
117. SAGEN SIE MAL, DIESE KINDER DA DRÜBEN HINTER DEN BÜSCHEN, WO DER VIELE SAND IST – SEHEN DIE DENN AUS WIE IHRE KINDER? ALS SIE IM SELBEN ALTER WAREN?

*

»Ich weiß es nicht ... Ich glaube nicht ...« Die Mutter sah den Menschen, der ihr diese absurde Frage stellte, verwundert an und lächelte.

»Das reicht«, sagte sie. »Ich habe genug von Ihrem Verhör. Und Sie selbst – Sie könnten alle diese Fragen beantworten – in Hinblick auf Ihr eigenes Leben natürlich?«

*

Ich stand hinter einem Strauch, etwa zehn Schritte von ihnen entfernt, und sah alles ganz deutlich.

Die beiden, Junge und Mädchen, liefen an unserer seichten, friedlichen Worona entlang wie früher einmal meine Schwester und ich. Und spritzten und schrien und sprangen über den Sand wie wir. Und wie damals wusch die Mutter die Wäsche am Erlenholzsteg und hielt, eine Haarsträhne über den Augen zurückwerfend, bisweilen nach ihnen Ausschau wie früher nach meiner Schwester und mir.

Sie war nicht mehr die junge Mutter, wie ich sie aus meiner Kindheit in Erinnerung habe. Ja, natürlich, es i s t meine Mutter, doch schon gealtert und ergraut, so, wie ich sie jetzt, als Erwachsener, bei einer unserer seltenen Begegnungen zu sehen gewöhnt bin.

Sie stand am Steg und goß Wasser aus einem Eimer in eine Emailschüssel. Dann rief sie nach dem Jungen, aber der kam nicht, und die Mutter wurde nicht mal ärgerlich. Ich konnte ihre Augen nicht sehen. Als sie sich endlich in meine Richtung wandte, lag in dem Blick, mit dem sie die Kinder betrachtete, eine so grenzenlose Bereitschaft zu retten und zu beschützen, daß ich unwillkürlich den Kopf senkte. Ich erinnerte mich an diesen Blick. Es drängte mich, zu ihr zu laufen, ihr etwas zu sagen, zusammenhanglos und zärtlich, um Verzeihung zu bitten, das Gesicht in ihre nassen Hände zu pressen, mich wieder als Kind zu fühlen – alles noch vor mir, alles noch möglich ...

Die Mutter wusch dem Jungen den Kopf, beugte sich über ihn und fuhr mit einer vertrauten Bewegung über das nasse, rauhe Haar.

Und in diesem Augenblick wurde ich plötzlich ganz ruhig – ich erkannte, daß DIE MUTTER unsterblich ist.

Zu dritt gingen sie den Weg entlang. Ich blieb zurück unter den Bäumen am Ufer des Flusses, um nicht zu sehen, wie sie den leeren Platz erreichten, wo heute Disteln wachsen und wo früher, in meiner Kindheit, das Vorwerk stand, auf dem wir einst lebten ...

Maria Iwanowna – die Mutter Andrej Tarkowskijs (Foto aus dem Familienalbum)

ANDREJ TARKOWSKIJ

ARBEITSTAGEBUCH Nr. 1
begonnen am 22. März 1973

DREHPLAN

1. Prolog – 6 Einstellungen – 178 Meter.
2. Erstes Interview – 100 Meter
3. Bauerngehöft – 14 Einstellungen – 190 Meter (16 Einstellungen)
4. Zweites Interview – 60 Meter
5. Die Druckerei – 26 Einstellungen – 232 Meter
6. Drittes Interview – 70 Meter
7. Die Ohrringe – 43 Einstellungen – 227 Meter
8. Viertes Interview – 50 Meter
9. Vater und Wochenschau – 165 Meter
10. Der Leiter der vormilitärischen Ausbildung – 242 Meter
11. Erster Traum – 7 Einstellungen – 55 Meter
12. Fünftes Interview – 80 Meter
13. Bei der Interviewerin – die Panzer – 240 Meter
14. Zweiter Traum und Schluß – 242 Meter + 8 Einstellungen (das Bauerngehöft)

Innokentij Fjodor Annenskij.
Wjatscheslaw Iwanow.
Fjodor Sologub.
Wladimir Sergejewitsch Solowjow.
Maximilian Woloschin.
W. F. Chodassewitsch.
Alexander Dobroljubow.
Pawel Florenskij.
Jorel-Karl Huysmans, Nordau.
Nikolai Berdjajew.
Dmitrij Mereschkowskij.*

»Wir sind umgeben, vermutlich sogar gebildet, aus zwei Welten: der Welt der Objekte und der Welt der Ideen. Diese zwei Welten sind unendlich weit voneinander entfernt, und in *der gesamten* Schöpfung erscheint einzig der Mensch als ihre im philosophischen Sinne humoristische – logisch unversöhnliche Einheit.«
                I. Annenskij, aus dem Aufsatz:
                »Der künstlerische Idealismus Gogols«
Epigraph zu einem poetischen Fragment – I. Annenskij.
»Nein, ich möchte euch kein Mitgefühl einflößen. Lieber sollt ihr mich verabscheuen. Vielleicht daß ihr dann auch über euch selbst, und sei es nur für einen Augenblick, nach Gebühr urteilen werdet.«

Matsushima, Amanohashidate, Itsukushima sind die schönsten Orte Japans.

* Innokentij Annenskij (1856–1909), russischer Dichter; Wjatscheslaw Iwanow (1866–1949), russischer Dichter und Dramatiker; Fjodor Sologub (1863–1927), russischer Schriftsteller, der der älteren Generation der Symbolisten zuzuordnen ist; Wladimir Solowojow (1853–1900), russischer Religionsphilosoph, Dichter, Publizist und Kritiker; Maximilian Woloschin (1877 bis 1932), russischer Dichter; Georgij Tschulkow, Wladislaw Chodassewitsch (1886–1939), russischer Dichter und Kritiker; Alexander Dobroljubow (1836–1861), russischer revolutionärer Demokrat, Philosoph und Literaturkritiker; Pawel Florenskij (1882–1943), russischer Gelehrter und Religionsphilosoph; Joril-Karl Huysmans (1848–1904), französischer Romanschriftsteller, Mystiker und dekadenter Symbolist, Max Simon Nordau, deutscher Schriftsteller (1849–1923), Begründer des Zionismus, Verfasser kultur- und zeitkritischer Schriften; Nikolai Berdjajew (1874–1948), russischer Religionsphilosoph, der einen bedeutenden Einfluß auf die Entwicklung des französischen Existentialismus ausübte; Dmitrij Mereschkowskij (1865–1941), bedeutender russischer Schriftsteller, der, beeinflußt von Solowjow, an den Erlösungsauftrag des Russentums glaubte; zu seinen bedeutendsten Werken zählen: »Leonardo da Vinci«, »Peter der Große und sein Sohn Alexej«.

DIE ENTSAGUNG

Solonizyn, Grinko, Dworschezkij, Kaidanowskij, Jarwet. – Der Wissenschaftler – Jankowskij? Mischarin – Wissenschaftler, Bronewoj, die Ogorodnikowa, Larissa und Olga.

»Die Ohrringe«:
1. Die Brücke. 2. Am Wasser. 3. Die Alte. 4. Das reiche Bauernhaus*, a. Einblendung (Außenaufnahmen). Vor dem Haus der Solowjows. 6. »Guten Tag, ...« 7. Das Gespräch a) Die Einstellung noch einmal drehen (Außenaufnahmen).
8. Der Junge geht hinaus auf den Hof. a) Die Einstellung im Studio wiederholen. 9. *Groß* Der Junge blickt auf die Schüssel. 10. Die Ohrringe. a) nachdrehen (Studio) 11. Der Aufbruch. 12. Die Brücke. a) nachdrehen (Studio).
13. Am Fenster. a) zusätzlich drehen (Außenaufn.)

Ignat wäre ein guter Dolgorukij in Dostojewskijs »Jüngling«. Jetzt ist er erst elf. Man muß versuchen, über Bondartschuk »Die Entsagung« durchzukriegen.

SCHNITT:

I. DAS BAUERNGEHÖFT
1. Das Feuer – Spiegel – Wasser (raffen)
2. *Groß* Philipp – (kurz) tritt aus dem Bild, und die Mutter geht zur Vortreppe.
3. Die Jacke (Dunjas Rufe im *off*) ... Der Wind entflammt die Streichhölzer. Dunkelheit.

II. DER UNBEKANNTE
1. Der Zug im Feld mit Solonizyn (*Totale*) an der Mutter vorbei.
2. Die Mutter (am Anfang Herausgeschnittenes ergänzen), sie raucht. *Schwenk*. Wind in den Zweigen.
3. *Totale*. Solonizyn geht auf die Mutter zu ... die Mutter sieht sich um.

* russ. *Piatistenka* = Fünfwandhaus. (A. d. Ü.)

4. Die Kinder in der Hängematte.
5. Die Mutter dreht sich um ... blickt dem Davongehenden nach – vielleicht die Einstellungen für die Montage doppelt drehen / Mutter, Solonizyn.
6. Solonizyn. Wind ...
7. Die Mutter geht auf das Haus zu (kürzen oder unscharfe Stellen rausschneiden).

III. DER SCHEUNENBRAND
1. Die Kinder ... Landschaft.
2. Die Mutter weint (kurz) ... Die Kinder laufen vom Tisch weg / viell. Montagestücke doppelt kopieren – Landschaft, Mutter, Landschaft, Mutter.
3. Sie laufen aus dem Zimmer (Kürzen zwischen ihrem Verschwinden im *off* und Beginn der Fahrt zurück ... + Feuer).
4. *Totale* der Brand (versuchen einzublenden).
5. Die Mutter – der Brand.

IV. DIE OHRRINGE (Außenaufnahmen)
1. Die Brücke. Aufnahme wiederholen: *Totale*
2. Am Fluß entlang – das Wasser.
2a) Philipp drängt die Mutter – »Na, los, Mama!«
3. Die Mutter am Ufer ... *Totale* das Haus und die Mutter mit Ignat.
4. Die Mutter – das Haus der Solowjows (Fünfwandhaus).
5. Die Begegnung.
6. Die Rückkehr (Heuhaufen).
7. Die Mutter geht zum Fenster.
8. Ignat.
9. Die Mutter findet den Ring. Das Licht im Fenster erlischt.

Reserveaufnahmen:
1. *Fahrt* zurück in *Totale* des Waldes (früherer Schluß).
2. Das Mädchen sitzt am Wasser.
3. Der Junge schwimmt im Flüßchen.

4. Junge und Mädchen im Wasser (von oben).
5. Schwimmen (übers Wasser).
6. Die Wäsche und die Schüssel auf dem Leiterwagen.
7. Zeitrafferaufnahme – Spitzen und Lichtreflex im Spiegel (Montagematerial zur Vorbereitung der »Träume« + Text des Autors.)
8. Die Schmetterlinge.

»Das Feuer« (Variante).
1. *Groß* Der Junge schaut zu.
2. Das Feuer – es entsteht eine Widerspiegelung.
3. Der Brand – Beginn *Abblende*
4. Das Feuer – Wasser – Glas – Rauch.
5. Dunja erschreckt den Jungen.

Erinnerungen an das Bauerngehöft:
Montagevariante: Die Kinder im trüben Wasser. Die Jacke – Klanka auf der Terrasse (bis zum Schatten). Die Schmetterlinge. Die Wäsche. Die Mutter kommt – die Streichhölzer. Der Junge im Wasser. Das Mädchen setzt sich.
Falls »Das Feuer« auf den Bauernhof folgt, wechseln Einstellung 7 und 8 den Platz.

1925 wurden astrologische Tabellen aus der altbabylonischen Stadt Sippar entziffert, die den Bericht des Evangelisten Matthäus über den Stern der Könige aus dem Morgenland bestätigten.

Die Szene am Fluß und die Einstellungen mit den Kindern proben: dann versuchen, die Tonaufnahmen auszuwechseln: zu den Erinnerungen Geräusche aus der Zeit, in der die Erinnerung des Autors stattfindet. Und zum realen Bild des Augenblicks dieses Erinnerns – die Geräusche aus der Kindheit. I: als Einblendungen zu anderen Szenen – von der Art des Prologs oder II: von der Art der Ein-

blendungen bei der morgendlichen Szene auf dem Hof.
– und vielleicht *Totale* des Scheunenbrandes in das Feuer mit Hilfe eines Spiegels vor dem Wasser einblenden. Halb Erinnerung, halb Vision. Erzählung der Mutter von einem Feuer im östlichen Wolgagebiet.
– Den alten (I. Schluß) hinter den neuen setzen.
– Die Szene mit Solonizyn. Zum Rücken der Terechowa (*Schwenk*) ergänzen – bis Solonizyn: »Aber um eine Zigarette darf man doch wohl bitten?«
– Versuchen herauszuschneiden: die Phase (Brand) zwischen dem Abgang des Jungen, der das Zimmer verläßt, und dem Beginn der Fahrt zurück aus dem Zimmer. Vor dem Herabfallen des Glases.
– Dem verrissenen Zoom rhythmisch vollendete Verse unterlegen.
... »ans Auge fast / Noch tiefer soll er loh'n ...«!*

Schluß. Varianten der Montage: 1. Haus, Fluß, die Ruine und die Mutter. 2. Haus, Fluß und Mutter. 3. Haus und Mutter. 4. Die alte und die junge Mutter zusammen.

Musik: Albinoni**. Bach – Zwischenspiel vor dem Schluß (Johannespassion), César Franck (Orgel) für den Künstlerischen Beirat.

1. Traum I (in der Küche)
2. Telefongespräch mit Rückblicken:
    über den Tod von Elisaweta Petrowna,
    über den Fluß (Worona) und das alleinstehende Bauerngehöft,
    über den Traum, die Krankheit und den Haß auf sich selbst,
    über die Zeit, als der Vater von uns fortging (Brand)
    über die Notwendigkeit, an Gott zu glauben,

---

 * Aus dem Gedicht »Der Wald von Ignatjewo« von Arsenij Tarkowskij.
 ** Tommaso Albinoni (1671–1759), italienischer Komponist (A. d. Ü.)

über die Verzweiflung eines Menschen, der nicht an Gott zu glauben weiß.

Plan · Zweite Redaktion:
1. Prolog.
2. Monolog mit Rückblicken
3. Telefongespräch mit der Mutter
4. Erster Traum (mit Detail)
5. Der Bauernhof
6. Die Spanier. Monolog des Autors an Rita gerichtet. Der Autor und Rita. Die Spanier. Die Treppe. Die Wochenschau.
7. Die Druckerei.
Regen / Repliken in der Straßenbahn / Das Korrekturbüro. Der Flur vor dem Korrekturbüro. In der Druckerei. Flur im Mosfilm-Studio. Die Setzerei. In der Druckerei. Flur Mosfilm. Flur vor Korrekturbüro. Korrekturbüro. Die Dusche. Das Korrekturbüro.
8. Ignat.
Rita und Ignat. Die Ogorodnikowa. Der Fernsehapparat.
9. Die Ohrringe.
10. Zweiter Traum.
Stimme des Autors. Der Wind. Vater und Mutter.
11. Der Ausbilder.
12. Peredelkino.
13. Erhebt euch!
Im Monolog alle Möglichkeiten berücksichtigen; diejenigen erwähnen, die sich erheben oder nicht erheben, niemanden kränken und alle beleidigen, die sich nicht erheben.
14. Wochenschau – »Ein Kind noch, war ich krank«
15. Die Erwartung der Mutter.
16. Schluß.

»Die Ohrringe« – Interieur
bisher:

1. *Totale* / *Halbtotale* / Die Mutter und der Junge treten ein – Schwenk hinter den Jungen – *Totale* – der Junge auf dem Stuhl.
2. Gegenschuß (»Acht«) auf Spiegel.
3. *Groß* Junge Fahrt – *Schwenk Totale* – Spiegel.
4. Die Frauen kommen aus der Küche – Fahrt zurück zur Schlafzimmertür.
5. Das Kind im Schlafzimmer.
6. Reaktion der Mutter.
7. *Totale* Sie gehen hinaus (ohne Bewegung).

Wiederholen: Mehr Großaufnahmen.

1. *Groß* Larissa – die Mutter (Füße des Jungen).
2. (Durchs Fenster) Zoom: Die Mutter und Larissa kommen heraus.

1. Larissa, die Mutter – der Junge – die Füße.
2. Die Mutter und Larissa kommen aus der Küchentür auf die Kamera zu. Der Junge – Fahrt in *Groß* – schluckt seinen Speichel.
3. *Schwenk* Stilleben – Brot, Milch.
4. *Totale* Gegenschuß – auf Spiegel. Fahrt.
5. *Groß* der Junge. Fahrt.
6. Larissa – der Spiegel.
7. *Groß* Sie gehen hinaus (am Spiegel vorbei) der Junge bleibt zurück (*Groß*) geht zur Mutter.

1. *Groß* Larissa – *Groß* die Mutter – *Groß* Träume – SCHWENK – *Totale* der Junge – bleibt allein zurück. Stehend.

MÖGLICHE TITEL:
»Schau dich nicht um nach deinem Haus ...«
»Die Rückkehr zur Brandstätte ...«
»Die Spiegel-Folter ...«
»Warum stehst du so in der Ferne ...?«

»Der Spiegel«
»Der Helle Tag«
»Der raubgierige Hase ...«
»Der Vorübergehende«
»... und wo ist der Ehering? Heutzutage trägt so was zwar kaum noch jemand. Die Älteren vielleicht ... (singt) ... »Ohne dieses Ringlein werd' ich weinen Tag und Nacht.« Der Spiegel mit Amalgam-Oberfläche.
Übergang zum Schluß (farblose Fassade). Die erste Einstellung des dritten Traums und die letzte passen für den Schluß: das Bild, *Schwenk* auf Spiegel, in dem der Autor zu sehen ist (von hinten). Kamerafahrt hinter Spiegel aufs Fenster, wir sehen das Nachbarfenster von außen. Am Fenster steht Philipp. Die Einstellung (mit Ausnahme der Landschaft) soll schwarz-weiß sein. Vielleicht zweimal 1/2 Wiederholungsaufnahmen wie in »Solaris« 1/2 schwarz-weiß.

TRAUM I
1. *Groß* (Philipp) Der Junge mit verbundenem Hals. Philipp entzündet an der Gasflamme des Badeofens einen Span. Geht aus dem Badezimmer. Das Spanflämmchen erlischt.
Philipp kehrt zurück, entzündet den Span noch einmal, verläßt das Badezimmer – wiederum erlischt er. Philipp geht zurück an den Badeofen, entzündet den Span zum drittenmal, geht zur Tür, dreht sich um (35 m).
2. Ein Karpfen im rostigen Wasser der Badewanne (1,5 m).
3. Philipp zündet das Gas in der Küche an *SCHWENK* und kniet sich auf den Boden. Schaut unter eine Fliese (5 m).
4. *SCHWENK* Philipps Hände, die von allen Seiten Gegenstände zusammenraffen (20 m).
5. Philipp spült das Gefundene in den Händen. Zurück bleibt ein Häufchen feuchter Plunder. (*SCHWENK*. Das schmutzige Wasser läuft ab, im Dreck liegt ein Türkisohrring (30 Meter, 70–100 Meter).

Prolog – 75 Meter
1. Zur Totale übergehen – Zimmer – über die Schultern des Autors (Phase) 25 Meter.
2. Das reflektierende Glas des Bildes. (Korrektur) – die Landschaft auf dem Bild. *Schwenk* zum Fenster. 35 Meter.
3. Der Autor nimmt den Teekessel vom Gas. Die Gasflamme vor dem Hintergrund des hellmatten Küchenfensters.
5 Meter Insert, 25 Meter, 100 Meter.

Thomas Mann – »Doktor Faustus« Kapitel I ...
»Wen hätte dieser Mann geliebt? Einst eine Frau – vielleicht. Ein Kind zuletzt – es mag sein. Einen leichtwiegenden, jeden gewinnenden Fant und Mann aller Stunden, den er dann, wahrscheinlich eben weil er ihm geneigt war, von sich schickte – und zwar in den Tod ...« Worte des Serenus Zeitblom über Leverkühn.*

Kapitel II: »Vielmehr scheint sie mir [die Musik], bei aller logisch-moralischen Strenge, wovon sie sich wohl die Miene geben mag, einer Geisterwelt anzugehören, für deren unbedingte Zuverlässigkeit in Dingen der Vernunft und Menschenwürde ich nicht eben meine Hand ins Feuer legen möchte ...«**
»... Welcher Bereich des Menschlichen, und sei es der lauterste, würdig-wohlwollendste, wäre wohl ganz unzugänglich dem Einfluß der unteren Gewalten, ja, man muß hinzusetzen, ganz unbedürftig der befruchtenden Berührung mit ihnen?«***

---

* Thomas Mann, Doktor Faustus. Das Leben des deutschen Tonsetzers Adrian Leverkühn, erzählt von einem Freunde, Berlin 1975 [Bd. 6 der Gesammelten Werke], S. 11.
** Ebenda, S. 15.
*** Ebenda, S. 15.

»... und oft habe ich später ... erklärt, daß Kultur recht eigentlich die fromme und ordnende, ich möchte sagen begütigende Einbeziehung des Nächtig-Ungeheueren in den Kultus der Götter ist.«*
(Ich war immer der Meinung, daß letzten Endes alles im Gleichgewicht ist oder jedenfalls zum Gleichgewicht strebt. Das ist natürlich nicht dasselbe. Deshalb gibt es keine Harmonie ohne Dämon. A.T.)

Thomas Mann – »Die Entstehung des Doktor Faustus«
»Durchaus nicht müssen die Zeiten körperlicher Wohlfahrt und gesundheitlichen Hochstandes, Zeiten der physischen Ungestörtheit und des festen Schrittes auch die produktiv gesegneten sein...«**

Nietzsche – Schönberg. Biographien! Briefe.
»... Vermutlich war es die Flucht aus den Schwierigkeiten der Kulturkrise in den Teufelspakt, der Durst eines stolzen und von Sterilität bedrohten Geistes nach Enthemmung um jeden Preis und die Parallelisierung verderblicher, in den Collaps mündender Euphorie mit dem fascistischen Völkerrausch, was ihn am meisten beeindruckte.«***
von: Meck – Tschaikowsky-Biographie

Unbedingt eine gigantische Massenszene ins Drehbuch einbauen: 1. Hintergrund. 2. Kontrast. 3. Eine einzige Note. 4. Leichtigkeit und Verwandlung und Glaubwürdigkeit.
– Der Organismus des Schlusses muß unabhängig vom Autor leben, wie jedes andere im übrigen Werk auch...
– Magritte mit seiner Metaphysik und den verwischten Grenzen zwischen Realität und Phantasie kommt der Stilistik eines »Doktor Faustus« nahe.

---

* Ebenda, S. 16.
** Thomas Mann, Gesammelte Werke Bd. 12, S. 179.
*** Ebenda (Die Entstehung des Doktor Faustus. Roman eines Romans [1949]), S. 196.

– Luthers Kommentare über die Apokalypse und die Memoiren von Berlioz. »D[oktor] F[austus]«
Liebeserlebnisse: Kindheit.
– Olympische Ruhe. Preis der Kälte.
Das Temperament Rubljows des Malers verglichen mit dem des Musikers. Was ist eigentlich Temperament?

22. MÄRZ, Donnerstag

Der Plan für das Drehbuch hat sich sehr verändert. Sascha* brachte heute die »Szene im Pferch für gestürzte Pferde« mit – in seiner Bearbeitung. Ein Monolog, den er selbst vorträgt. Die Szene ist gut geschrieben, man muß aber die Akzente etwas anders setzen.

Dann muß auch noch die Szene mit Solonizyn auf dem Bauerngehöft geschrieben werden. Sascha bringt sie am 28. Danach sind die Monologe (des Autors) für den künftigen Film an der Reihe, und zwar nicht nur für den Film, sondern auch für das Drehbuch. Ich darf nicht vergessen, mit Erik über die Aufnahme Saschas in unser Team und über Solowjow zu sprechen.

23. MÄRZ

DOKUMENTARISCHES MATERIAL:

1. *Der Friedhof:*
   a) Der Tod, seine Unnatürlichkeit.
   b) Der Soldat, der angreift und fällt.
   c) Die Feuerung des Krematoriums – die Flamme.

2. *Die Druckerei:*
   Der erste Flug in die Stratosphäre.

---

* Alexander Mischarin.

3. *Der Vater:*
   a) Wochenschaubilder vom Angriff im Gefecht.
   b) Einstellung aus »Die Befreiung«.

4. *Interview mit den Spaniern:*
   a) Die Ankunft der spanischen Kinder.
   b) Der Spanische Bürgerkrieg.

5. *Interview mit der Mutter:*
   a) Der Krieg in Vietnam.
   b) Nagasaki, Hiroshima.
   c) Krankenhaus mit Opfern der Atombombe.

24. MÄRZ, Samstag

Bildmaterial für die Jahre 1936, 1939 und 1942 sammeln.

26. MÄRZ, Montag

BEGINN:
Heute Einstieg ins Regiedrehbuch für den »Hellen Tag«.

27. MÄRZ, Dienstag

Beide Szenen – sowohl die für den Hof als auch die für die Rennbahn sind geschrieben.

28. MÄRZ, Mittwoch

Heute besichtigen wir die I. Musterdruckerei/Schdanow-Druckerei. Wir haben die Druckerei – den schönen Hof und die Abteilung mit den Linotype-Setzmaschinen – besichtigt.

30. MÄRZ, Freitag

Nach Tutschkowo gefahren, wir haben beschlossen, am Ort des früheren Hofs zu drehen. Erlen und Tannen müssen gefällt werden. Pfähle und Leistungsdrähte.

3. APRIL, Dienstag

Die Aufnahmen mit den Versen über die Krankheit in der Kindheit (Traum) müssen, glaube ich, in Wladimir beginnen. In der vorangehenden Szene soll die Mutter fragen: »Und wann hast du beschlossen, ein neues Leben anzufangen? Schon in Wladimir?«

5. APRIL, Donnerstag

Auf den Friedhof von Kolomenskoje gefahren. Dort habe ich vollständig die Orientierung verloren. Die letzte Sequenz – der Anruf der Mutter – wird vermutlich mit Montage realisiert, mit zwei Einstellungen: eine in der Stadt, inmitten von Autos, die zweite in Kolomenskoje. Sorgfältig überlegen!

12. APRIL, Donnerstag

Heute haben wir Entwurf und Plan des weiteren Geländes für die Außenaufnahmen – »Der Bauernhof« angeliefert. Larissa, Mascha Tschugunowa und Muraschko sind nach Leningrad, Nowgorod, Pskow und Petrosawodsk gefahren, um die Darsteller zu suchen.

13. APRIL, Freitag

Fahrt zur Druckerei. Am 20., nicht später das Regiedrehbuch zum Abschreiben geben. W. Chartschenko als zweiten Regisseur in den Drehstab zu holen ist abgelehnt worden.

Man muß etwas unternehmen.

Unbedingt die Sequenz auf der »Rennbahn« durch den Kopf gehen lassen. Sie ist nicht klar. Ob die Mutter in dieser Episode gerade auf der Rennbahn sein muß?

14. APRIL, Samstag

Die Suche nach der Wohnung für die Interviewerin verzögert sich. Dampf machen.

22. APRIL, Sonntag

Die Wohnung der Interviewerin scheint gefunden. Kolja D. gefällt sie.

23. APRIL, Montag

Mascha und Larissa sind heute aus Leningrad zurückgekommen und haben in den ganzen zehn Tagen, wie ich es sehe, nichts gefunden.

18. MAI, Freitag

1. Bis jetzt ist das Regiedrehbuch nicht abgenommen.
2. Noch keine Schauspieler.
3. Keine Kinder.
4. Keine Wohnung für die Interviewerin.
5. Walerij Chartschenko ist als Regieassistent für die Ausstattung angestellt worden.
6. Keine Interviewerin. Nichts. Larissa arbeitet sehr schlecht. Mascha ebenfalls.

22. MAI, Dienstag

1. Ich habe beschlossen, auf genaue Entsprechung des Typs und der Namen zu verzichten.
2. Das Interview werden wir wohl nicht mit der Mutter drehen, sondern mit ihren Freundinnen und Kolleginnen. Die Interviewerin wartet nur auf die Mutter, die einmal in Großaufnahme erscheint (im Fenster) und zweimal in Großaufnahme am Schluß.
3. Im Regiedrehbuch zur Vertiefung Szenen finden:

    a) mit Solonizyn
    und
    b) mit Mischarin.

23. MAI, Mittwoch

Gespräch mit Sisow, der sagte, daß die Dekorationen

selbstverständlich aufgebaut werden müssen, da der Film gedreht werden soll,
nur 1. der Autor,
    2. die Mutter,
    3. das »Schnepfenfeld«

Ich habe ein Telegramm an Jermasch geschickt und um ein Gespräch gebeten. (Es ist nämlich von organisatorischen sowie von finanziellen Schwierigkeiten die Rede.)

Wenn die Kinder ($3^1/_2$–5 Jahre + 12) und die Mutter bis zum 12. Juni nicht bewilligt sind, gehe ich nicht nach Südamerika.

24. MAI, Donnerstag

Morgen um 9.30, hat Jermasch versprochen, soll unsere Frage entschieden werden. Wie wird die Entscheidung ausfallen?

In Tutschkowo wird die Dekoration aufgebaut. Man müßte hinüberfahren.

Mit den Schauspielern sieht es noch immer trüb aus.

25. MAI, Freitag

»Unsere Frage« hat Jermasch keineswegs gelöst. Alles hängt in der Luft. Genauer – das »Schnepfenfeld« hängt. Wenn wir das verlieren, brauchen wir an seiner Stelle *unbedingt* irgendeine andere Episode. Sonst wird der Krieg eindimensional. Der Vertrag mit uns ist noch immer nicht abgeschlossen [über das Drehbuch].

1. JUNI, Freitag

Nikolina Gora. Proben.

In Nikolina Gora haben wir Probeaufnahmen mit Marina Vlady gemacht [ohne Text]. Bisher haben wir noch keine Schauspieler.

Allem Anschein nach werden wir auf das Schnepfenfeld verzichten müssen.

Fazit – ohne die Interviews mit der Mutter, ohne sichtbar werdenden Autor, ohne das Schnepfenfeld.

Die Dekoration in Tutschkowo verwaist.

5. JUNI, Dienstag

Für die Rolle des Vaters habe ich Jankowskij verpflichtet.

6. JUNI, Mittwoch

Wir haben uns die Dekorationsbauten für den Bauernhof angeschaut. Noch bleibt viel zu tun, bis alles fertig ist.

7. JUNI, Donnerstag

Zweite Probenschicht: T. T. Urschumowa (Mutter) und A. Solonizyn. Zwei Einstellungen: 1. Solonizyn, 2. Urschumowa – techn. Panne. Wir wiederholen am 12.

8. JUNI, Freitag

Heute die 3. Schicht, Proben: Terechowa – die Mutter – Solonizyn. Die Proben wurden abgesetzt.

War bei Jermasch und Sisow. Alles ist entschieden:
1. Die Interviews ohne die Mutter.
2. Das Schnepfenfeld ist herauszunehmen.
3. Der Autor soll nicht in Erscheinung treten.

9. JUNI, Samstag

Mit dem heutigen Datum läuft die Vorbereitungsphase.

17. JUNI, Sonntag

Seit dem 9. Juni laufen die Vorbereitungsarbeiten (Rückdatierung). Von den Darstellern stehen erst fest: Jurjewez / der Ausbilder / Peredelkino / das zehnjährige Mädchen, der

Vater / die Wohnung der Interviewerin / der Freund des Autors / die Monographie / Iwan Gawrilowitsch / der Bauernhof / Solonizyn.

22. JUNI, Freitag

Wir haben es schon mit fünf Schauspielerinnen für die Mutter probiert – alle nicht ganz das Richtige. Heute habe ich mich mit der Tschursina getroffen. Sie gleicht meiner Mutter sehr. Ich glaube, man könnte sie zurechtbiegen. Sie ist gescheit und wäre willig. Man müßte sie *von Grund auf* ändern. Die geistige Welt.

Wir haben (vorgestern) einen wunderbaren Drehort an der Moskwa gefunden (15 km von Tutschkowo), das Dorf Oschegowo für die Episode der »Ohrringe«.

26. JUNI, Dienstag

Probeaufnahmen mit der Tschursina und den zwei Kindern. Die Kinder sind interessant. Die Tschursina hat mir nicht so ganz gefallen.

2. JULI, Montag

Wir haben uns die Probeaufnahmen angesehen – die Tschursina und die Jungen. Der junge Ignat ist gut. Die Tschursina sieht nicht gut aus und ist ein bißchen simpel. Mit der richtigen Schauspielerin für diese Rolle ist es wirklich ein Drama.

Heute haben wir uns die Wohnung am Sretenskij-Boulevard angeschaut. Sehr schön. Sie muß mit kleineren Veränderungen renoviert werden.

3. JULI, Dienstag

Ein Foto – der ältere Protagonist (12 J.) und ein Foto seiner jüngeren Schwester.

Probeaufnahmen (für die Schauspieler) – der Hauptdarsteller des Films im Alter von 12 Jahren

Probeaufnahmen – die kleine Schwester des Helden

18 июль
Среда

Был худсовет:
Марина В, Чурсина, Терехова.
Пихо не предпочел никого
Утвердил Терехову.

Марь-М. Терехова

<u>Турково</u>   ИЮЛЬ Четверг **19**

Переехали в Турково. Декорация еще не готова. Ёлочного мальчика еще нет. Завтра первый съемочный день. Мама приехала в Игнатьево.

Дуня, бутафор группы — Рида Рассказова

111

20 ИЮЛЬ Пятница

Весь день шёл дождь.
Съёмку отменили.

Финал состоит из 7 кадров:

1. Ворона. Пролетев за мальчиком, сера, мирь.
   Мать моет ему голову.
   — Мам, там молоко кипит...
   — Где...
   Все смотрят в сторону аппарата
2. У телеги
3. Марь входит в ельник
4. Мать выходит к фундаменту.
5. Марь у колодца
6. Марь выходит из леса к реке.
7. Финальный проход.

Тучково I ИЮЛЬ Суббота **21**

(Первый съёмочный день.)
Из финала сняли 3-й кадр (один
— 20 метров. 3 дубля (ужас!).Ново
снимаю только по 1 дублю).

Мальчика всё ещё нет.
Послал Машу и Кушнерёва
в Москву на помощь Ларисе.
Снимал с его дублёром.

6. JULI, Freitag

A. Karajew, S. M. und Jura waren für heute zu Pawlenko bestellt (im Zusammenhang mit meinem Brief an Jermasch, in dem ich mich weigerte, den Film zu drehen, wenn nicht Geldmittel und Filmmaterial im notwendigen Umfang zur Verfügung stünden). Mit dem Kostenvoranschlag geht alles in Ordnung. Sie überlassen die Lösung dieser Probleme dem Studio. Statt drei- bewilligen sie jetzt sechstausend Meter. Ich habe gesagt, daß ich nicht drehe, solange ich nicht 8600 bewilligt bekomme.

Die Schauspielerin für die Mutter finden und finden wir nicht.

9. JULI, Montag

In Tutschkowo sind die Dekorationen – der Bauernhof – noch immer nicht fertig. Mit dem Fundament ist gerade erst begonnen worden. Am Haus in Oschegowo tut sich noch gar nichts. Auf den Feldern um den Bauernhof beginnt der Buchweizen zu blühen. Und wir haben immer noch keine Schauspielerin.

10. JULI, Montag

Wir haben noch je eine Probe mit der Terechowa und der Tschursina gemacht (ohne Text).

17. JULI, Dienstag

Probeaufnahmen mit der Malewannaja. Sie hatte eine halbe Stunde Zeit. Hat nichts begriffen.

18. JULI, Mittwoch

Heute Künstlerischer Beirat: Marina Vlady, Tschursina, Terechowa. Keine gab einer andern den Vorzug. Ich sprach mich für die Terechowa aus.

Foto: die Mutter – M. Terechowa.

19. JULI, Donnerstag   Tutschkowo

Wir sind inzwischen nach Tutschkowo übergesiedelt. Noch sind die Bauten nicht fertig. Und auch der sechsjährige Junge fehlt uns immer noch. Morgen ist der erste Drehtag. Mama ist in Ignatjewo. Dunja, unsere Ausstatterin – Rita Rasskasowa.

20. JULI, Freitag

Den ganzen Tag strömender Regen. Die Dreharbeiten abgesagt.

DER SCHLUSS BESTEHT AUS 7 EINSTELLUNGEN:

1. Die Worona. Prokofieff. Hinter dem Jungen die Schwester und die Mutter. Die Mutter wäscht ihm den Kopf. »Mama, die Milch da wird sauer ...« »Wo?« Alle blicken aus dem Bild heraus neben die Kamera.
2. Am Wagen.
3. Die Mutter geht in das Tannenwäldchen.
4. Die Mutter geht zum Fundament.
5. Die Mutter am Brunnen.
6. Die Mutter geht aus dem Wald heraus zum Leiterwagen.
7. Letzter Gang.

21. JULI, Sonnabend

DER ERSTE DREHTAG

Aus dem Schluß nur die 3. Einstellung gedreht: – 20 Meter. Drei Wiederholungen (entsetzlich!). Dabei dürfte ich nur je einmal wiederholen.
Der Junge fehlt noch immer! Ich habe Mascha und Kuschnerjew zur Unterstützung von Larissa nach Moskau geschickt. Gedreht habe ich mit seinem Double.

Dreharbeiten zur ersten Einstellung der Szene »Der Brand«

<u>22. JULI, Sonntag,</u> Freier Tag

Morgen drehen wir:
1. Die Mutter kommt aus dem Wald (vorletzte Einstellung).
2. Die Mutter geht in den Tannenwald.
3. + 4. Zwei Einstellungen am Fundament: dies jedoch nur, wenn es bedeckt ist. Falls die Sonne scheint, Dreharbeiten auf den Abend verlegen: 1. Einstellung und 2. der Brand.

<u>23. JULI, Montag</u>   Tutschkowo   II

NOCH IMMER KEIN JUNGE!!!

Jura Kuschnerjew werde ich früher oder später feuern.
Heute drei Einstellungen: Mutter mit den Kindern
                            das Fundament – 1 Klappe
                            der Brunnen – 1 Klappe.
Der Brand ist uns nicht gelungen (1 Klappe). Die Aufnahme wird wiederholt. Für morgen ist ein freier Tag vorgesehen und die Vorbereitung für die Dreharbeiten zum Feuer.

24. JULI, Dienstag

Seit heute morgen gießt es. Walerij und Kuschnerjew sind früh nach Moskau gefahren, um Kinder aufzutreiben. Ich fahre nach, damit sie die Kinder nicht hierherschleppen müssen.
    Der Junge fehlt uns immer noch!
    Die Arbeiten in der Wohnung am Sretenskij-Boulevard müssen vorangetrieben werden. Jetzt setze ich mich hin, um den Text für Solonizyn und die Terechowa zu schreiben. Habe zusammen mit Dwigubskij und Rerberg beschlossen, das »Zimmer der Großmutter« auf dem Bauernhof zu drehen, mit Umbauten.

25. JULI, Mittwoch   Drehfreier Tag

Kein Junge.

26. JULI, Donnerstag   Tutschkowo   III

Wir haben den Jungen. Oleg Jankowskijs Sohn Philipp. Er ist allerdings ungefähr von der gleichen Größe wie das Mädchen. Wir müssen uns da etwas einfallen lassen.

In der zweiten Tageshälfte trotzdem nichts gedreht, es war sehr dunkel. Die Szene der Terechowa mit Solonizyn besteht aus 6 Einstellungen. Die Aufnahmen des letzten Gangs (Ausschuß).

27. JULI, Freitag   Tutschkowo   IV

Drei Einstellungen gedreht:
1. Wiederholung – die Mutter mit den Kindern am Wagen, zwei Wiederholungen – der letzte Gang; zwei Wiederholungen – der Brand – Totale über das Buchweizenfeld.
Philipp – Ich – Foto . .
   I. Das Schwimmen im Fluß (Terechowa, Olga, Philipp).
2. Der Junge und das Mädchen im seichten trüben Wasser.
3. Der neue Leiterwagen und der Bauernhof. / Dunja, die Terechowa / Schafe.
4. Die Worona. Dunja.
5. Die Kinder und die Schmetterlinge.

28. JULI, Sonnabend   Tutschkowo   V

Gedreht zwei Einstellungen zu Schmetterlinge.
   1a – (Schluß) und 5 (die Schmetterlinge).

1 Wiederholung gemacht – mißlungen(!)

Für morgen – 3 Einstellungen (aus der ersten Szene auf der Worona)
   1, 2, 4, und die 1. aus der Schlußszene auf der Worona.

29. JULI, Sonntag   Tutschkowo   VI

Gedreht: 2 Einstellungen auf gut Glück! auf dem Wasser: aus der ersten Szene 2 Wiederholungsaufnahmen:
   a) Schwimmen zur Mutter (mit Double).
   b) Schwimmen mit Stilleben – in Schlußszene.

Gedreht auch eine schlechte Wiederholung der Kinder im trüben Wasser. Die Einstellung ist völlig mißlungen wegen der Albernheiten des Mädchens. Wie die beiden Aufnahmen vom Schwimmen auf der Worona, mit der Handkamera gedreht, geworden sind, wissen wir noch nicht. Wir haben beschlossen, das Material abzuwarten; es

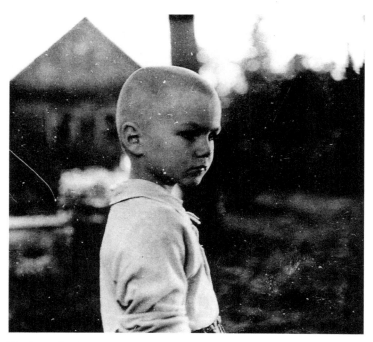

Probeaufnahme: Der Held in der frühen Kindheit (der Sohn eines der Lieblingsdarsteller Andrej Tarkowskijs – Oleg Jankowskij)

bleiben noch die Bilder von Dunja und den Kindern im trüben Wasser – auf dem Fluß. Wir warten auf Dunja und den geeigneten Moment.

30. JULI, Dienstag

Heute war Vorbereitung für die »Träume« auf dem Hof. Wir haben die Tannen gefällt. Es ist sehr kalt. Die Kinder im Wasser drehen wir, wenn es wärmer ist.

ERSTER TRAUM. Bisher steht das Folgende:

1. Der Junge geht von unten auf das Haus zu. An Hängematte und Tisch vorbei.

2. *Detail.* Stilleben auf dem Tisch. *Schwenk* auf die Fichten. Der Junge kommt. *Schwenk* nach links, hinter ihm auf die Terrasse.
3. Aus dem Fenster des Hauses mit Rauch.
4. Aus dem Brunnen *Schwenk* auf den Jungen. *Schwenk* nach oben (Hebebühne).

<u>31. JULI, Dienstag</u>   Tutschkowo VII

Morgen Solonizyn – Terechowa.

Heute haben wir keine einzige Einstellung gedreht. Philipp ist erkrankt. Hat in der Großaufnahme gegähnt (Foto).

ERSTER TRAUM

1. Detail mit irdenem Krug im Nacken – *Totale.*
2. Aus dem Brunnen.
3. Stilleben – die Mutter.
4. Der Junge – Morgendämmerung.

ERSTER TRAUM

1. »Fenster« mit der Mutter – der Junge kommt – Tisch, Haus. Heranfahrt auf das Haus zu.
2. Der Junge in der *Totale* – Heranfahrt – nah *Schwenk* – der Junge mit dem Haus im Hintergrund. *Das Geräusch des Windes.*
3. Im Wald tut sich Wind auf.
4. Der Junge versteckt sich hinter dem Haus. Windstöße. Ein Baum – Regen.
5. Der Vogel im Fenster – *Schwenk* zum Jungen und zur Tür hin.
6. (farbig) Der Junge an der Tür – die Mutter.
7. (farbig) Der Junge am Brunnen. Morgendämmerung.

TERECHOWA – SOLONIZYN

1. Kamerafahrt an der Mutter vorbei auf Solonizyn zu.
2. Die Mutter (auf das Haus zu).
3. Solonizyn – Rückfahrt auf die Mutter zu (bis zum Satz: »Darf ich Sie vielleicht um ein Streichholz bitten?«).
4. Kinder in der Hängematte (auf das Haus zu).
5. Bis zu dem Satz »Sie haben Blut ...«
6. Wind.
7. Rückkehr (zum Haus), Heft, Schafe, eine Kuh mit Kälbchen, die Großmutter.

1. AUGUST, Mittwoch   Tutschkowo   VIII

Wir haben nur eine einzige Einstellung gedreht, vom Hubschrauber aus. 4 Klappen – die Arbeit kommt nicht voran. Morgen ist die Szene mit Solonizyn dran.
  Von den 42 Einstellungen, die in Tutschkowo gedreht werden sollen, sind bis zum 1. August erst zwölf fertig. Filmaufnahmen mit Hubschrauber.

2. AUGUST, Donnerstag   Tutschkowo   IX

Von der Szene mit Solonizyn haben wir *zwei* Einstellungen gedreht: die 1. und 3. Bei der dritten Einstellung zwei Klappen.
  Frau Solonizyna saß während des Drehens der Einstellung im Sessel und geriet ins Bild.
  Ich habe Kuschnerjew ausgeschimpft. Morgen werde ich seine Stelle einnehmen. Ich werde ihm zeigen, was es heißt, zweiter Regisseur zu sein.
  Bis heute wurden 156 Meter gedreht. Das ist für neun Tage sehr wenig; wir hätten 270 Meter schaffen müssen.

3. AUGUST, Freitag   Tutschkowo   X

Wir haben drei Einstellungen der Szene mit Solonizyn gedreht: 4, 5, 2 (zwei Klappen, eine Klappe, eine Klappe).

Andrej Tarkowskij bei den Dreharbeiten mit Hubschrauber

Regisseur und Kameramann im Gespräch während der Dreharbeiten

Auf dem Set in Tutschkowo – Andrej Tarkowskij und der Schauspieler Anatolij Solonizyn

Der 4. und der 5. August sind drehfrei. Am 6. werden wir die Träume mit dem Jungen drehen.

5. AUGUST, Sonntag   Drehfreier Tag

– Verse des Vaters: »Der helle Tag«.
– Vielleicht das fehlende Bild, die einsame junge Mutter.
– *Für »Die Ohrringe« einen Feuerstahl anfertigen.*
– »Die Ohrringe« müssen auf einer Brücke gedreht werden.

I. TERECHOWA: 1–3 (mit Dunja) mit Hund und mit Schafen –
II-7: mit Olga, mit der Alten (oder Dunja) und Herde mit Hund.
III 1–2 mit den Kindern, 3 mit Gortschakow, der Bäurin und Dunja, Klanja und beiden Kindern, 4 dasselbe, aber ohne P.P.;
III 6: IV – 2, V – 4 (mit dem Jungen).
II PHILIPP: I – 2 mit Olga (III – 1, III – 2) mit der Terechowa, Hund + III – 3 mit T. + sämtliche Gortschakows, III – 4 + alle auf dem Hof IV – 1, IV – 2 mit Terechowa VI 1–4; VIII – 1; VIII – 2 mit Terechowa; V – 1, V – 2, V – 3, V – 4 mit der Terechowa; V – 5.

6. AUGUST, Montag

Wir haben uns das Material angesehen.
Alles – Schrott. Die Aufnahmen sind unscharf.
Wir werden alles noch einmal drehen. Die Filmkamera haben wir nach Moskau geschickt.
Foto: Das Bauerngehöft in Ignatjewo, die Szene mit Solonizyn.

7. AUGUST, Dienstag

Morgen, nach Ankunft der Terechowa, müssen wir die Dreharbeiten mit ihr beginnen, falls die Filmkamera da ist.

Dreharbeiten während der Szene mit dem Hubschrauber

Anatolij Solonizyn während der Dreharbeiten

8. AUGUST, Mittwoch

In Moskau habe ich mir das Filmmaterial Terechowa–Solonizyn angeschaut. Es ist gut. Goscha möchte die erste Einstellung der Szene neu drehen.

9. AUGUST, Donnerstag

Es hat den *ganzen Tag* über gegossen. In Oschegowo zusätzlich drehen:

Zur »*Schwimmszene*« I von Hof I
a) Großaufnahme der Mutter auf dem Steg;
b) die Einstellung »badende Kinder«;
c) Dunja;
d) ein Bild mit Kindern, statt Schmetterlingen.

Auf dem Hof zusätzlich drehen:
a) Dunja, der Dialog im *off* mit der Mutter, die Mutter, die Schafe.
b) Die Mutter führt die Kinder an der Hand. *Schwenk* Die junge Mutter, der Vater: »Und du, was möchtest du lieber – einen Jungen oder ein Mädchen?« (Schlußszene).

In Toloschina zusätzlich drehen:
a) Das Kopfwaschen, den Gang der Mutter, das Fundament.
b) *Großaufnahme* der Mutter – am Brunnen.

10. AUGUST, Freitag   Tutschkowo   XI   Oschegowo

Eine Einstellung gedreht. Und die zweite: aus »Sawraschje«
1 Wiederholung
»Sawraschje«

1. Die Brücke. (Am Abend) Die Mutter raucht eine Zigarette an.
2. Mutter und Sohn gehen am Fluß entlang.

Die Episode »Sawraschje« – der Held des Films und
die Mutter

3. (Hebebühne) Das Ufer. Gespräch mit der Alten (am Abend drehen).
3a) Das Bauernhaus.
4. Am Haus läßt die Mutter den Jungen allein.
5. Erscheinen von N(adjeschda) P(etrowna) (Solowjowa).
6. Stimmen aus dem Haus.
7. Der Junge öffnet die Tür und setzt sich am Eingang.
8. *Groß* Der Junge sieht auf die Straße. Das Becken. Tropfen.
9. Beim Eintritt der Frauen dreht sich der Junge um.
10. Sie gehen hinaus (Fahrt) ins Freie.
11. Die Brücke.
12. Rückkehr zum Haus.

14 АВГУСТ
Вторник

Ожегово XIV

Сняли [1 кадр]. (лил дождь.)
6-ой кадр "Завтрака"...
Нельзя больше снимать по кадру в смену!!!

* Решили "Ворону" не переснимать, а вместо нее снять вводную сцену на хуторе — с девочкой, которая ловит гусей "Сны."

(*) Финал с отцом и матерью — предварить авторским текстом под занавес.
   Отец: Тебе кого больше хочется — мальчика или девочку?
   (придумать смысл слов)

* Ритмы доиграть "Серешки" — (возвращение к дому волшебному)
   Мальчик: А на руке что у тебя?

АВГУСТ Среда **15**

<u>Опгово XV</u>

снял 3 кадра (близ-дома)

(2); 10; 3)
(20) (9) (1)

Приехал Вайсберг.
※ Надо афн к Сизову насчет квартиры.

11. AUGUST, Samstag   Oschegowo   XII

Nur zwei Wiederholungsaufnahmen gedreht.
 Sehr, sehr wenig vom 5. Bild »Sawraschje«! Den ganzen Tag hat die Sonne geschienen. Eine von den Szenen an der Worona wollen wir am Zusammenfluß in Oschegowo neu drehen.
1. »Schwimmszene« mit Double und *Schwenk* auf die Mutter.
2. Die Kinder und die Mutter (Wiederholungsaufnahmen).

12. AUGUST, Sonntag   Drehfreier Tag

Heute abend fahre ich nach Moskau. Morgen früh muß ich mir die zum Traum gehörige 2. Schwimmszene ansehen und herausfinden, was dabei mißlungen ist. Angeblich unser Pfusch!
 Leider habe ich Wajsberg nicht getroffen.

13. AUGUST, Montag   Moskau – Oschegowo

Morgens bei »Mosfilm«. Die 2. »Schwimmszene« ist Ausschuß – unser Pfusch, und eine Geschwindigkeit von 18 Bildern. Die Worona drehen wir in Oschegowo nach.

Oschegowo   XIII
Drei Einstellungen aus »Sawraschje« gedreht – 7, 8, 9. Morgen machen wir weiter mit: Gespräch der Mutter mit Nadjeschda P. + die beiden Frauen verlassen das Haus.
 Wenn die Sonne scheint: Einstellungen 1, 3 und 4 – falls bedeckt: dann 6, 10 und 11.
 Mit Vera F. wegen Masken und Schminke sprechen.
 Vielleicht könnte die Mutter in der Eile den Ring »verlieren«?

14. AUGUST, Dienstag   Oschegowo   XIV

Eine einzige Einstellung gedreht. (Es regnete in Strömen.)

Die 6. (aus »Sawraschje«) ... Eine Einstellung pro Schicht – das ist wirklich zu wenig!!!

Wir haben beschlossen, die »Worona« nicht nachzudrehen und statt dessen die Eingangsszene auf dem Bauernhof zu drehen – mit den Kindern –, die auf die »Träume« vorbereitet.

Die Schlußszene mit dem Vater und der Mutter realisieren, der ein Text des Autors vorangehen muß. Der Vater: »Und du, was möchtest du lieber – einen Jungen oder ein Mädchen?« (Den Sinn der Worte entsprechend ändern).

Wir haben beschlossen, die Episode »Ohrringe« weiter durchzuspielen (Rückkehr zum Haus der Solowjowa). Der Junge: »Was hast du denn da in der Hand?«

15. AUGUST, Mittwoch Oschegowo XV

lreht (sechsmal hat es dabei geregommen. Ich muß Sisow wegen der Wohnung aufsuchen.

16. AUGUST, Donnerstag Oschegowo XVI

Zwei Einstellungen von »Sawraschje« gedreht: 3a und 4. Für morgen bleibt zweimal die »Brücke«. Wenn wir drehen – zwei freie Tage – auch auf dem Bauerngehöft.

Die »Schmetterlinge« im »Prolog« benutzen statt des eineinhalb Jahre alten Kindes: a) – 1 Klappe – die Kinder waten durchs Wasser. Philipp holt aus – b) die Gerte schlägt nach den Schmetterlingen, c) schwarzweiß – Zeitlupe – *Groß*. Philipp von hinten. *Schwenk* – über dem Gehöft und den Fichten schwebt ein Flugzeug (Kopie in Sepia ziehen).

– Zeitlupe in den Träumen.

17. AUGUST, Freitag Oschegowo XVII

2 Klappen. Nur eine, die zwölfte Einstellung gedreht. Für Montag bleibt die 1.

Ich spiele mit dem Gedanken, das Interview gar nicht zu

drehen, sondern statt dessen Gespräche über die Kunst – über den Künstler: Wer ist er? Wer ist dieser Schauspieler, der fremdes Leben zu eigener Erfahrung macht.

Darüber, daß die Kunst nach absoluter Wahrheit strebt, die sie als Bild dieser Wahrheit erreicht. Als ihre Illusion.

An das Interview glaube ich überhaupt nicht!

Alle Monologe des Autors müssen umgeschrieben werden. Das anfängliche Gespräch über die „Worona" ändern – sollen sie einfach über das Dorf Tomschino reden. (Wenn wir schon den Fluß nicht nehmen.)

18. AUGUST, Sonnabend   Drehfreier Tag

Den Vogel drehen wir zusammen mit Assafjew am Ende der »Schießstandszene« – vor dem 1. Traum.

Die »Ohrringe« (Atelier). Der Junge vor den Spiegeln: In seinem Haar hat sich ein Rosenblatt verfangen. Er schüttelt es ab.

Das Bauerngehöft, 2. Einstellung: *Schwenk* beginnend vom Stuhl, über dem die Jacke des Vaters hängt. Im *off* Gespräch über den Vater.

Auf dem Foto Oschegowo. Dreharbeiten: Einstellung 10 aus »Sawraschje«.

20. AUGUST, Montag   Oschegowo   XVIII

Planmäßig Ende der Dreharbeiten.

Wir haben als letztes die 11. Einstellung von »Sawraschje« gedreht.

Morgen ziehen wir auf das Bauerngehöft um.

Ich muß über die Träume nachdenken.

Das Feuer – realisieren mit Sonne. Beginn (Worona) – Sonne.

Andrej Tarkowskij während der Dreharbeiten zur Szene
»Der Bauernhof«

21. AUGUST, Dienstag   Ignatjewo

Der Bauernhof.
  REGEN.
  AUFNAHMEN ABGESAGT.
  Ich glaube, (für heute) bleibt es wie folgt:
  I. Anfang – 3 Einstellungen –
  II. Noch 2 Einstellungen zur Szene mit Solonizyn drehen.
  III. 4 Einstellungen des »Brandes«.
  IV. 1 Einstellung mit dem Flugzeug (Hebebühne).
  V. 3 Einstellungen des erstes Traums (1 – Hebebühne).
  VI. 5 Einstellungen des zweiten Traums (Schlußteil).
  VII. Das Haus der Großmutter 2 Einstellungen (1 – Hebebühne).
Insgesamt 20 Einstellungen.

22. AUGUST, Mittwoch   Ignatjewo   XIX

Der Bauernhof

Wir haben nichts gedreht.
 Das Material von Oschegowo ist noch nicht bereit, und vor Freitag ist nicht damit zu rechnen.

23. AUGUST, Donnerstag   Ignatjewo   XX

Der Bauernhof

Wir haben drei Einstellungen gedreht: Die 3. Exposition: 3 Wiederholungen! Die 2.: 2 Wiederholungen! Eine Einstellung der Szene mit Solonizyn. Heute trafen Glückwünsche aus Finnland ein. »Rubljow« wurde als bester aller Filme ausgezeichnet, die 1972 in Finnland gezeigt wurden. Das ist jetzt mindestens der siebente Preis für »Rubljow«.

24. August, Freitag   Tutschkowo   XXI   Bauerngehöft

Folgende Dreharbeiten sind vorgesehen: »Der Brand III-2, III-1; »Worona« I-1).
 Wir haben lediglich zwei Klappen der zweiten Einstellung gedreht.
 Zwei Wiederholungen aus dem »Brand« allein von der 2. Einstellung.

25. AUGUST, Sonnabend   Drehfreier Tag –

Kälte und Regen –

Kuschnerjew hat Wajsberg und wohl auch Karajew gegenüber geäußert, unsere geringere Meterzahl hinge mit der Schwerfälligkeit von Rerberg zusammen.

Wir müssen das bedenken.

Kuschnerjew den Auftrag geben, die Szenen in der Druckerei vorzubereiten.

Eine Episode aus »Der Bauernhof« – die junge Mutter (Margarita Terechowa) und Dunja

28 АВГУСТ Вторник

Тучково - Хутор XXIII

Снялу 7 кадр "Пожаркинда" - (3 дубля) - Камеилось их не хорош.

"Пожар"

цв. 5. Кр. мальчик подходит к → ПНР марь и сеуре (там можно вынир.³/к)
цв. 6. мальчик идёт к развалине - отц. - полотец.
ч/б 7. Мальчик идёт от мари, догоняет марь и сеуру → ПНР молодые марь и сеуре

АВГУСТ Среда 29

Угор - XXIV

Намечено снять "Томар"
(2 кадра) - 3, 4.

Снято. Но 4-й кадр не смонтируется, камера, с 5-ти по огню. (см. 31 июля)

I сон будет состоять из 5 ч/б и 2-х цвет. кадров.

ч/б 1) Мальчик идёт к дому. Садится у стола — наезд на общ. дом.
ч/б 2) Наезд на кр. мальч. с точки "зрения" дома. (рапид)
ч/б 3) Ветер (рапид)
ч/б 4) Мальчик скрывается за домом.
ч/б 5) Птица в окне — мальчик.
ч/б 6) Мальчик у двери — мать.
ч/б 7) Мальчик у колодца.

II сон — см. 31 июля.

1. Мальчик поднимается к дому. Ветер. Мальчик поднимается на крыльцо. Открыл дверь.
2. Открыв дверь — интерьер с зеркалом и белым. Ветер. Наезд на зеркало. Мальчик со стаканом молока.
3. Бабочки — мир на Атлантика.
4. Комната — наезд на окно — мальчик.

1. *Hof und Pförtnerloge. Wachturm.*
   I. Die Pförtnerloge weißeln und anmalen.
   II. Losungen.
   III. Feuerlöscher, Kostüme.
   IV. eine funktionierende (alte) Maschine in der Werkshalle.

2. *Der Hof – Erste Musterdruckerei* / Schdanow-Druckerei. Losungen, Kostüme, Regen.

3. *Die Druckerei* – die Erste mit Ausgang zum Hof. Rotationsmaschinen. Losungen, Kostüme.

26. AUGUST, Sonntag   Drehfreier Tag

Seit morgens windig und bedeckt. In der zweiten Tageshälfte klarte es auf. Hoffentlich scheint morgen die Sonne.

Man hat angefangen, unser Material zu bearbeiten. Das Negativ soll gestern gekommen sein.

4. *Die Setzerei.* Baumanowskaja-Straße.
   I. Ausstattung,
   II. Blumen,
   III. Schirme für die Beleuchtung (?)

5. *Korrekturbüro* – im Studio ausfindig machen.

Auftrag für Kuschnerjew und Dwigubskij. Termin: Ende der Dreharbeiten in Tutschkowo.

27. AUGUST, Montag   Tutschkowo   XXII

Der Bauernhof

Vorgesehene Aufnahmen: 1. Einstellung des »Brandes« und das 7. Bild von »Der Unbekannte«. Vielleicht auch noch das »Feuer«.

Gedreht: zwei Einstellungen aus dem »Feuer« und erste Einstellung des »Brandes«.

28. AUGUST, Dienstag   Tutschkowo   XXIII

Gedreht 7. Bild »Der Unbekannte« – drei Wiederholungen – gar nicht gut, glaube ich.

29. AUGUST, Mittwoch   Der Bauernhof   XXIV

Vorgesehene Aufnahmen: *Der Brand*, zwei Einstellungen *(3, 4)*. Gedreht bis zum 4. Bild – läßt sich mit dem 5. nicht montieren, glaube ich, wegen des Feuers (vgl. 31. Juni). Der 1. Traum wird aus 5 schwarzweißen und 2 farbigen Einstellungen bestehen.

   Schwarzweiß: 1. Der Junge geht ins Haus. Setzt sich an den Tisch. Fahrt in *Totale* auf das Haus.
   Schwarzweiß: 2. Fahrt in *Großaufnahme* des Jungen aus der »Perspektive« des Hauses (Zeitlupe).
   Schwarzweiß: 3. Der Wind (Zeitlupe).
   Schwarzweiß: 4. Der Junge versteckt sich hinter dem Haus.
   Schwarzweiß: 5. Ein Vogel am Fenster – der Junge.
   Farbig: 6. Der Junge an der Tür – die Mutter.
   Farbig: 7. Der Junge am Brunnen.

TRAUM II (vgl. 31. Juni)

   Schwarzweiß: 1. Der Junge geht zum Haus hinauf. Wind. Der Junge langt an der Schwelle an. Öffnet die Tür.
   Schwarzweiß: 2. Durch die geöffnete Tür – Interieur mit Spiegel und Wäsche. Wind. Fahrt auf Spiegel. Der Junge mit einem Glas Milch.
   Schwarzweiß: 3. Die Schmetterlinge – *Schwenk* auf Jungen.

Farbig:	4. Das Zimmer – *Fahrt* auf Fenster – Mutter und Schwester.
Farbig:	5. *Groß* Der Junge geht (*Schwenk*) zur Mutter und Schwester / dort läuft die Milch über. (Tritt aus dem Bild).
Farbig:	6. Der Junge geht zum Trümmerhaufen – *Totale* – der Brunnen.
Farbig:	7. Der Junge kehrt zurück, läuft zu Mutter und Schwester – *Schwenk* Mutter und Vater / jung.

30. AUGUST, Donnerstag   Der Bauernhof   XXV

Das Material von Oschegowo angesehen. Es befriedigt irgendwie nicht. Etwas werden wir nachdrehen müssen. Die Fotografie und die Mise-en-scène lassen sehr zu wünschen übrig. Schlecht.

In Oschegowo sind noch einmal zu drehen:
1. Das Gespräch von innen (größer, mehr Schwenks).

Im Studio sind nachzudrehen:
1. Der Junge öffnet die Tür, geht zur zweiten hinüber. Er setzt sich.

31. AUGUST, Freitag   Der Bauernhof   XXVI

Wir haben eine Zeitlupeneinstellung im Hausinnern vorbereitet. II. Traum, 2 Einstellungen. Die Kamera hat nicht einwandfrei funktioniert. Gedreht: die 2. Einstellung von Traum I schwarzweiß. 3 Wiederholungen.

1. SEPTEMBER, Sonnabend   Drehfrei

Sonne! Sehr schade, daß wir ausgerechnet heute eine Drehpause eingelegt haben.

2. SEPTEMBER, Sonntag   drehfrei

Heute regnet es – vielleicht auch morgen. In Oschegowo

muß manches noch einmal gedreht werden – auf dem Bauerngehöft (Schauspielerszenen); es müssen Umbauten vorgenommen werden, und auch der Anstrich ist zum Teil zu erneuern.

Drei Einstellungen sind zu drehen: 1. Der Gang zum Haus und das Gespräch, 2. Verlassen des Hauses, 3. die Rückkehr. Und eine Einstellung auf der Brücke – vielleicht in Ignatjewo.

3. SEPTEMBER, Montag   Bauerngehöft   XXVI

Die Dreharbeit ruhte – Goscha ging es nicht gut. Mutter und Jankowskij sind für das Finale angekommen.

4. SEPTEMBER, Dienstag   Bauerngehöft   XXVII

Wie haben nichts gedreht – Regen. Rerberg ging es nicht gut.

5. SEPTEMBER, Mittwoch   Bauerngehöft   XXVIII

Eine Einstellung schwarzweiß mit der Zeitlupenkamera gedreht.

Eine Klappe bis zu Ende. Und noch zwei unvollendete. Der Kameramann für die Außenaufnahmen erschien gegen Ende der Drehzeit. Die Zeitlupenkamera ging kaputt. Wir haben sie nach Moskau geschickt.

6. SEPTEMBER, Donnerstag   Bauerngehöft   XXIX

Seit dem Morgen ist der Himmel bedeckt. Wir haben keine einzige Einstellung gedreht. Die angeblich für uns reparierte Zeitrafferkamera ist defekt.

Keine Sonne – wir haben Jankowskij unnötig hierbehalten, die Terechowa umsonst herbestellt.

Sascha Mischarin war hier. Wir haben Fragen besprochen, die einen künftigen Film betreffen. Grauenhafte Stimmung bei allen.

8 СЕНТЯБРЬ
Суббота

Хутор XXXI

В 8³⁰ выглянуло солнце и пропало.

Сняли рапидный кадр 3 из 2го сна (2 дубля)

Сняли два дубля 1го уверного кадра из 2го сна и оба неудачи. Очень плохо работает группа у Тони. Медленно и неуверенно.

(Выходной)

СЕНТЯБРЬ Воскресенье 9

Солнце. Которого, конечно ни завтра, ни послезавтра не будет.

Для того, чтобы нам хватило пленки надо снимать приблизительно 2,5 дубля.
Мы же снимаем по 3,5 дубля — т.е. нам не хватит 3000 метров.

За 31 съемочный день снято 24 кадра — т.е. меньше одного кадра в день (0,8)

7. SEPTEMBER, Freitag Bauerngehöft XXX

Seit dem Morgen hat die Sonne geschienen.
 Wir haben die 5. Einstellung aus dem zweiten Traum gedreht – zwei Klappen. Die 4. Einstellung (Interieur) haben wir nicht mehr geschafft – Wolken, Regen am Abend. Es bleiben noch zwei Einstellungen mit der Mutter zu drehen – 4 und 8...

8. SEPTEMBER, Sonnabend Bauerngehöft XXXI

Um 8.30 Uhr kam die Sonne heraus und verschwand wieder. Wir drehten die dritte Einstellung für den 2. Traum mit der Zeitlupenkamera (zwei Klappen!).
 Wir drehen zwei Klappen der ersten farbigen Einstellung des zweiten Traums, die beide mißlungen sind. Goschas Team arbeitet sehr schlecht, langsam und unsicher.

9. SEPTEMBER, Sonntag drehfrei

Heute scheint die Sonne, was sich selbstverständlich weder morgen noch übermorgen wiederholen wird. Damit unser Filmmaterial reicht, müßten jeweils ungefähr $2^1/_2$ Klappen gedreht werden.
 Wir drehen jedoch jeweils $3^1/_2$ Klappen –, d. h., uns fehlen etwa 3500 Meter Film. Bis zum 31. Drehtag wurden 24 Einstellungen gedreht – das bedeutet weniger als eine Einstellung pro Tag.

10. SEPTEMBER, Montag Bauerngehöft XXXII

Seit dem Morgen regnet es, und der Himmel ist bedeckt. Walerij sollte gestern abend hier sein, er ist aber nicht gekommen. Dwigubskij sollte heute morgen dasein und ist ebenfalls ausgeblieben.
 Dwigubskijs Nichterscheinen zwingt uns, morgen früh um acht Uhr nach Tomaschino fahren.
 Wir haben zwei Einstellungen gedreht: zwei Klappen!
 1. Sonnenüberflutetes Interieur im II. Traum.

2. Die erste Einstellung des I. Traums (schwarzweiß), fünf Klappen.
Obwohl wir nach Tomschino fahren, müssen wir morgen das Fundament vorbereiten und eventuell aufnehmen.

11. SEPTEMBER, Dienstag   Bauerngehöft   XXXIII

In Tomschino. Das Fundament mit Philipp haben wir gedreht – 1 Einstellung.
Wir sind nach Moskau gefahren, um uns das Filmmaterial anzuschauen. Meiner Ansicht nach ist alles schlecht, auch die Szene mit Solonizyn. Und alles ist unscharf. Kein Wunder, wenn man mit offener Blende dreht.
Die allgemeine Stimmung ist, mit einem Wort, miserabel.

12. SEPTEMBER, Mittwoch   Bauerngehöft   XXXIV

Wir haben drei Einstellungen gedreht –
1. die zweite Einstellung von Traum I (5), schwarzweiß,
2. eine Einstellung mit Sonnenschein für Tomschino (2 Klappen),
3. eine Einstellung mit Ignat für »Sawraschje« (Rückkehr).
Im Atelier sind noch einmal zu drehen:
1. die Einstellung von Ignat, der aus der Tür tritt,
2. die Einstellung mit dem (Rosen-)Blatt in Ignats Haar.

13. September, Donnerstag   Bauerngehöft   XXXV

Unsere Dreharbeit ruhte. Es ist dunkel, kalt, und es regnet. Wir haben uns mit den zwei Windmaschinen herumgeschlagen.
Folgende Einstellungen *bleiben noch* zu drehen:

Auf dem Bauerngehöft:

        1. vier Einstellungen des I. Traums (2 Windmaschinen)
trübe   2. fünf Einstellungen – der Vogel, Regen
        3. sechs Einstellungen – Philipp – die Tür

Sonnenschein	4. sieben Einstellungen – Philipp – Tür – Mutter
	5. acht Einstellungen – Philipp beim Brunnen
trübe	6. Eine Einstellung des II. Traums (mit irdenem Krug)
Sonnenschein	7. acht Einstellungen – Schlußteil.

Feld, Heuhaufen
- 8. Ohrringe (Heuhaufen)
- 9. Einstellung 2a (Ignat vor der Ziege)
- 10. Heuhaufen – Rückkehr

Bauerngehöft
- 11. Neuaufnahme in Oschegowo
- 12. Flugzeug

14. SEPTEMBER, Freitag   Bauerngehöft   XXXVI

Wir haben zwei Einstellungen gedreht, die vierte und fünfte Einstellung des 1. Traums.

15. SEPTEMBER, Sonnabend   Bauerngehöft   XXXVII

Wir haben zwei Einstellungen – 6 und 7 – des I. Traums und eine Einstellung des II. Traums gedreht.

16. SEPTEMBER, Sonntag   Bauerngehöft   XXXVIII

Wir haben vier Einstellungen gedreht:
1. Zusätzlich einen Traum (I.),
2. Großaufnahme – Philipp, für den I. Traum,
3. das Huhn,
4. Oschegowo (noch einmal neu), bin mir nicht sicher, was das Licht, den Schwenk und den laufenden Ignat betrifft.

17. SEPTEMBER, Montag   drehfrei

Karajew weigert sich, unsere Exkursion zu verlängern. Sisow dito. Es sieht so aus, als müßten wir für die restlichen Aufnahmen hinüberfahren.

Ich war in Moskau, um mir das Filmmaterial anzusehen.
Tomschino – der Schwenk über die Ruinen ist sehr schlecht. Die Filmaufnahmen sind unscharf und sinnlos.
Erste Einstellung des I. Traums – verrissener Zoom. Vielleicht sollte man eine Mehrbandmontage auf einer Trickmaschine herstellen, und wir haben die Meisterkopie im Kasten.

19. SEPTEMBER, Mittwoch   Ignatjewo   XXXIX

Wir haben zwei Einstellungen gedreht:
1. Zusatzaufnahme Ignat.
2. Die mißlungenen Klappen von Oschegowo wurden noch einmal neu gedreht.

Zwei Einstellungen sind noch zu drehen:
1. das Flugzeug;
2. das Finale.

20. SEPTEMBER, Donnerstag   Bauernhof   XL

Seit dem Morgen scheint die Sonne.
Heute den Schluß drehen. So daß am Ende der Einstellung Rita mit M(arja) I(wanowna) und den Kindern zusammengeschnitten wird (mit Fahrt in den Wald).
DER SCHLUSS IST GEDREHT.
Es bleibt noch die Einstellung mit dem Flugzeug zu drehen, falls wir sie noch brauchen.

21. SEPTEMBER, Freitag   Tutschkowo   arbeitsfrei

Ende der Filmexpedition.
Mit A(nna) S(emjonowna) und Tjapa bleibe ich vorläufig noch in Tutschkowo – bis Sonntag.

SCHLUSS:
»Mama, der Petroleumkocher da drüben qualmt ...«
Sohn: »Mama, wohin sind denn plötzlich alle gegangen?«
Mutter: »Was? ...«

Oleg Jankowskij in der Rolle des Vaters

Mir scheint, die Idee des Flusses – Rückkehr zum Fluß der Kindheit – muß ich aufgeben.
- Ton (Träume): Winseln eines eingesperrten Hundes.
- 1. Traum: Folgendermaßen schneiden:
    1. Pause (ohne Haus),
    2. Haus (Blick vor dem raschen Durchgang),
    3. Wind.
Material für die Pause:
Der Wald (die Wäsche auf Schwarzweißfilm).

22. SEPTEMBER, Sonnabend   Tutschkowo   drehfrei

Probieren:

Zum verrissenen Zoom (Traum) Geräusche: Stimmen, ein Knarren, das Winseln eines Hundes.

Vielleicht werden sich die Mängel der Fahrt als ein Plus erweisen.

Es muß verfügt werden, daß das „Bauerngehöft" nicht vor dem Winter abgerissen wird.

Man muß ausrechnen, wie viele Schichten wir benötigen, um einen Film zu drehen.

Im Verlauf von vierzig Schichten haben wir 520 Meter Film (13 Meter pro Schicht!!?) gedreht – an fünf Orten.

Wenn man acht Tage Vorbereitungen und fünfzehn Regentage in Betracht zieht, so beträgt die Ausbeute 30 Meter.

27. SEPTEMBER, Donnerstag Moskau

DOKUMENTARAUFNAHMEN / WOCHENSCHAU

I. *Spanien:*
   1. Abschied von den Kindern
   2. Die alte Frau küßt die Hand eines Kindes
   3. Das Mädchen
   4. Die Corrida
   5. Der Dampfer
   6. Landschaft mit Brücke.

II. *Die Druckerei:*
   – Luftballons
   – Ballons

III. *Krieg:*
   1. Der Flußübergang mit den nackten Soldaten
      Geld im Wasser
      Leichnam im Wasser
      Pferde
      Pferd im Schlamm
   2. Siwasch

IV. *Tod:*
   Eine Frau beweint einen Toten (4 Einstellungen).

28. SEPTEMBER, Freitag Moskau

Nun, jetzt scheint alles einigermaßen in Ordnung. Wir haben uns das Filmmaterial angesehen.
   Wir bereiten »Peredelkino« und »Die Druckerei« vor.
   Mit Sascha Mischarin arbeite ich am Drehbuch. Wir haben die in der Druckerei spielende Szene fertig.
   – Die Szene für »Die Ohrringe« muß noch zu Ende geschrieben werden (lippengetreu) – beim Haus und im Haus, für die künftige Arbeit im Atelier;
   – vielleicht sollte die Schwarzweißeinstellung mit dem kleinen Vogel dort eingefügt werden, wo sich die Mutter beim Erklingen der Stimme des Vaters umdreht.

29. SEPTEMBER, Sonnabend Moskau

Gestern habe ich das Material für die Traumszene montiert – scheint passabel.

DER KRIEG – DOKUMENTARAUFNAHMEN

1. Die Durchquerung (die Nackten) + Geld + Leiche im Wasser + Pferde + Pferd im Schlamm.
2. Siwasch.

Es muß eine lange Episode werden, in der nicht ein einziger Schuß fällt und die mit natürlichen Geräuschen unterlegt wird.
– Der »kleine Vogel« – nach der Szene mit Solonizyn
– Traum I
   1. Hebebühne – *Totale* Haus.
   2. Der Junge – der Wind beginnt zu wehen.
   3. Einmachglas – Haus.
   4. Der Junge – Fenster.
   5. Der Junge zieht an der Tür (Klappe).
   6. Wind – Tisch.
   7. Das Huhn.
   8. Der Junge rennt weg – Stille.
   9. Das Dorf.
   10. Der Junge geht zur Tür – die Mutter.

30. SEPTEMBER, Sonntag   arbeitsfrei

Montagevariante für Traum I:
   Eine Hand hindert den Jungen daran, weiterzugehen.
1. Der Junge – Hebebühne – *Totale* des Hauses.
2. Der Junge in den Büschen – erstes Einsetzen des Windes.
3. Das Einmachglas – die Fenster des Hauses.
4. Der Junge – Fenster mit Vogel.
5. Der Junge zieht am Türgriff (Klappe).
6. Der Wind – der Tisch.
7. Das Huhn.
8. Die Spitzen (drei Klappen).
9. Der Junge rennt weg. Stille.
10. Das Dorf. Stille.
11. Der Junge geht ins Haus – die Mutter.

1. OKTOBER, Montag

Heute Fahrt in die Druckerei.

   Rerberg ist wieder mal verschwunden – er hat sich wohl mit Nina gestritten.

   Ich habe den 2. Traum geklebt. Bisher nicht gut, zerstückelt und ohne einheitliches Empfinden:
1. Hebebühne – das Haus.
2. Der Junge in den Büschen – Einsetzen des Windes.
3. Einmachglas – *Totale*. Haus.
4. Der Junge – der Vogel.
5. Die Hand – der Junge dreht sich um.
6. Der Wind – der Tisch.
7. Der Junge zieht an der Türklinke.
8. Spitzen.
9. Hahn.
10. Der Junge rennt weg – Pause.
11. Stille.
12. Die Mutter.

Dreharbeiten am 4. Oktober. Margarita Terechowa.

Moskau II In der »Druckerei«

Moskau I   Dreharbeiten während der Szene »Die Druckerei«

2. OKTOBER, Dienstag

Wir haben den Ort für die Aufnahmen der ersten vier Einstellungen der Druckerei ausgewählt (Aufnahmen übermorgen).
1. Die Mutter rennt durch die Straße (Kamerawagen automatischer Zoom),
2. rennt am Zaun entlang – Einsetzen des Regens – die Pförtnerloge.
3. Die Pförtnerloge.
4. Aus der Pförtnerloge – Sturz – Kran – Eingang zur Druckerei
5. Tür vom Hof – Treppe – das Korrekturbüro.
Foto – Dreharbeiten am 4. Oktober.

4. OKTOBER, Donnerstag   Moskau – I

Wir haben zwei Einstellungen von der Mutter gedreht, wie sie zur Druckerei läuft: 1 und 2.

Morgen müssen die Szene am Betriebseingang und die Passage danach (mit der hinstürzenden Terechowa) gedreht werden (Einstellungen 3 und 4).

Es wäre zu überlegen, ob die Sawinnaja die Rolle der Freundin der Mutter übernehmen könnte.

5. OKTOBER, Freitag   Moskau – II

Zwei Einstellungen gedreht. 3. und 4.: Beginn der »Druckerei«. Rita haben wir bis auf die Knochen durchnäßt.

Die Szene so zu Ende führen:
Nach dem Streit – der Korridor,
　　　　　　　　die Dusche,
　　　　　　　　das Korrekturbüro mit dem Bericht
　　　　　　　　Grinkos über den Rekordflug –
　　　　　　　　Milotschka,
　　　　　　　　Großaufnahme: die Sawinnaja.

6. OKTOBER, Sonnabend

Zusammen mit Sascha M. habe ich an dem an Chamrajew gerichteten Gesuch und am Drehbuch »Heller, heller Tag« gearbeitet.

Ich darf nicht vergessen, »Die Entsagung« erst Kolja Schischlin und dann Bondartschuk zu lesen zu geben.

9. OKTOBER, Dienstag   Moskau

EINSTELLUNGEN ZU DEN RÜCKBLENDEN DES PROLOGS

1. Schwimmen im Fluß (die goldenen Sträucher).
2. Der Junge im Wasser.
3. Olga setzt sich – M(arja) I(wanowna) wäscht Philipp den Kopf.
4. Der Junge und Olga im trüben Wasser.
5. Die Wäsche auf dem Leiterwagen.
6. Die Schmetterlinge.
7. Olga schläft in der Hundehütte.
8. Das Feuer.
9. Der Brand.
10. Das Huhn im Fenster, schwarzweiß.
11. Der Junge und *Schwenk* auf das Haus zu, schwarzweiß.
12. Die Krähe im Fenster, schwarzweiß.
13. *Großaufnahme* Ignat, schwarzweiß

} aus dem 1. Traum

10. Oktober, Mittwoch

VORBEREITUNG

Wir waren in Peredelkino. Haben uns für die düstere Datscha von Schtschipatschow entschlossen (E. A. Poe) oder vielleicht auch für die irgend so eines schäbigen Etappenmilitärs (aber das Haus ist schön).

Das erste Material aus der Druckerei inspiziert – nicht schlecht.

11. Oktober, Donnerstag

Heute Verabredung mit Rerberg und noch einmal Peredelkino. Ich habe mir die Einstellung »Der Duschraum« angesehen.

Die Kostüme für »Peredelkino« sind noch nicht fertig, obwohl die Fomina mehr als einen Monat Zeit dafür hatte. Weiß der Teufel, was los ist...

Morgen Vorbereitung auf »Peredelkino« und Fahrt dorthin.

Am Sonnabend treffe ich mich auch mit Sascha wegen des Drehbuchs.

12. OKTOBER, Freitag

Waren zur Vorbereitung von »Dachboden« und »Datscha« in Peredelkino.

Fast alles ist genau festgelegt.

Das Studio gibt uns keine Schichten frei – als Grund wird angeführt, daß wir einen Planvorsprung haben.

Auf nächste Woche ist nicht zu rechnen. Wenn das tatsächlich so ist – wäre das schrecklich.

13. OKTOBER, Sonnabend   drehfrei

Mit Sascha am Plan für das Drehbuch gearbeitet. Was den Titel angeht, ist natürlich alles noch ganz unklar.

Mir scheint, DIE BEICHTE wäre als Titel gar nicht schlecht. Zugegeben – etwas prätentiös.

So sieht der Plan von heute aus:

    I. *Prolog*
       1. Erster Traum
       2. Monolog des Autors
       3. Das Telefon
   II. *Der Bauernhof*
  III. *Die Spanier*
       1. Der Autor
       2. Die Terechowa

      3. Der Streit
      4. Die Spanier
      5. Auf dem Boulevard
      6. Kriegswochenschau
  IV. *Die Druckerei*
   V. *Zweiter Traum*
      1. Die Stimme des Autors
      2. Der Wind
      3. Die Verwandlung
  VI. *Die Ohrringe*
 VII. *Der Stotterer*
      1. Ignat und Rita
      2. Der Schreck
      3. Zu Hause
      4. Der Fernseher
VIII. *Der Leiter der vormilitärischen Ausbildung*
      1. Die Ausbildungsstunde
      2. Die Granate
      3. Assafjew
  IX. *Peredelkino*
   X. *Der Appell*
      1. Die Terechowa
      2. Wochenschau
  XI. *Die Erwartung*
 XII. *Schluß*

14. OKTOBER, Sonntag

Plan für eine Episode

DER DACHBODEN
1. *Schwenk* über triviale Gegenstände aus irgendeinem Archiv, die Hände des Jungen (vielleicht auch des Mädchens) – *Schwenk* in *Totaler*. Der Junge zieht ein Buch heraus. Das Mädchen läßt sich auf den Boden nieder. *Schwenk* auf den Jungen, der in einem Band über Leonardo da Vinci blättert.
Beginn des Textes.

2. *Detail.* Der Junge blättert im Leonardo-Band, steht dann vom Fußboden auf und geht ans Fenster (Bewegung).
3. Landschaft aus dem Fenster (Ende des Textes).
4. Die Mutter mit Holz und Korb. (Schritte, die Pforte, Pause) Sie dreht sich um und sieht ...
5. Den Vater in *Großaufnahme*.
6. Die Kinder an einem Tischchen zwischen den Bäumen. Der Junge mit dem Buch. Das Mädchen: »Warum hast du das Buch genommen? Ich sag's der Mutter.« Der Junge: »Ich sag's, ich sag's, dann darfst du's nicht anschauen (tritt mit dem Fuß nach ihr), sie weint / *Groß*. – Ruf des Vaters –
7. Die Kinder rennen – von der Kamera weg *Schwenk* – das Buch (Bewegung).
8. Der Vater *Schwenk* – Bewegung – die Kinder rennen auf die Kamera zu.
9. Der Vater, der Junge und das Mädchen (sie weinen).
10. Die Mutter wendet sich ab und geht.

15. OKTOBER, Montag

Noch einmal das Material angeschaut. Bei der Vorführung waren die Terechowa und Olga Surkowa mit dabei. Olga hat es sehr gefallen.

16. OKTOBER, Dienstag   Peredelkino   I

Keine Drehaufnahmen – es war dunkel, und es hat geregnet.

17. OKTOBER, Mittwoch   Peredelkino   II

Wir haben die rennenden Kinder und den Vater gefilmt – eine Einstellung. Es war sehr dunkel. Wajsberg ärgert sich, er glaubt, wir brauchen stärkere Belichtung.

18. OKTOBER, Donnerstag   Moskau

Aufnahmestudio – »das Haus der Großmutter«.
 In einer Einstellung gedreht. Zwei Wiederholungen farbig, eine schwarzweiß. Goscha meint, sie könnten sehr gut geworden sein. Wir werden sehen.

19. OKTOBER, Freitag

Keine Schicht, ab Montag sind wir im Schneideraum, das Dokumentarmaterial bereit. Schenja ist fabelhaft (Abspann).

20. OKTOBER, Sonnabend   Drehfrei

21. OKTOBER, Sonntag   Drehfrei

Mit Sascha M. festgelegt, wie der II. Traum und die Szene mit T. Ogorodnikowa aussehen sollen. Morgen Peredelkino – wenn nur das Wetter mitmacht.

22. OKTOBER, Montag   Peredelkino   III

Wir haben zwei Einstellungen gedreht:
1. den Streit der Kinder,
2. die rennenden Kinder – der Leonardo-Band,
3. das Haus – der Leonardo-Band.

23. OKTOBER, Dienstag   Peredelkino   IV

Wir haben zwei Klappen der ersten Einstellung auf dem Dachboden gedreht. Beide sind schlecht. Ich habe mir das Material vom Haus der Großmutter angesehen und finde es nicht übel.

24. OKTOBER, Mittwoch

Ich habe die »Ohrringe« anders montiert.

Der aus dem Krieg heimgekehrte Vater (Oleg Jankowskij) ...

... mit seinen beiden Kindern

Das Haus der Großmutter – Margarita Terechowa

25. OKTOBER, Donnerstag   Die Druckerei   V

Die zwei Einstellungen auf dem Dachboden gedreht. Und die zwei Einstellungen mit der Terechowa. Jetzt bleiben nur noch zwei mit Jankowskij und die Landschaft aus dem Fenster.

26. OKTOBER, Freitag   Die Druckerei   III

Die zwei Gänge in der Druckerei auf der Walowaja in der Druckerei gedreht.
1. Einen mit Demidowa und Terechowa.
2. Mit Terechowa (der Gang zurück).

27. OKTOBER, Sonnabend   Drehfrei

28. OKTOBER, Sonntag   Drehfrei

29. OKTOBER, Montag

Im Schneideraum. Swiridow hat sich geweigert, über eine Atelierdekoration von 1200 qm zu reden (für das frühere Interview).

30. OKTOBER, Dienstag

Mit Sascha Mischarin am literarischen Grundkonzept für »Die Panzer« gearbeitet.

31. OKTOBER, Mittwoch

Aus der Wochenschau den »Krieg« zusammengeschnitten. Gelungen.
Das Inszenierungskonzept ist genehmigt (mit Ausnahme der Wohnung).
Die Wohnung werde ich zuerst genügend ausarbeiten und dann dafür kämpfen müssen.

1. NOVEMBER, Donnerstag

Ein verlorener Tag. Es schneit in dicken Flocken, und drei Einstellungen von »Peredelkino« sind noch nicht abgedreht.
Ich muß sofort zu Sisow, wegen des Wohnungstausches. Kolomins Unterschrift auf dem Gesuch ist unerläßlich: Ob wir unsere Wohnung dem Moskauer Stadtsowjet für sein Kontingent zur Verfügung stellen und statt dessen zwei Einzimmerwohnungen erhalten können.

11. NOVEMBER, Sonntag

Aus irgendeinem unerfindlichen Grund sind die Dreharbeiten für das »Korrekturbüro« auf heute angesetzt worden.
Ohne Vorbereitungen? Weder Kuschnerjew noch Chartschenko sind da – denen werde ich die Hölle heiß machen!
Natürlich keine Aufnahmen!

16 НОЯБРЬ Пятница ~~19 понедельник~~

Освещение 1/2 смены и
съёмка 1/2 смены.

✓ сняли 1 первый кадр
из 10:

2) — Игнат в Зеркале (два кадра)
(3) — Игнат смотрит в зеркало (два
✓ {4) — Игнат одевается в реплике и
выходит в сени (зеркало)
✓ 5) — Терехова и Лариса выходят в
тёмную прихожую, зажигают
свет — Игнат уже сидит на
стуле. — Обе идут в двер спальни

✓ 6) — Игнат подходит к матери,
стоящей рядом с Ларисой.

7) Взгляд на спящего мальчика
8) Игнат → мать и Лариса
✓ 9) Уход (после кухни)

10) Лариса в спальне у окна.
(переодевание) гасит свет.

НОЯБРЬ
Суббота **17**

Szene in der Druckerei (der Direktor, die Mutter und Elisaweta Pawlowna)

12. NOVEMBER, Montag   Peredelkino VI

Die Sequenz in Peredelkino ist beendet – 3 Einstellungen.

Eine davon – die Landschaft aus dem Dachfenster aus dem Blickwinkel des Jungen – ist mißlungen. Muß nachgedreht werden. Vielleicht in Jurjewez.

Nein, nötig ist einfach eine neue Einstellung – das, was der Junge aus dem Fenster *sehen kann*.

13. NOVEMBER, Dienstag   Druckerei IV
(Denissowgasse)

Wir haben zwei Einstellungen – 48 Meter – gedreht (laut Drehbuch vier Einstellungen). Morgen Atelierübernahme und Dreharbeiten (das Haus der Solowjows).

14. NOVEMBER, Mittwoch

Weder eine Übernahme noch Dreharbeiten haben stattgefunden.

Die Dekoration ist nicht fertig. Ich habe Swiridow (der uns genötigt hatte, heute mit den Dreharbeiten zu beginnen) saftig angeschissen. Er hat das Weite gesucht.

Von seinen Anweisungen an Wajsbergs Adresse – ohne Rücksicht auf Dwigubskijs Überlegungen heute mit dem Drehen zu beginnen – distanziert er sich, und genau deswegen habe ich ihn mit saftigen Flüchen überhäuft.

Der Beginn der Arbeiten ist auf morgen verschoben. (Das Erscheinen der Schauspieler sicherstellen.)

15. NOVEMBER, Donnerstag

Majakow und Swiridow haben wegen des gestrigen Konflikts einen Bericht an Iwanow gesandt, wobei Majakow geschrieben hat, daß ich sowohl ihn als auch Swiridow weggeschickt habe. Er ist ein Idiot.

16. NOVEMBER, Freitag

Die Arbeit im Atelier aufgenommen (Haus der Solowjows).
  Dwigubskijs Dekorationen sind sehr schlecht.
  Mit der Terechowa bleibt noch zu drehen (außer der Hauptdekoration):
1. Die Druckerei – Studio
2. Außenaufnahmen zu den »Spaniern«
3. Das Haus der Solowjows (Atelier)
4. Tonaufnahmen

1/2 Schicht Übernahme der Dekoration, 1/2 Schicht Dreharbeiten.
  Wir haben von zehn Einstellungen nur die erste gedreht. Folgende Dreharbeiten fallen noch an:
  2. Ignat im Spiegel (zwei Einstellungen).
  3. Ignat schaut in den Spiegel (zwei Einstellungen).
  4. Ignat bleibt allein im Dunkeln und geht in den Flur (Spiegel).
  5. Die Terechowa und Larissa kommen in die dunkle Diele und machen Licht – Ignat sitzt schon auf dem Stuhl. Beide gehen durch die Schlafzimmertür.

6. Ignat tritt an die Mutter heran, die neben Larissa steht.
7. *Fahrt* auf das schlafende Kind.
8. Ignat – die Mutter und Larissa.
9. Abgang (nach der Küche).
10. Larissa im Schlafzimmer am Fenster (Einblendung). Das Licht erlischt.

19. NOVEMBER, Montag   Atelier
»Das Haus der Solowjows«

Wir haben vier von zehn Einstellungen gedreht. Für morgen bleiben noch vier.
1. *Nahaufnahmen:* Ignat am Spiegel.
2. Larissa am Fenster (Einblendung).
3. Larissa, die Terechowa, Ignat in der Tür.
4. Das Kind, stehend.

20. NOVEMBER, Dienstag   Atelier
»Das Haus der Solowjows«

Wir haben die letzten vier Einstellungen gedreht. Morgen das »Korrekturbüro« im Mosfilm-Studio.

21. NOVEMBER, Mittwoch   Das »Korrekturbüro«

½ Schicht Übernahme, ½ Aufnahmen.
  Eine Wiederholung der ersten Einstellung gedreht.

22. NOVEMBER, Donnerstag   Das »Korrekturbüro«

Drei Einstellungen gedreht. Die 1., 2. und das Gespräch über den Druckfehler, das vielleicht nicht gelungen ist – höchstwahrscheinlich *Ausschuß*.

23. NOVEMBER, Freitag   Das »Korrekturbüro«

Bin krank. Die Dreharbeiten sind abgesagt. Die Szene in der Diele (»Haus der Solowjows«) ist kompletter Schrott.

24. NOVEMBER, Sonnabend Drehfrei

Verbleibende Dekorationskomplexe:
1. Diele im »Haus der Solowjows«
2. Die Druckerei
3. Erster Traum (mit Details)
4. Terechowa und die Spanierin (Außenaufnahmen)
5. Landschaft für Peredelkino
6. Jurjewez
7. Bei der Logopädin
8. Die Wohnung.

25. NOVEMBER, Sonntag Drehfrei

26. NOVEMBER, Montag

Keine Dreharbeiten. Ich habe erstens im Schneideraum und zweitens im Atelier zu tun.

Swiridow hat zwar das Material nicht entwickeln lassen, die Dekoration »Haus der Solowjows« jedoch abgetragen. Und wenn es da eine Panne gegeben hat!

27. NOVEMBER, Dienstag

Wiederholungsaufnahmen »Haus der Solowjows«.
1. *Großaufnahme* Larissa – Rita – Ignat – das Körbchen, die Füße Ignats.
2. Detail – *Schwenk* – Brot, Milch.
3. *Groß* Ignat (*Fahrt mit Zoom*).
4. Die Lampe erlischt (*Fahrt*).
5. Dunkelheit – *Totale* Ignat – Abgang durch den Spiegel.
6. *Groß* Aus der Küche kommen Larissa und Rita (Dialog) zünden das Licht an – *Schwenk* hinter Larissa – im Bild Ignat – geht zu Rita – *Schwenk*.
7. Verlassen der Küche.

Wir haben alle sieben Einstellungen gedreht! Morgen: die ganze »Druckerei« – mit Ausnahme des »Korridors« – drehen.

28. NOVEMBER, Mittwoch   »Druckerei«   Mosfilm

Wir haben fünf Einstellungen der »Druckerei« gedreht. Bleibt nur noch der »Korridor«.

29. NOVEMBER, Donnerstag

Heute keine Aufnahmen. Das Material ist noch nicht da.

30. NOVEMBER, Freitag

Wir haben uns die »Druckerei« vom 28. November angeschaut: Der ganze letzte Drehtag ist Schrott. Das Labor hat das Negativ sieben Minuten zu kurz entwickelt. Was ist wohl mit dem Material der Wiederholungsaufnahmen im »Haus der Solowjows«? Vielleicht erweist sich das ebenfalls als purer Schrott?

4. DEZEMBER, Dienstag   Die »Druckerei«

Vier Einstellungen im Korridor, zwei vor dem Korrekturbüro gedreht – Wiederholung – und zwei im Korridor zwischen den Blöcken.

Wir haben eine Klappe der ersten Szene gedreht: Rita Terechowa verspätete sich.

Es ist rasch dunkel geworden.

5. DEZEMBER, Mittwoch   drehfrei

Vielleicht eine eingeblendete Einstellung von Larissa in den »Ohrringen« zwischen Abgang und Rückkehr der Mutter mit dem Jungen.

Ersetzen durch *Totale*: Das Zimmer, in dem der Junge schläft, wobei der schlafende Junge am Anfang wegzuschneiden ist.

6. DEZEMBER, Donnerstag

Am Abend sind wir nach Kineschma und von dort dann nach Jurjewez gefahren.

7. DEZEMBER, Freitag   Jurjewez   Kineschma

8. DEZEMBER, Sonnabend   drehfrei

Wir werden den Instruktor (»Leiter der vormilitärischen Ausbildung«) wahrscheinlich in Kolomenskoje und nur einige Einstellungen in Jurjewez drehen.

Abends: Goscha und ich haben beschlossen, den »Ausbilder« in Kolomenskoje zu drehen.

Statt der Sportlehrerin ein junges, fünfzehnjähriges Mädchen hineinbringen. Die Gedanken des Protagonisten über sie. Rückschau: auf erste Begegnung mit ihr und dem Ausbilder am Ofen in der Schule. Nach Weggang Assafjews kommt sie und ruft Assafjew (der schon fort ist) zum Direktor.

Alle kommen mit Büchern; sie erscheint dreimal:
1. Am Anfang,
2. Nach dem Weggang Assafjews,
3. In den Gedanken des Helden.

Ich muß eine Novelle nicht über den Leiter der vormilitärischen Ausbildung schreiben, sondern über den Helden, der in ein Mädchen verliebt ist, das älter ist als er.

9. DEZEMBER, Sonntag   drehfrei

Das Material der »Ohrringe« muß anders montiert werden: eine Einstellung der Sequenz »Das Bauernhaus«.

»Verlassen des Hauses«:
1. Einstellung: Gang vom Haus zum Wasser.
2. Einstellung: Gehen am Wasser entlang.
3. Einstellung – Tischkas Schlafzimmer.
4. Einstellung – die Brücke (Rita nachsynchronisieren).
   »Wir müssen zurück ...«
   »Warum?«
   »Es muß sein ...«
5. Einstellung – Gang durchs Dorf (Lichter).
6. Einstellung – Rita an der Tür.

Das Material *»Der Strauch«* aus der »Rückkehr« ist nach

der Einstellung einzufügen, wo sich Ignat (*Totale*) vor der Tür auf die Straße hinsetzt. Und eine Großaufnahme von Ignat (mit Schüssel).

Für die Dreharbeiten am »Schießstand« benötigen wir drei vor einen Schlitten gespannte Pferde. Auf der Moskwa. Eine Massenszene mit Kindern. Auf Schlittschuhen. Erwachsene. Kinder mit Skiern.

10. DEZEMBER, Montag   Die »Druckerei«

Wir haben noch einmal das Korrekturbüro aufgenommen und drei Szenen in den Korridoren gedreht. Insgesamt 8 Einstellungen.

Die Zahntrommeln haben mich ziemlich gequält, bevor es dann endlich funktionierte.

Das Material der »Ohrringe« habe ich neu geschnitten. Es scheint jetzt gelungen. Morgen früh fährt Rita Terechowa in die BRD. Ich glaube, für vier Tage.

Wir kämpfen um Aufnahmestudio 5 oder 8 für die »Wohnung«. Das Gespräch der Terechowa mit der Spanierin drehen wir auf der Treppe. Den I. Traum in der Küche.

11. DEZEMBER, Dienstag

War im Schneideraum. Habe Verbesserungen am Schluß vorgenommen (die fürchterliche Einstellung mit Philipp am Brunnen rausgeworfen).

Ich habe Litwinow die Musik von Albinoni gegeben. Muß auf Band überspielt und dem Schluß unterlegt werden für den Künstlerischen Beirat (nur für die daran beteiligten Idioten).

Im Tricklabor vorbeischauen wegen der Überschriften.

Mir die Träume noch einmal ansehen.

Über eine passende Einstellung für den Solonizyn-Text nachdenken.

12. DEZEMBER, Mittwoch

Nicht im Studio gewesen.

War statt dessen bei Sascha Mischarin – wir haben am Drehbuch gearbeitet.

Vielleicht ist überhaupt kein Text des Autors für den II. Traum erforderlich.

In den »Ausbilder« das fünfzehnjährige Mädchen einbauen. Eine Flamme des Helden.

Den II. Traum – die »Verwandlung« – so realisieren:

1. Der Traum mit Wind.
2. Philipp schaut durchs Fenster.
3. Die Mutter wäscht sich die Haare, der Vater hilft ihr dabei.
4. Der Vater verschwindet.
5. Feuchte Wände und Bett. Gang durchs Zimmer. Die Mutter schaut in den Spiegel –
6. Der das Bild von Maria Iwanowna reflektiert.
7. Philipp geht zum Haus, kann die Tür nicht öffnen. Läuft fort.
8. Der Hund und Rita.

In die Kriegswochenschau das Gedicht »Ein Kind noch, war ich krank« einbauen.

WARUM STEHST DU IN DER FERNE?

13. DEZEMBER, Donnerstag

Habe das Material für den Künstlerbeirat zusammengeschnitten.

Die Gedichte und Monologe mit meiner Stimme aufgenommen. Meines Erachtens mit schlechtem Ergebnis. Besonders bei den inneren Monologen. Widerliche Stimme. Schlecht ist auch, daß der Text das Bild stört. Was tun?

14. DEZEMBER, Freitag

Auf 11 Uhr ist der Künstlerbeirat der Abteilung angesetzt. Alle sehen das Material zum ersten Mal. Bisher haben sie ja noch keinen Meter zu Gesicht bekommen.
  Nach der Sitzung. Alle haben gesagt, das Material hätte sie tief beeindruckt. Darum gebe ich hier die Lobsprüche nicht wieder.
  Ein paar Bemerkungen.
  Zusammengefaßt liefen sie auf folgendes hinaus:
1. Werden die nackten Soldaten in den Dokumentarbildern die Zuschauer nicht zum Lachen reizen? (Naumow)
2. Ist das Schlafzimmer in den »Ohrringen« nicht allzu pompös und geschmacklos? (Naumow)
3. Die Träume sind – im Vergleich zum übrigen Material – uninteressant (Alow) und dergleichen mehr.

Naumow sagte, daß der Bruch mit Jussow sich für meine Arbeit keineswegs als verhängnisvoll erwiesen hätte – und dies sei von der Gestaltung her mein bester Film. Meine Handschrift hätte sich in der Zusammenarbeit mit einem anderen Kameramann nicht im geringsten verändert.
  Die Terechowa hat alle tief erschüttert.
  Sascha und ich haben uns flexibel gezeigt und auf das Interview zugunsten von Spielszenen verzichtet. Keine Gegenstimmen. Alow schlug sogar vor, die Terechowa dafür einzusetzen; wir entgegneten, daran hätten wir auch schon gedacht.
  Kurzum – der Beirat war leicht perplex. Während die Schlußszene lief, haben viele geweint.

15. DEZEMBER, Samstag

Die »Druckerei«: Nach der »Dusche« den »Vogel« einbauen!
  Die Großaufnahme Jankowskijs neu drehen: ohne

Mütze, mit aufgeknöpftem Mantel (vor dem Hintergrund des Zauns mit unbeleuchtetem Gesicht).

Vor die erste Einstellung des »Brandes«: die Wiederholung des Schwenks auf den Hof aus dem Schluß (für das Gedicht).

16. DEZEMBER, Sonntag

War im Theater bei Mark und besichtigte die Bühne. Sehr mäßig.

Folgende Texte für die Tonaufnahmen vorbereiten:

I. DAS BAUERNGEHÖFT:
   1. Das Interieur.
   2. Solonizyn und – im Nacken Ritas / schwarzweiß (noch zu schreiben).
   3. Der Brand, schwarzweiß.

II. DIE DRUCKEREI:
   – Die Szene der Terechowa und der Demidowa ist fertigzuschreiben.
   – Der Monolog ist fertigzustellen.
   – Grinko.
   Man sollte ohne Monologe auskommen! Darüber nachdenken.

III. PEREDELKINO
   1. Leonardo (kurz und prägnant) *mit der Stimme Ignats,* nur zwei Einstellungen – Großaufnahme – Ignat am Fenster – und Landschaft (neu zu drehen).
   2. Streit der Kinder – schreiben.
   3. Die Worte des Vaters – der Mutter.
   4. »Bleibst du hier – nein ...«

IV. SCHLUSS-SZENE:
   Philipp: »Mama, der Petroleumkocher da drüben rußt ...«
   M.: »Was?«
   Vater: »Und du – was möchtest du lieber, einen Jungen oder ein Mädchen?«

17. DEZEMBER, Montag

War im Schneideraum.
Das erste Gedicht geändert: eins der überzähligen Bilder eingefügt.
Ich habe das Material der »Druckerei« montiert. Nun muß man es sich auf der Leinwand ansehen.
Larissa war bei Sisow wegen der Wohnung. Bis jetzt ist nichts geklärt. Es sieht aber schlecht aus.
Der »Schießstand« wird in Kolomenskoje aufgebaut.

18. DEZEMBER, Dienstag

War bei Iwanow wegen W. Chartschenko – sie sollen ihn fest engagieren. Die Sache ist zurückgestellt bis zur kleinen Direktorenkonferenz.
Noch immer keine Kinder gefunden. Und außer Nasarow keinen einzigen Darsteller.
Für die Tonaufnahmen suchen:
1. Dunja
2. Onkel Pascha
3. Das Mädchen
4. Philipp
5. Das Mädchen Marina (Peredelkino)
6. Maria Iwanowna
7. Den Autor!
Kinder – anstelle von »L« und »W«.
Arsenij Aleksandrowitsch herbitten, um seine Gedichte zu lesen: »Der Wald von Ignatjewo«, »Ein Kind noch, war ich krank«.

19. DEZEMBER, Mittwoch   Schneideraum

Erste Spritze, erste Autogen-Therapie. Ich habe angefangen, ein ungarisches Medikament einzunehmen. Noch nicht das Baldrian mit Brom.

20. DEZEMBER, Donnerstag

War bei Konoplow. Er will partout nicht die mißglückte Einstellung herausrücken. Ich gebe trotzdem die Hoffnung nicht auf, daß ich diese Einstellung bekomme.

Am endgültigen Text für die Tonaufnahmen gearbeitet. Wer wird bloß das Mädchen für die »Jurjewez«-Episode sein?
1. die Tochter von Birojew
2. Ljalka?
3. eine von Swetkas Töchtern? (Telefonnummern heraussuchen).

21. DEZEMBER, Freitag

Die Kinder sind gekommen. Assafjew und der Rothaarige fehlen immer noch.

Mit Dwigubskij, Rerberg und Rita wurden Probeaufnahmen von den Dekorationen (Außenseite) gemacht.

Wie soll das Material mit Rita Terechowa montiert werden?

Das ist die Frage!

Ihre Sequenzen:
1. Dialog im Off mit dem Autor; die Gemeinsamkeit des Schicksals.
2. Die Spanier – und das Gespräch mit der Frau.
3. Rita und Ignat.
4. Der Traum, in dem Rita sich die Haare wäscht und in den Spiegel sieht.
5. Der Monolog – »Erhebt euch!«
6. Rita und die Fotografien der Mutter.

Wenn man die Idee der Autorenmonologe fallenläßt, was geschieht dann mit dem Gespenst des »unsichtbaren Autors«?

22. DEZEMBER, Sonnabend drehfrei

Handelnde Personen für »Die Wohnung«:
1. Rita Terechowa
2. Maria Iwanowa
3. Die (weinende) Spanierin (40–45jährig)
4.–8. Die Spanier – eine Frau, vier Männer
9. Sascha Mischarin
10. Das Mädchen
11. Ignat
12. Die Ogorodnikowa
13. Die alte Dienerin
14. Philipp
15. Ich
– Das Problem des unsichtbaren Autors erfordert eine Lösung.
– Johann Sebastian Bach – für die »Luftschiffe« vom Vogel an und für die »Ohrringe«.

23. DEZEMBER, Sonntag drehfrei

War bei K. Schischlin. Er hat die »Entsagung« gelesen; ich habe ihn um Rat gefragt, wie man diese Inszenierung durchsetzen könnte. Es scheint allen Anzeichen nach nicht machbar zu sein.

Tagsüber bei Sascha, um zu arbeiten. Was sich als unmöglich erwies. Da Sascha und der ebenfalls anwesende Goscha völlig betrunken waren.

24. DEZEMBER, Montag

Immer noch fehlen uns die Kinder. Es sieht so aus, als könnten wir den Dezemberplan (hundert-und-etliche Meter) nicht einhalten.

25. DEZEMBER, Dienstag

War im Schneideraum. Die Kinder und das Mädchen für

den »Schießstand« waren gekommen. Bisher alles noch nicht ganz das Wahre.

Draußen ist es warm, Nebel und Dunkelheit lösen sich allmählich auf.

Wir werden wahrscheinlich Ljalka die Rolle geben müssen.

Bei den »Ohrringen« habe ich auf das Gespräch im Bauernhaus verzichtet. So ist es meines Erachtens besser geworden. Diese Szene war ein Fremdkörper in der Sequenz.

Text im Off mit dem heimkehrenden Dmitrij Iwanowitsch in den »Ohrringen« ergänzen.

26. DEZEMBER, Mittwoch

Habe heute die Dekoration in Kolomenskoje inspiziert. Entsetzlicher Anstrich und monströse Machart. Eine sehr schlechte Dekoration, muß geändert werden.

Keine Sitzung des Kunstrats – Sisow kommt morgen um zehn zur Vorführung des Materials.

Mir schwebt etwas vor – »Der Idiot« oder »Das Haus mit dem Türmchen«.

Habe »Das Haus mit dem T.« wieder gelesen. Nicht umwerfend. Man könnte es aber ergänzend bearbeiten.

27. DEZEMBER, Donnerstag

Sisow hat sich das Material angesehen.

Alles in Ordnung. Und darüber hinaus hat er eine Idee zum Vorschlag gebracht: Statt des Interviews die Terechowa – als Schauspielerin Terechowa – filmen.

Erstaunlich.

Olga Surkowa war noch einmal bei der Vorführung – sie sagt, ich hätte mich selbst übertroffen. Sie irrt sich – noch habe ich meine Grenzen nicht erreicht.

Ich habe Sascha Gordon getroffen. Er hat zwei Teile des Rohschnitts gesehen und war seltsam beeindruckt – sagte: »Bemerkenswert.« Ob da vielleicht tatsächlich ein Meisterwerk heranreift? Ich spüre jedenfalls nichts davon. Für mich ist dieser Film schon abgedreht.

28. DEZEMBER, Freitag

Ich habe den Jungen Igor aus Leningrad gesehen. Er hat mir nicht besonders gefallen. Irgendwie merkwürdig.

29. DEZEMBER, Sonnabend

Eine halbe Schicht Tonaufnahmen.

Wir haben die Einstellungen mit Grinko in der »Druckerei« und in den »Ohrringen« nachsynchronisiert.

Im »Bauernhof« vor die Brandszene vielleicht schwarzweiß den Vogel einsetzen und eigens für diese Stelle irgend etwas drehen.

Anstelle des schwarzweißen Vogels in der »Druckerei« die farbige *Totale* des Brandes.

Nun will auch Gubenko einen Film über Albinoni machen. Ich habe gesagt, er ließe sich nur von einem von uns zweien machen und nicht von beiden (wie es Kolja wollte).

Soll doch Sisow diese Frage entscheiden.

30. DEZEMBER, Sonntag

PROLOG

(Telefongespräch mit der Mutter)
»Ja?«
»Andrej?«
»Mama, du bist das – guten Tag!«
»Was ist mit deiner Stimme?«
»Nichts! Ich habe bloß geschlafen.«
»Bist du ›nicht ganz gesund‹?«
»Ach nein, es ist nichts Schlimmes – eine Angina wahrscheinlich. Ich habe nur seit drei Tagen mit niemandem gesprochen.«
»Willst du mir Angst einjagen?«

»Natürlich nicht. Mich hat einfach alles angeekelt .. Und dann hatte ich gerade noch so einen idiotischen Traum.«

»Was für einen Traum?«

»Ich war ungefähr fünf oder sechs Jahre alt, und überhaupt ganz anders, als ich es jetzt bin."

»Und? Wie bist du jetzt?«

»Wie soll ich denn sein? Alt eben! Und außerdem...«

»Ja, sag schon.«

»Es war, als hätte ich etwas gefunden ..., würde auf irgend etwas rechnen, etwas Wertvolles zusammentragen. Aber im Endresultat – nur Nichtigkeiten, Müll, leeres Geschwätz.«

»Mit einem Wort –, ›er hätte wie ohne Sünde leuchten können, aber er hat nicht geleuchtet.‹«

»Warum quält ihr mich denn alle so?«

»Ist schon gut, Mama, alles ist gut.«

»Was ist denn in Ordnung, was ist gut? Oh, mein Gott, was seid ihr bloß alles für Menschen!«

»Aber Mama! Was ist denn mit dir los? Übrigens, wie hieß eigentlich dieser Fluß? Auf dem Bauerngehöft? Wie denn?«

»Auf dem Bauernhof? Worona?«

»Ach ja, das stimmt. Worona. Hör mal, Mutter, und in welchem Jahr ging unser Vater von uns fort? War es 1936 oder 1937?«

»Zuallererst 1935, aber wozu willst du das alles wissen?«

»Und der Brand? Als der Heuschober bei uns auf dem Hof brannte, hatte ihn da Witka angezündet? Wann war denn das?«

»Du erinnerst dich noch an den Brand? Das war alles damals, im Jahr 1935. Aber es reicht. Du hast mich nun genug damit gequält. Ich selbst... Weißt du übrigens... Lisa ist tot.«

»Wer?«

»Nun, Lisa, Elisawetha Pawlowna. Die, mit der wir in

der Setzerei gearbeitet haben. Nun, du weißt schon, auf der Serpuchowka!«

»A-a-a ... oh, du meine Güte. Und wann ist das geschehen?«

»Heute morgen um sieben Uhr. Ich komme gerade von ihr. Du kannst dir ja vorstellen ...«

»Ja ... Aber wie spät ist es jetzt eigentlich? Es ist irgendwie dämmrig.«

»Wahrscheinlich so um die sechs Uhr.«

»Morgens?«

»Was ist bloß mit dir los? Abends, natürlich.«

»Ich hab' irgendwie Halsschmerzen. Nun, auf Wiedersehn, Mama, ich rufe dich morgen an.«

»Nun, Gott sei mit dir in allem ...«

ANDREJ TARKOWSKIJ

ARBEITSTAGEBUCH »DER SPIEGEL«
Heft 2, Januar bis Mai 1974

2. JANUAR, Mittwoch

Eine halbe Schicht Dialogaufnahmen: Tonaufnahmen für die »Druckerei«.
Kommen nur mit großer Mühe voran. ½ Tonaufnahme.

3. JANUAR, Donnerstag

Eine halbe Schicht Tonaufnahmen. Die »Druckerei« haben wir abgeschlossen. Es bleiben ein paar Gänge (Atem), die »Passage« und der Mann im Regen. ½ Tonaufnahme.

4. JANUAR, Freitag

Eine halbe Schicht lang Tonaufnahmen: Zwei Schleifen, aus den »Ohrringen«. Larissa hatte große Verspätung; sie blockiert die Arbeit. ½ Tonaufnahme.

5. JANUAR, Sonnabend   Drehfreier Tag

Mit Sascha Mischarin gearbeitet und den Dialog für den »Prolog« geschrieben. Das Diktiergerät (von S. Litwinow in einer Werkstatt aufgetrieben) sorgt für ausgezeichnete Disziplin. Die Szene für Rita in den »Ohrringen« entwerfen. Eine unvermutete Enthüllung für Nadjeschda Petrowna, die – zusammen mit dem Knaben im Bett – ihr Verlassen dieses Hauses erklärt.

7. JANUAR, Montag

Tonaufnahmen von 16 bis 20 Uhr. ½ Tonaufnahme.

8. JANUAR, Dienstag

Tonaufnahmen von 10 bis 12 Uhr. Mit knapper Not fertig geworden. Markjewitsch hat die Arbeit blockiert. Das Auto war nicht rechtzeitig da.
2 Stunden Tonaufnahme.

10. JANUAR, Donnerstag

Wir waren in Kolomenskoje. Die Dekorationen sollen erst am Montag fertig sein.

11. JANUAR, Freitag

Unsere Vorbereitungen für den »Schießstand« sind blokkiert: Warme Kleidung fehlt.

Schuld daran ist Kuschnerjew. Ebenfalls auf Kuschnerjew geht zurück, daß ich ein paar Stunden im Studio herumgesessen und auf die Kinder gewartet habe, von denen weit und breit nichts zu sehen war.

Entsprechende Maßnahmen treffen.

12. JANUAR, Sonnabend

Mit Artemjew gearbeitet. Am Montag muß ich ihm und der Lukina das Material zeigen.

14. JANUAR, Montag

Eine Schicht Geräuschaufnahmen. Zäh.

Wenn wir wenigstens einen Film für Blinde zustande brächten.   1× Geräusche.

15. JANUAR, Dienstag

Den »Schießstand« in Kolomenskoje übernommen. Kälte. Und idiotischer Rauhreif.

Wir haben einen Jungen für die Rolle von Assafjew gefunden.   1× Tonaufnahme.

Der militärische Ausbilder (Szene »Der Schießstand«)

16. JANUAR, Donnerstag

Eine Schicht am »Schießstand«. Und die dritte Einstellung der Episode gedreht. Drei Wiederholungen – je 59 Meter.
    Ab 16 Uhr Geräuschaufnahmen.   1× Geräusche.

17. JANUAR, Donnerstag

Schicht 2 am »Schießstand«.
    Die vierte Einstellung des »Schießstandes« gedreht.
    Die Dreharbeiten waren sehr schwierig. Kalt. Der Motor läuft nicht. Die Schauspieler haben rote Gesichter.

18. JANUAR, Freitag

Schicht 3 am »Schießstand«. Gedreht 5, 1 und die letzte Einstellung der Episode.
    Ab 20 Uhr – Geräuschvertonung.   ½ Geräusche.

Arbeitsmomente während der Dreharbeiten
zum »Schießstand«

19. JANUAR, Sonnabend

Mit Sacha M. gearbeitet und alles erledigt, außer dem Monolog von Terechowa und der Einstellung zu den »Ohrringen«.

Wir haben zwei neue Titel: DER RAUBGIERIGE HASE und »DER SPIEGEL«.

Und ein neuer Plan ist entstanden:
Der neue Montageplan des Films:
1. PROLOG (die Hand Ljalkas), 2. DER HOF, 3. DIE SPANIER (4 M., 3 Fr., Rita, Larissa), 4. DIE DRUCKEREI. 5. TRAUM II (Jankowskij, Maria Iwanowna 1 Rita). 6. DER STOTTERER (Ljalka + Rita + Zoe, Ignat, Jegor

Arbeitsmomente während der Dreharbeiten
zum »Schießstand«

und die Dienerin (Ignat und der Vater). 7. DER AUSBILDER. 8. PEREDELKINO. 9. RITAS MONOLOG UND WOCHENSCHAU. 10. DIE OHRRINGE. (Ljalka am Ofen. Rita und Larissa). 11. DIE ERWARTUNG (Kolja Mischarin). 12. SCHLUSS (Zoe, Rita, die Spanierin, Ignat) (Der Vater unterhält sich mit Ignat).

21. JANUAR, Montag

Die Dreharbeiten sind abgesagt: Goscha kann den rechten Arm nicht gebrauchen: Gelenkbeutelentzündung. Ich habe die erste Einstellung des »Schießstandes« gesehen. Mäßig.

22. JANUAR, Dienstag

Eine Schicht Tonaufnahmen.   1× Geräusche.

23. JANUAR, Mittwoch

Eine halbe Schicht Geräuschaufnahmen. Heute haben wir das Limit für die Geräuschvertonung ausgeschöpft.
 Die Außenaufnahmen in Kolomenskoje sind Ausschuß – durch Verschulden der Aufnahmewerkstatt.
$^{1}/_{2}$ Geräusche.

24. JANUAR, Donnerstag

Bin wahrscheinlich krank. Die Aufnahmen gehen morgen weiter.
»DER SCHIESS-STAND«
1. Ljalkas Gang (Bruch).
2. Ignat.
3. Der Ausbilder – Assafjew auf der Matte. 31.
4. Der Ausbilder – Stuhl – *Groß* Markow. 34.
5. *Groß* die Patronen – der Ausbilder setzt sich. 14.
6. Die Kinder schießen – die Wand des Schießstandes. 16.
7. Der Lauf eines Gewehrs – *Totale* Assafjew. 18.
8. *Groß* Der Ausbilder – kleine Landschaft.
9. Assafjew – die Granaten – *Totale* der Ausbilder. 42.
10. Die Granate – Assafjew und der Ausbilder. 23.
11. Der Ausbilder wirft sich auf die Granate.
12. *Totale* die Jungen – der Kopf – *Totale* Assafjew entfernt sich. 46.
13. Oberhalb des Schießstandes – Assafjew.
14. Der Vogel.
15. Ljalka und der Ausbilder.
16. Ignat. 12.
17. Ljalka (Studio).

25. JANUAR, Freitag

Schicht 4 am »Schießstand«. Aus dem Ausschuß habe ich

alles behalten. Zurechtgekürzt. Ljalkas Passage habe ich noch immer nicht zu Gesicht bekommen. Wir haben 7, 8 und die Großaufnahme mit Jankowskij für »Peredelkino« gedreht.

26. JANUAR, Sonnabend

Mit Mischarin gearbeitet. Die Szene für die »Ohrringe« geschrieben. Bleibt noch der Monolog für die Terechowa – eine äußerst schwierige Aufgabe.

28. JANUAR, Montag

Heute sind die Dreharbeiten ins Stocken geraten, weil Nasarow gefehlt hat. Und auch morgen wären die Aufnahmen wegen der Sorglosigkeit Kuschnerjews um ein Haar blockiert gewesen. Er ist ohne einen Gedanken an seine Verpflichtungen ins Krankenhaus zu seiner Frau gefahren. Hätte ich mich nicht ins Studio begeben, hätten wir die Dreharbeiten morgen unterbrechen müssen.

29. JANUAR, Dienstag

Schicht 5 am »Schießstand«. Gedreht die beiden Einstellungen der Kinder mit der Granate und dem marschierenden Ignat. ½ Schicht Geräuschaufnahmen. Ab 20 Uhr. Ein ganzer Tag und, wie es scheint, der heutige mit dazu – Ausschuß. Schuld ist die Aufnahmewerkstatt. Der Umlaufverschluß schleift. Den Ausschuß mit Ljalka haben sie noch immer nicht herausgerückt – sie wollen einfach kein mangelhaftes Positiv entwickeln. Für morgen werde ich die Aufnahmen absagen: Die Zeitlupenkamera war ebenfalls nicht benutzbar. Bruch, wohin man schaut. Wir schreiben einen Bericht an Sisow.

Die Dekoration für das »Haus des Autors« ist interessant geworden. Aber wir verlieren weitere 5 Tage mit dem »Schießstand«. Von Konoplow Kodak-Film verlangen (wegen des vielen Ausschusses).

СССР · МОСКВА

(пятница 1 февраля)
         Смена 7 «ТИР»

Намечено снять:
1) 11ыи — Военрук с гитарой —
2) 10ыиA гитара на полу
3) Лялька — сняли
4) Тир Gipsy — сняли
5) 1 проход Ляли ч — пересняли

1) и 2) не сняли — расстелял
лёд и лак на полу в тире

USSR · MOSCOW

30. JANUAR, Mittwoch

Die Dreharbeiten sind abgesagt. Es muß Ordnung geschaffen werden. Wir haben einen schriftlichen Bericht an Sisow verfaßt: Die Dekoration im Atelier ist fast fertig. Ich habe das Material von gestern gesehen – gut, kein Ausschuß. Die Einstellung mit Ljalka ist völlig unscharf und überhaupt mißlungen. Nachdrehen. Jankowskij – die Großaufnahme – geht an. (Wichtig ist, daß ich sie auch bekomme). Im Studio braut sich in Verbindung mit unserem Bericht an Sisow ein Skandal zusammen.

31. JANUAR, Donnerstag

Schicht 6 »Der Schießstand«
12 Zeitlupenaufnahmen gedreht / nach 2 Wiederholungsaufnahmen brannte der Rheostat durch.
  Einstellungen 7 und 8 neu gedreht.
  Es bleiben jetzt noch 6 Einstellungen zu drehen.
  Habe vorgestern die Dekoration im Atelier mit einigen Verbesserungen übernommen.
  Dieser Tage kommt Sisow wieder.
Ich muß ihm 3 Arbeitspapiere überreichen:
1. Über den Ausschuß und ähnliches.
2. Über die Musik.
3. Über die Filmtitel.

1. FEBRUAR, Freitag

Schicht 7 – »Der Schießstand«
Für die Dreharbeiten vorgesehen:

  I./11. Einstellung – Der »Ausbilder« mit der Granate
  II./10. Einstellung A/ – Die Granate auf dem Feld
  III./ Ljalka – bereits aufgenommen
  IV. Schuß von oben – bereits aufgenommen
  V. Eintreffen von Ljalka – neu gedreht
  I. und II. nicht aufgenommen – Eis und glatte Oberfläche beim »Schießstand«.

Olga (Ljalka) – die Tochter von Larissa Tarkowskaja

2. FEBRUAR, Sonnabend

Mit Sascha Mischarin gearbeitet. Wir haben mit ihm eine Szene für den Autor und für Ritas »Monolog« geschrieben. Zugleich beschlossen, Mischarins Text über die Mutter an Rita weiterzugeben.

4. FEBRUAR, Montag

Schicht 8 – »Der Schießstand«
1) Der Vogel; 2) die Granate und 3) Nasarow mit der Granate. Habe mir die neuen Aufnahmen von Rita mit Nasarow angesehen – in Ordnung. Gar nicht schlecht! ...

СССР · МОСКВА

(Понедельник 4 февраля)

Смена 8 <ТИР>

Сняли последние 3 кадра:
1) Птичку, 2) Гранору и 3) Назарова с гримаркой.

Смотрел пересъёмки и рапид с Назаровым — ничего...

неплохо! | Снимали <ТИР> 8 смен
№ | по 30м в смену

Episode aus »Der Schießstand«

Winterliche Szene (»Der Schießstand«) in Anlehnung an Brueghel

5. FEBRUAR, Dienstag

Das Material vom »Schießstand« ist noch nicht zur Gänze gelungen. Es darf mit dem morgigen Tag keineswegs als abgeschlossen betrachtet werden. Die Beleuchtung stimmt nicht.

6. FEBRUAR, Mittwoch

Die Dekoration ist noch nicht vollständig aufgebaut. Im Möbeldepot arbeiten lauter unverschämte Pfuscher. Habe eine Beschwerde über sie verfaßt.

7. FEBRUAR, Donnerstag

Habe mir das Material vom vorletzten Drehtag des »Schießstands« angesehen. Gar nicht so schlecht.

Habe heute das ganze Team aktiviert.

Ich möchte morgen das Telefongespräch aus dem »PROLOG« drehen (obwohl Kolja bis zum morgigen Tag das Bild bestimmt nicht fertiggemalt hat). Der Direktor hat noch immer keinen Vertrag mit Dwigubskij auf das Gemälde geschlossen.

II. TRAUM – (Fortsetzung) schwarz-weiß
  1. Philipp schaut durch das Fenster.   5 m
     (Reifblumen auf dem Fenster. Das Ei. Das Heft.)
  2. Der Vater gießt das Wasser aus – Rita wäscht sich den Kopf.   20 m
     Großansicht des leeren Zimmers.
  3. Es beginnt von der Decke zu tropfen.   10 m
  4. Rita geht die Wände entlang (Wasser tropft) und nähert sich dem beschlagenen Spiegel.   20 m
  5. *Einstellung in Farbe:* Ritas Hand wischt über den Spiegel – 5 m –
     In ihm erblickt man das Bild Marja Iwanownas.

8. FEBRUAR, Freitag

Haben das Telefongespräch vorbereitet. Mit Mühe und Not. Kolja hat das Bild noch nicht gemalt. Am Montag müssen wir das »Telefongespräch« und den »Hahn« drehen.

Muß unbedingt mit dem Kampf um die 2 Teile beginnen:
 Wir haben bereits 2500, und wir müssen noch 900 m darzudrehen = insgesamt 3600 m.
 Das ist wirklich unbedingt nötig.
 Muß schnellstens Sisow aufsuchen.

9. FEBRUAR, Sonnabend

Etwas muß auf alle Fälle unternommen werden.
 Falls wir für einen Teil 3 000 m durchsetzen, müssen wir um 400 m kürzen.

Wenn wir 2 Teile durchsetzen, dann fehlen uns dazu 140 m. Aber wenn man bedenkt, daß bei uns während der Dreharbeiten manche Szenen allzu lang und üppig geraten, dann wären zwei Teile als Meterzahl absolut denkbar.

10. FEBRUAR, Sonntag

Habe mit Sascha an den mißlungenen »Monologen« Ritas für die Peredelkino-Szene gearbeitet.
 Es ist völlig klar, daß diese eine emotionale Szene sein muß, die mit dem Feuer vor dem Fenster und dem Gespräch über den brennenden Dornbusch endet.

»Ach ja natürlich, er (Gott) ist auch nur für die Männer.«
Das Zweite Buch Mose, 3
»Mose aber hütete die Schafe Jethros, seines Schwiegervaters, des Priesters in Midian, und trieb die Schafe über die Steppe hinaus und kam an den Berg Gottes, den Horeb.
2 Und der Engel des HERRN erschien ihm in einer feurigen Flamme aus dem Dornbusch. Und er sah, daß der Busch im Feuer brannte und doch nicht verzehrt wurde.

3   Da sprach er: Ich will hingehen und die wundersame Erscheinung besehen, warum der Busch nicht verbrennt.
4   Als aber der HERR sah, daß er hinging, um zu sehen, rief Gott ihn aus dem Busch und sprach: Mose, Mose! Er antwortete: Hier bin ich.
7   Und der HERR sprach: Ich habe das Elend meines Volks in Ägypten gesehen und ihr Geschrei über ihre Bedränger gehört; ich habe ihre Leiden erkannt.
8   Und ich bin herniedergefahren, daß ich sie errette aus der Ägypter Hand und sie herausführe aus diesem Lande in ein gutes und weites Land.«

Für die Szene von Ritas MONOLOG
(Rita steht am Fenster und blickt in den Hof hinunter. In der Mitte des Hofes brennt der Strauch)

Rita: Wem ist da eigentlich Gott in Gestalt eines brennenden Dornbusches erschienen? Der im Feuer brannte und doch nicht verzehrt wurde?
A.: Ich erinnere mich nicht mehr; es war Moses, glaube ich.
Rita: Aber warum ist so etwas niemals einer Frau erschienen?
A.: Sie sind dazu nicht befähigt, es ist ihnen nicht gegeben.
Rita: Ach ja, natürlich. Er (Gott) ist natürlich auch nur für euch da?
A.: Wer? Wen meinst du mit diesem »euch«?
Rita: Euch Männer, die Herren und Gebieter.

2. Traum / Fortsetzung / II. Variante

1. Aufnahme *Groß*. Der Vater schüttet Rita Wasser über den Kopf.
Fahrt bis Totale. Die Mutter allein. Blickt nach oben, 2. Zeitlupenaufnahme.
Groß: Es tropft von der Decke. *Schwenk* hinunter auf die Mutter. Sie geht an den Wänden entlang. *Schwenk* längs der Wand. *Groß:* Rita tritt in den Vordergrund – Spiegel an der Wand.

3. Farbig. Der Spiegel – Ritas Hand – auf dem Bild Marja Iwanownas Gesicht.
»Der Spanier«
1 / Gespräch mit Rita, 2 / Larissa in einem Stück aufnehmen – dient gleichzeitig als Aufnahme des kleinen Fensters im Korridor. Am Fenster steht / irgendwer?

13. FEBRUAR, Mittwoch

Schicht 3 »Die Wohnung«   DER STOTTERNDE JUNGE I.
Haben eine / die erste / Einstellung mit der Terechowa und Ignat aus dem »Stotterer« gedreht.
1 Wiederholungsaufnahme – 65 m

Wir müssen ganz schnell die Frage mit dem Drehbuch klären, aber Sascha wurde krank.

DER STOTTERNDE JUNGE

1. Ignat und Rita
2. Rita und Ignat – die Ogorodnikowa und die Alte
3. Ignat nimmt das Buch, liest. Fahrt auf T. G. und die Tasse.
4. Die Ogorodnikowna – Fahrt auf Ignat.
5. u. 6. Die Ogorodnikowa – Ignat öffnet die Tür – M. I. – das leere Zimmer/ die Tasse / feuchte Spur der Tasse /.

14. FEBRUAR, Donnerstag

Schicht 4 »Die Wohnung«   Der Stotterer II.
Wir drehen 3 Einstellungen aus der Episode »Der Stotterer« (Szene 38) (nach der 1. Wiederholungsaufnahme).

Man verweigert uns ständig Hilfe bei der Synchronisierung der Geräusche und der Dialoge!

15. FEBRUAR, Freitag

Schicht 5 »Wohnung«   DER STOTTERNDE JUNGE III.
4 oder 5 Einstellungen gedreht. / Szene 38

16. FEBRUAR, Sonnabend

Mit Sascha Mischarin an dem Drehbuch gearbeitet. Haben Ritas Rolle total umgeschrieben. Goscha Rerberg hat angerufen. Ich muß mich mit ihm treffen.

17. FEBRUAR, Sonntag

Mit Sascha gearbeitet. Die Szenen fertiggeschrieben. Es bleibt noch: Den »Hahn« weiter zu entwickeln und ihn zum Zentrum der gesamten Episode zu machen und die Episode der Ogorodnikowa, in der sie mit dem Vater über die erste Liebe spricht, zu beenden.

18. FEBRUAR, Montag

Schicht 6 »Wohnung« der Spanier – I.
 Haben die Idee verworfen, eine Szene mit 2 Kameras in einem Stück zu drehen.
 Und zugleich – 500 m Kodakfilm.
 Alles bleibt noch zu tun: In Stücke aufteilen, montieren. Schminke: Tränen und andere provokatorische Methoden.
 Morgen die Dreharbeiten verschieben und an der Szene mit Goga arbeiten.
 Vielleicht wird das, was wir am 14. 2. gedreht haben, reiner Ausschuß sein.

19. FEBRUAR, Dienstag

Goscha ist krank, aber vielleicht ist er morgen wieder auf dem Set.

Angel Gutierrez sagt, daß alles, was Ernesto während der Dreharbeiten erzählt hat, der reinste Unsinn sei und daß man das den Spaniern auf keinen Fall zeigen dürfe.

Morgen drehen wir die Szene mit den Spaniern.

DIE SPANIER

1. Ernesto 1 erzählt vom Taxichauffeur (untermalt von den Stimmen der Freunde).
2. Luisa – I (3) Angel Übersetzung Rita I
4. Dionisio I (zeichnet)
5. Ernesto erzählt von der Corrid.a
6. Tomaso (Blick)
7. Teresa geht zum Fenster, streckt sich.
8. Das Kind und Angel-II.
9. Luisa – II
10. Ernesto 3 (Abschied) Setzt sich.
11. Dionisio – II
12. Luisa II – entfernt sich.   Spiegel
13. Rita folgt ihr (spricht mit Angel)
14. Ignat (mit dem Apfel, Dias).
15. Teresa und Ernesto. Die Ohrfeige.

DIE PLAZA:

16. 8 über Rita auf Luisa
17. Rita   Wochenschau
18. Luisa (en face) *Schwenk* Rita (im Profil)

DIE CORRIDA

Musik:
  I. Ouvertüre – Choral, Präludium-Bach
 II. Finale – Albinoni
III. Traum – Bach – 2 Cembalos
IV. Peredelkino – Bach – Johannespassion
    (Konzert für 4 Cembalos, Geige und Orchester)
    a-Moll (BWV 1065) ETERNA 820 681

20. FEBRUAR, Mittwoch

Schicht 7 »Die Wohnung« der Spanier – II.
3 Einstellungen mit Ernesto gedreht: 1, 5, 10

Vom Morgen mit Rita die Szenen mit dem »Autor« besprochen. Man muß das Finale des »Brennenden Dornbuschs« dahingehend abändern, daß auch die Frauen Visionen, Stimmen und ähnliches vernehmen: wie z. B. die heilige Maria, Jeanne d'Arc und viele andere.

21. FEBRUAR, Donnerstag

Schicht 8 »Die Wohnung« Die Spanier – III.
   Einstellung 15, 13, 7 gedreht.

Bleibt noch zu drehen:
   Luisa – 3 Einstellungen
   Dionisio – 2 Einstellungen
   Tomaso – 1 Einstellung
   Rita und Angel – 2 Einstellungen
   Ignat – 1 Einstellung
   Rita und der Autor, Ignat – I Einstellung

22. FEBRUAR, Freitag

Schicht 9 »Die Wohnung«

23. FEBRUAR, Sonnabend

Bin unglaublich müde. Habe den ganzen Tag im Bett gelegen und so wieder neue Kräfte gesammelt.

25. FEBRUAR, Montag

Schicht 10 »Die Wohnung«

28. FEBRUAR, Donnerstag

Schicht 13 »Die Wohnung«. Haben eine Einstellung Ignats beim Fernseher gedreht. Und vermurksten die ganze Schicht über der Einstellung »Der brennende Dornbusch« / und haben ihn so auch schließlich nicht fertiggedreht. Es ist wirklich empörend.

1. MÄRZ, Freitag

Schicht 14 »Die Wohnung«. Drehten die Szene »Der brennende Dornbusch« / schwarz-weiß. 2 Wiederholungsaufnahmen zu je 140 m.

2. MÄRZ, Sonnabend   Drehfrei

Die Dreharbeiten nähern sich dem Ende. Larissa stört mich sehr bei der Arbeit. Sie hat weder Verstand noch Taktgefühl. Mit einem Wort, sie ist mir keine Hilfe.

Es ist uns sehr wenig zu drehen geblieben:
   I. Erster Traum (Farbe) – mit Philipp.   2 Tage
  II. Zweiter Traum – schwarz-weiß und 1 in Farbe / 3 Einstellungen.   1 Tag
 III. Die Logopädin / schwarz-weiß / 1 Einstellung. 1 Tag
  IV. Die Reproduktion von Leonardo / Farbe / 1 Einstellung   1 Tag
   V. Der Hahn. 1 Tag + Tröstung. 2–3 Einstellungen
  VI. Der erste Schnee / Die Erwartung /
       2 Einstellungen / schwarz-weiß.   1 Tag

insgesamt 7 Tage

3. MÄRZ, Sonntag

Arbeitete zuerst mit Sascha und danach mit Goscha. Goscha ist zufrieden.
   Wir haben folgendes gemacht:
1. Eine neue Szene mit dem Hahn
2. Die Einstellung mit der schwebenden Mutter und dem Vater.
3. Haben die Szene »Erwartung« umgeschrieben.
4. Wir beschlossen, den I. Traum nicht zu drehen, sondern ihn aus der ersten Hälfte des II. zu machen.

Die ersten Verse des »Wald von Ignatjewo« im Inneren des Bauerngehöfts, trotz allem bis zum Brand.

Worüber wir noch entscheiden müssen
1. Die Musik
   a) das Problem Albinoni
   b) Das Choralpräludium für die Ouvertüre besorgen
   c) Musik für die Träume finden, vielleicht Musik der Ouvertüre
   d) Musik für die Wochenschau
   e) Flamenco
   Mit Lussja F. über den Kompilator sprechen.

Nötige Stimmen für die Synchronisierung
1. Arsenij Aleksandrowitsch (Aufzeichnung, Honorar)
2. Marja Nikolajewna
3. Der Autor (Kaidanowskij)
4. Dunja, Onkel Pascha
5. Die Kinder für den Schießstand
6. Die Druckerei: der Arbeiter, der Wächter, der Mensch im Regen
7. Die Spanier – Wochenschau
8. Tamara Ogorodnikowa
9. Die Kinder – 5 Jahre alt (Junge und Mädchen). Finale
10. Der junge Vater

WIDMUNG

Ich widme den Film meiner Mutter ... (mit Sisow reden)
  Bleibt für heute (3. März) noch zu drehen:
  Traum II – 3 Einstellungen schwarz-weiß – 2 Zeitlupe 80 m
1. Die Logopädin – 1 Einstellung schwarz-weiß – 25 m
2. Die Reproduktion von Leonardo – farbig 30 m
3. Der Hahn – farbig 70 m
4. »Die Tröstung« 1 schwarz-weiß – 50 m Zeitlupe
5. Die Erwartung 2 Einstellungen schwarz-weiß 70 m

Traum II. (Margarita Terechowa)

Traum II. (Margarita Terechowa)

4. MÄRZ, Montag

Schicht 15 »Die Wohnung«. Wir haben überhaupt nichts zustande gebracht. Erstens war das Bild nicht fertig. Schuld daran sind Kuschnerjew, Chartschenko und Dwigubskij. Zweitens ist es schrecklich kalt im Atelier, Rita jedoch ist nur mit einem bloßen Hemd bekleidet – die Schuld daran tragen Wajsberg und Kuschnerjew.

Die Einstellungen im Treppenhaus mit Rita und Luisa sind total mißlungen.

Als Resultat haben wir zwei volle Tage verloren – den einen wegen des Ausschusses, den anderen wegen meiner lieben Helfer.

5. MÄRZ, Dienstag

Schicht 16 »Die Wohnung«. Koljas Bild + Spiegel + Ljalka beim Ofen für die Szene mit den Spiegeln (»Ohrringe«) aufnehmen.
   1 Wiederholungsaufnahme der 1. Einstellung aus dem II. Traum gedreht.
   1 Wiederholungsaufnahme der 2. Einstellung aus dem II. Traum.
   $1/2$ Schicht Vertonung. Wir sind schrecklich müde.
   Um die Tonaufnahmen steht es schlecht. Mit Ignat klappt es nicht. Rita ist müde. Kaidanowskij ist nicht gut.
   Ich muß mich selber um die Vertonung von Mama kümmern.

6. MÄRZ, Mittwoch

Schicht 17: »Die Wohnung«. Wir haben den »Hahn« mit zwei Einstellungen gedreht. 1. Schicht. Tonaufnahme: Ignat synchronisiert. Eine einzige Plage: die Tonaufnahmen mit T. Ogorodnikowa.

7. MÄRZ, Donnerstag

Schicht 18: Die »Wohnung«. Synchronisation von Mama und mir (dem Autor). Von Ignat in der Szene mit der Ogorodnikowa. Aufnahme von Ljalka am Ofen (2 Einstellungen). $1/2$ Tonaufnahme.

8. MÄRZ, Freitag   Freier Tag

– Wagner »Walkürenritt«. Ljalkas Hand vielleicht ans Ende des 1. Traums.
– Vielleicht den »Walkürenritt« im Moment der Sonnen-»Verdunkelungen« einsetzen. Deren gibt es eine ganze

Szene »Der Hahn«
(Margarita Terechowa und Larissa Tarkowskaja)

Reihe: 1. Übergang vom Traum zu Rita und Ignat. 2. Im Zimmer mit Ignat. 3. Sie lesen die (herausgefallenen) Sachen vom Boden auf. 4. Zu Tamara und Jewgenija Wass(iljewna) 5. Zu Tamara (vor der Tasse). 6. Zu Ignats Jagd auf die Erscheinungen (2–3mal). 7. Zur Großaufnahme Ignats am Telefon und Gang zum Fernsehapparat.
– Die Widmung.
– Albinoni.
– Reklame: Diafoto.
Bilder von Kolja Dwigubskij.
 Geräusche und Musik.
1. VORSPANN: Orgel, Chor, Präludium. Bach. Übergang von Bach zu 2. ERSTER TRAUM tiefe(r) (Orgel-)Ton und »Pfeifen«-Geräusch des Windes (»Der Unbekannte« + tiefer Ton + ferne Telefon-Rufzeichen + (1 Überblendung) Geräusche des Hauses, des Hofs: Tauben, der Lift, der Haupteingang im Hof, ein Auto usw. 3. DER JUNGE IM FLUSS. Zu dieser Einstellung – Überblendung in synchronisiertem Ton des Wassers und des »Bauernhofs«: Wind, Vogel, Bach, Wasser. 4. DAS FENSTER IM ZIMMER (Geräusche des Bachs und des Hofs) vielleicht der »Pfeifen«.

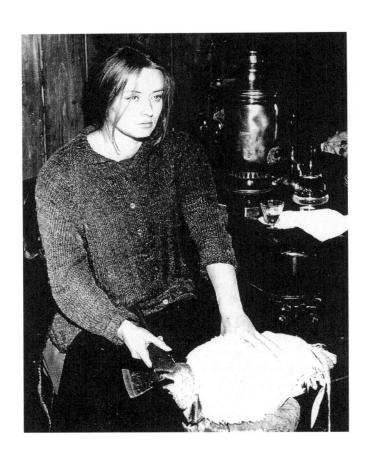

5. INTERIEUR DES BAUERNHOFS. 6. DER UNBEKANNTE. 7. DER BRAND. 8. AUTOR UND NATALJA. 9. DIE SPANIER (Flamenco). 10. LUISA. 11. WOCHENSCHAU. 12. STRASSE VOR DER DRUCKEREI. Gewitter. 13. DIE DRUCKEREI. 14. ZWEITER TRAUM Übergang vom Getröpfel zum Sturzregen. 15. DIE OGORODNIKOWA. 16. DER AUSBILDER. 17. PEREDELKINO. 18. NATALJA UND AUTOR. 19. DER KRIEG. 20. DIE OHRRINGE. Ljalkas Quietschen mit dem Schrank (zweimal). Das Mädchen – Pfeife? Präludium? aus Peredelkino Wolke,

Hof, Musik – die Flügel des Hahns. 21. DIE TRÖSTUNG – Geräusch des Flüßchens – Wasser (Bach). 22. ERWARTUNG. 23. DRITTER TRAUM. 24. DIE KINDER UND DIE MUTTER (m. 5.) Bach.

Vielleicht Schluß von Ignat. Vielleicht nach dem »Hahn« sofort die »TRÖSTUNG«?

Und das »Wasser« irgendwo anders einfügen. Wo? – In den Spiegel.

MONTAGE
1. Die »Hand« Ende des I. Traums (vor dem Bild). 2. Die Verse – im 2. Interieur des »Bauernhofs«. 3. Den Anfang des letzten Bildes, »Der Brand« ganz wenig schneiden. 4. Nachhall des Brandes im Ton auf Spiegel. 5. Die »Spanier« kürzen. 6. Das Gewitter (vor dem Betreten des Hauses). Noch unklar – wird der Film einteilig (zu wenig – 2700) oder zweiteilig (zuviel – 3600).

11. MÄRZ, Montag

Schicht 19 »Die Wohnung«. Wir haben die Szene auf der Treppe mit Luisa und Rita nachgedreht. ½ Tonaufnahme. Am Morgen haben wir Nasarow synchronisiert. Mit ihm sind wir durch. Morgen wird die »Erwartung« gedreht. (Die Szene entwickeln!) Wir haben uns das Material des Traums mit dem Regen von der Zimmerdecke angeschaut – das Negativ ist gut. Schlecht entwickelt. Wenn uns nur nicht der Positivfilm ausgeht.

12. MÄRZ, Dienstag

½ Tonaufnahmen. Markow aus dem »Ausbilder« und die Szene mit Rita (vor den »Spaniern«). Für morgen – der Übergang zum (dritten) Traum mit den Spiegeln, die Szene mit Mama und dem Bild und die Totale des Regens zum 2. Traum. Schicht 20 »Wohnung«.

Ein Interview mit einem Italiener von der »Unità« im Zusammenhang mit der Premiere von »Solaris« in Rom am 20. April. Gedreht – die »Erwartung«.

13. MÄRZ, Mittwoch

Schicht 21 »Die Wohnung«. Gedreht – den Schluß des 2. Traums, den Übergang zum dritten und den Regen im Zimmer (drei Einstellungen). Zu drehen bleibt: die Logopädin und die Reproduktionen.

14. MÄRZ, Donnerstag

Schicht 22 »Die Wohnung«. Heute die Logopädin gedreht –? Die Szene mit Luisa und Rita auf der Treppe angeschaut – sehr schlecht. Wir versuchen die »Spanier« zusammenzuschneiden – ich bin voller Grausen geflohen. Es kommt null dabei heraus. Die Szene ist schlecht.

15. MÄRZ, Freitag

Ich habe mir das Material im ganzen angeschaut. Und alles mißfällt mir sehr. Absolut kein zweiteiliger Film. Sehr schlecht. Mehr noch: Totaler Mist. Geld in Wochenschau und Pferd stecken.

16. MÄRZ, Samstag

Ich habe Sisow das Material gezeigt, in Sachen Zweiteiligkeit. Er sagt, daß er rein nichts verstanden hat; außerdem, daß er keinen Zusammenhang zwischen den Episoden sähe und daß diese schrecklich in die Länge gezogen seien. Er zweifelt zudem daran, ob es gelingt, die Kriegswochenschau drin zu lassen. Der Ausbilder gefällt ihm nicht – zu jämmerlich, dümmlich, ebenso die Kinder. Er ist letzten Endes bereit, sich für die zwei Teile einzusetzen, hat viel Vertrauen zu mir, und ich werde am Montag endgültig sagen müssen, was wir wollen: eine Serie oder zwei. Ich neige zu 3200 Metern. Ich glaube, bei dem ganzen Film kommt nichts heraus. Das schreibe ich – und hoffe innerlich doch...

Vor der Vorführung habe ich alle Episoden neu gemischt und in folgender Ordnung zusammengesetzt:
1. Natalja – 7. → 2. Die Spanier – 5. → 3. Das Telefongespräch mit der Mutter – 2. → 4. Der Hof/Interieur/der Stotterer – 2a. → 5. Der Bauernhof (Der Unbekannte) – 8. → 6. Der Bauernhof (der Brand) – 3. → 7. Die Druckerei – 4. → 7a. Die Fesselballons – 4. → 8. Erster Traum – 9. → 9. Die Erscheinungen – 10. → 10. (Zweiter Traum). 10. Gespräch über die erste Liebe – 11. → 11. Der Ausbilder – 13. → 12. Die Wochenschau – der Siwasch-See – 12. → 13. Peredelkino (der Dachboden) – 14. → 14. Peredelkino (der Vater) – 14a. 2. Traum. 15. Der brennende Dornbusch – 15. → 16. Die Ohrringe – 16. → 17. Schluß – 19. → 18. Die Tröstung. 19. Die Erwartung.

Vor allem versuchen, alles zu zerstückeln und anders zu mischen.

17. MÄRZ, Sonntag

Mit Sascha gearbeitet und beschlossen, den Film wie folgt zu schneiden:
Der Autor – gesprochen von Smoktunowskij
I. Prolog – drehen (schreiben)?
II. Die Ballons (kürzen)
III. Die Druckerei (Durchgänge, Brand)
IV. Der Bauernhof (Der Unbekannte, Brand)
V. Die Spanier (Torero und Vater)
VI. Der Stotterer?
VII. 1. Traum (letzte Einstellung) / das Bild und den Vorhang herausschneiden
VIII. Gespräch mit der Mutter (Text über den Sohn)
IX. Die Hunde und die Mutter aus dem Traum.
X. Puschkin
XI. Das Telefongespräch – Ignat – der Vater
XII. Der Ausbilder (den Anfang kürzen, Pause bis zum Wurf).

XIII. Der Dachboden (ohne Totale).
XIV. Kriegswochenschau (mit Puschkins Text »Der Prophet«).
XV. Ankunft des Vaters / »Marussja!«
XVI. Zweiter Traum.
XVII. Der Busch (die Replik herausnehmen).
XVIII. Die Ohrringe (Text für den Anfang schreiben).
XVIX. Die Tröstung.
XX. Die Erwartung (Übergangseinstellung –?)
XXI. Dritter Traum.
XXII. Schluß.

18. MÄRZ, Montag

Den ganzen Tag damit verbracht, den Film nach einem neuen Plan zusammenzuschneiden. Nur die »Spanier« fehlen noch.

Es ergibt 11 Kassetten – 3 300 m. Dazu noch 50 m: die Tröstung, 12 m: die Reproduktionen und 150 (?!) für den Stotterer. Kürzen ließen sich: der Ballon, die Kriegswochenschau, die »Spanier«.

19. MÄRZ, Dienstag

Wir haben uns den nach dem neuen Schnittplan montierten Film angesehen. Schlecht.

Ich habe einen weiteren Plan zusammengestellt – den zweiten:
1) Prolog (bis zum Vorspann). Der Stotterer.
2) Die Spanier.
3) Die Druckerei (ohne die Ballons).
4) Traum I.
5) Gespräch mit der Mutter.
6) Ende des Traums.
7) Die Erscheinungen.
8) Gespräch Ignats mit dem Vater.
9) Der Dachboden.
10) Die Wochenschau.

11) Peredelkino.
12) Der Bauernhof.
13) Traum II.
14) Der Busch.
15) Der Ausbilder.
16) Die Ohrringe.
17) Die Tröstung.
18) Die Erwartung.
19) Traum III und Schlußsequenz.

Auch diese – die zweite – Variante – angesehen: sie ist besser, aber der »Bauernhof«, Traum II und der »Ausbilder« sind untergegangen. Der »Stotterer« gehört ans Ende der Szene »Erscheinungen«.

20. MÄRZ, Mittwoch

Die 2. Variante angeschaut – schlecht. Ich habe den dritten Schnittplan gemacht:
 1. Die Spanier.
 2. Die Druckerei.
 3. Die Fesselballons.
 5. Das Gespräch mit der Mutter.
 6. Die Mutter mit dem Hund?
 7. Der Bauernhof.
 8. Die Erscheinungen.
 9. Ignat und der Vater (der Anruf).
10. Der Fernsehapparat – der Stotterer.
11. Der Ausbilder.
12. Die Wochenschau.
13. Der Vater (Peredelkino).
14. Der Dachboden (Leonardo).
15. Der Traum auf dem Hof.
16. Der Busch.
17. Die Ohrringe + die Tröstung.
18. Die Erwartung.
19. Traum III und Schlußsequenz.

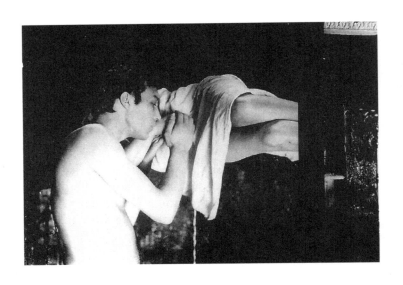

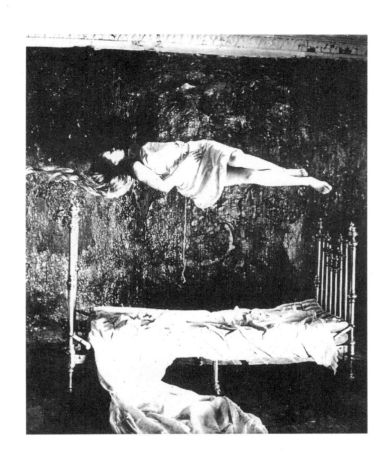

Traum Nr. II
Die schwebende Mutter
(Margarita Terechowa und Oleg Jankowskij)

21. MÄRZ, Donnerstag

Ich habe die 3. Variante zusammenmontiert. Morgen Vorführung. Ich habe noch eine vierte. Nur der Anfang wäre zu ändern – beginnen mit:
1. Der Bauernhof.
2. Die Spanier.
3. Traum II.
4. Das Telefongespräch.
5. Die Fesselballons.
6. Die Druckerei.
7. Die Erscheinungen.

Schicht 23: »Die Wohnung«. »Die Tröstung« gedreht – 2 Wiederholungen.

22. MÄRZ, Freitag

Die dritte Schnittvariante angeschaut – entsetzlich. Alles fällt auseinander. Alles sehr schlecht. Meines Erachtens ist dieser Film ein einziges Fiasko.

23. MÄRZ, Sonnabend

Nein – Variante 4 – nicht das Wahre.
 Hier ist die 5.
 Ganz an den Anfang gehört der Epigraph – 1). Der Stotterer. Dann Autortext über die Träume, über den Bauernhof / Basis: das Drehbuch / – im Hintergrund – 2) Rundschwenk. 3) Dann das Telefongespräch mit der Mutter. 4) Der Bauernhof. 5) Natalja vor dem Spiegel (ohne die Spanier), damit dem Zuschauer klar wird, daß Natalja und die Mutter verschiedene Personen sind. Und damit gleichzeitig in diesem Moment die Spielregeln verständlich werden. 6) Die Druckerei. Die Dusche. 7) Die Stratosphärenballons. 8) Dokumentarbilder von der Corrida. 9) Die Spanier. Ohne unnötige Psychologismen, ohne Akzent auf Luisa (eher auf ihren Erinnerungen), wer ist sie denn eigentlich? Sehr kurz: der Bericht über die Corrida, der

Tanz, die Ohrfeige, Abgang Luisas mit der Bemerkung, daß Ernesto in Spanien nichts verstanden hätte – und danach die Wochenschauaufnahmen mit den spanischen Kindern. 10) Zwei Stunden mit Luisa F. gearbeitet (telefonisch). Ein neuer sechster Plan ist entstanden. Voilà:
1) Prolog (Epigraph). Der Stotterer.
2) Vorspann.
3) Rundschwenk: DER AUTOR über die Träume.
4) Beginn des Traums.
5) Telefongespräch mit der Mutter.
6) Ende des zweiten Traums.
7) Der Bauernhof.
8) Natalja vor dem Spiegel.
9) Die Erscheinungen.
10) Das Telefongespräch (Vater) mit Übergang zu Autortext (Leonardo da Vinci).
11) Der Dachboden.
12) Der Ausbilder.
13) Kriegswochenschau (Gedicht).
14) Der Vater / Peredelkino.
15) Der Busch.
16) Die Druckerei.
17) Die Stratosphärenballons + die Corrida.
18) Die Spanier + span. Wochenschau.
19) Die Erwartung.
20) Die Ohrringe.
21) Die Tröstung.
22) Traum I.
23) Schlußsequenz.

ERSTER TRAUM

1) Der Bauernhof. Rundschwenk.
2) Der Junge zwischen den Sträuchern – Schwenk auf den Wald.
3) Ljalkas Hand.
4) Die Wohnung und Gespräch mit der Mutter.

Arbeitsmoment während der Aufnahmen zur letzten Szene

    a) Das Haus – 10 Bildkader.
    b) – ? (der Hof mit Philipp).
5) Philipp – Schwenk aufs Fenster – die Krähe.
6) Der Vater spült das Haar der Mutter, – *Rückfahrt*.
7) Die Zimmerdecke – *Groß* Die Mutter dreht sich zur Kamera.
8) Die Decke bricht ein.
9) Die Mutter geht durchs Zimmer.
10) Maria Nikolajewna im Spiegel.

24. MÄRZ, Sonntag

Die sechste Variante ist gar nicht so schlecht, aber trotzdem noch nicht ideal. Ich fürchte, der Film läßt sich gar nicht montieren. Weil dem Film eine Szene als eigentlicher episodischer Höhepunkt fehlt (in der das schwere Leben Maria

Nikolajewnas anschaulich zum Ausdruck käme). Bisher hatte ich immer gedacht, die »Ohrringe« seien diese Episode. Stimmt das? Sollte man die beiden vielleicht verbinden – die »Druckerei« und die »Ohrringe«? Oder sowohl die »Ballons« (wohl kaum) als auch die »Spanier« rauswerfen? Und der Krieg? Soll er als einheitlicher Block angelegt sein? Er erstickt die Mutter, die Mutter verschwindet daneben.

    MUSIK: J. S. BACH, Messe in h-Moll.
- I. A   Einschränkung der Länge. Fl. – Stimme – Chor – 1
  - B   Chor   – 4
  - C   Arie, Baß   – 10
  - D   Chor »Amen«   – 11
- II. A   15 Chor
  - B   16 Chor
  - C   17 Chor
  - D   18 Arie, Baß
  - E   22 Chor »Hosianna«
  - F   24 Arie Alt
  - G   25 Chor

»Die Tröstung« 15, 24, 25

Variante 7 ist entstanden:

1. Der Stotterer
2. Interieur des Bauernhofs
3. Gespräch mit der Mutter
4. Zweiter Traum
5. Der Hof + der Brand
6. Natalja vor dem Spiegel
7. Die Erscheinungen
8. Das Telefongespräch – der Vater – Ignat
9. Der Ausbilder
10. Die Kriegswochenschau
11. Der Busch
12. Die Druckerei
13. Die Stratosphärenballons

14. Die Spanier
15. Der Dachboden. Der Stotterer. Der Vater (Peredelkino)
16. Die Erwartung
17. Die Ohrringe und die Tröstung
18. Erster Traum
19. Schluß.

Musik: BACH, JOHANNESPASSION
I. 1. Introduktion – Chor (Viell. Der Stotterer und Vorspann) oder – Choralvorspiel Bachs / bis zur Pause mit stark emotionalem Gehalt.
   2. Ergreifender Anfang – Chor. Schluß
   3. Chor – Tröstung (eine kurze Sequenz)
   4. Flöte und Alt
   5. Chor
   6. Arie Alt – (dramat.)
   7. Chor – (feierlich) Pause! (Das Evangelium usw.) / Eine lange Sequenz.

II. 1. Chor
   2. Arie Alt + Chor – schnell (Der Hahn)
   3. Geige – Stimme (Tröstung) Sopran
   4. Sopran – mit voller Kraft! Ende – langsam. Alt.
   5. Arie Baß. Saiteninstrumente, Orgel.
   6. Akzent – (Peredelkino).
   7. »Mein Freund«. Chor (Tröstung, Schluß)
   8. Chor – Schluß.

BACH, MATTHÄUS-PASSION.
I. 1. Nr. 1 Orchester. Introduktion (und Chor)
   2. Nr. 12 Arie Sopran
   3. Nr. 26 Arie Tenor und Chor
   4. Nr. 35 Choral

II. 1. Nr. 47 Arie (Kontraalt)
 2. Nr. 71 Rezitativ
 3. Nr. 72 Choral
 4. Nr. 73 Rezitativ. Chor am Ende
 5. Nr. 75 Arie Baß
 6. Nr. 78 Choral.

Noch einmal mit Luisa gesprochen.
 Die 8. Variante ist entstanden.
 Meines Erachtens die beste.
Der Haken ist der, daß wir den Autor vergessen haben – seine Sehnsucht nach der Vergangenheit; vergessen haben, daß der Autor sich an den Bauernhof und dann an die Mutter erinnert. Und die Gedichte? Auch sie sind Teil der Sehnsucht:
 1) Der Stotterer (Prolog)
 2) Die Wohnung – über die Träume
 3) Der Bauernhof
 4) Natalja vor dem Spiegel – Die Erscheinungen – der Vater (Telefongespräch)
 5) Der Ausbilder – die Kriegswochenschau
 6) Rundsschwenk + Traum I, Telefongespräch
 7) Die Druckerei + die Stratosphärenballons
 8) Die Spanier
 9) Der Busch
 10) Zweiter Traum (Der Regen) »Papa«
 11) Der Dachboden + der Vater (Peredelkino)
 12) Die Erwartung
 13) Die Ohrringe
 14) Die Tröstung
 15) Schluß.

25. MÄRZ, Montag

Den ganzen Tag montiert. Tonaufnahmen abgesagt wegen Krankheit der Schauspieler (die Kinder und auch Rita – nicht erschienen).

Die Spanier hängen an einem Haar. Vielleicht kommt bei der 8. Variante endlich etwas heraus.

26. MÄRZ, Dienstag

Habe mir das ganze Material angeschaut. Vielleicht ist die kurze Szene für Rita am Schluß nicht ausreichend. Das muß ich mir genau überlegen.

27. MÄRZ, Mittwoch

1/2 Schicht Tonaufnahmen.
 Gemacht sind die Aufnahmen mit Arsenij Aleksandrowitsch. Nicht alle Gedichte hat Vater gut gelesen.
 Die Spanier muß ich, wie es scheint, rauswerfen. Und als Fortsetzung des »Hahns« eine Zusatzszene mit Rita in anderer Manier drehen. Mit Rita die Szenen »der Busch« und »die Erwartung« nachsynchronisieren.
 Morgen – montieren und nachdenken.

28. MÄRZ, Donnerstag

Montage.
 Dem »Bauernhof« habe ich statt des Autortextes Arsenij Tarkowskijs Gedicht »Kein Augenblick...« unterlegt: den ersten Teil vor der Begegnung mit Solonizyn, den zweiten nach seinem Verschwinden. »Im Wald von Ignatjewo« habe ich beiseite gelassen.
 Die »Kriegswochenschau« habe ich neu geschnitten. Bisher noch kein Gedicht unterlegt.
 Am Samstag muß ich Mischarin sehen. (Die Szenen nach dem Hahn.)

29. MÄRZ, Freitag

Die Spanier habe ich rausgeworfen, dann haben wir uns das montierte Material angesehen.
 Sehr schlecht.
 Ein neuer Plan – der 9. sieht so aus:

1. Der Stotterer (Prolog).
2. Vorspann.
3. Die Wohnung (über die Träume)
4. Der Bauernhof (Gedicht: »Kein Augenblick ...«)
5. Der Brand
6. ERSTER TRAUM
    I Der Junge im Bett (farbig)
    II Die Mutter vor dem Spiegel
    III Die Tür und die Hand
    IV Der Wind
    V Der Wind
    VI Der Junge und der Hund, die Mutter
7. Natalja vor dem Spiegel – Die Druckerei – Die Erscheinungen; Ignat und der Vater – Telefongespräch.
8. Der Ausbilder
9. Die Kriegswochenschau. Der Busch, die Erwartung
10. Larissa aus den »Ohrringen«
11. *Rundschwenk* Gespräch mit der Mutter (neu schneiden)
12. ZWEITER TRAUM
    I Das Glas und der Bauernhof
    II Der Vater und Rita
    III Schwenk über die Wand
    IV Die Mutter (Hand)
13. Die Druckerei (von der Musik des Traums an bis zum Eingang)
14. Die Ballons – ?
15. Der Busch
16. Die Erwartung
17. Die Ohrringe
18. Peredelkino (im Spiegel)
19. Die Ohrringe
20. SZENE SCHREIBEN
21. Die Tröstung
22. Dritter Traum – der Vogel und die Schlußsequenz.

GEDICHTE:
1. »Kein Augenblick...«
2. »Ein Kind noch, war ich krank...« S. 28
3. Das Buch: *Der Baum des Lebens* S. 38
4. Die Jagd (Die Tröstung) S. 12

Hier haben wir jetzt die 10. Variante:
1–6. (Wie in der 9.)   Traum I
7. Natalja vor dem Spiegel
8. Die Druckerei
9. Telefongespräch, Die Erscheinungen
10. Der Ausbilder, Die Kriegswochenschau
11. Der Busch, Erwartung
12. Über die Träume (Telefongespräch)
13. Traum II
14. Die Ohrringe (Anfang)
15. Peredelkino
16. Die Ohrringe (Schluß)
17. SZENE?
18. Die Tröstung – Schlußsequenz
S. 21 Nach dem Krieg (Buch).

30. MÄRZ, Sonnabend

Mit Sascha Mischarin gearbeitet.   Szene X:
1. Zur Mutter, die den Hahn getötet hat, die protestierende Stimme des Autors
2. Zimmer des Autors. Ein Wandschirm. Ogorodnikowa, Jewgenija Wassiljewna, ein Arzt.
3. *Fahrt* in *Groß*aufnahme. *Schwenk* auf Hand und toten Vogel.
4. Der Vogel fliegt weg. *Groß – Totale*. Eurydike. Dann Schluß:
   1. Der Bauernhof. *Schwenk* auf die Mutter und den Vater – *Groß* die Mutter: »Und was wünschst du dir mehr als alles andere –« usf.
   2. Der Vater

3. Die Mutter
4. Der Vogel
5. Der Junge mit dem Milchtopf
6. Der Bauernhof. Innen. Landschaft
7. Der Junge – die Mutter
8. Die Ruine (der Junge?)
9. Der Brunnen
10. Die Mutter führt die Kinder an der Hand
11. –:– in den Wald.

Wir haben die Szene. Meiner Ansicht nach ist sie hervorragend.
   Arbeit am Schneidetisch:
1) Die Reihenfolge ändern.
2) Vor dem Fernseher im Prolog früher eliminiertes Material wieder einfügen und Einstellung: Ignat erschrickt über das Verschwinden der Ogorodnikowa.
3) »Die Erscheinungen« – Natalja geht hinaus: Ignat: »Wenn ich sie erkenne.«
   a. Das Telefon klingelt, Ignat dreht sich um.
   b. Der leere Flur / Schnitt nach Weggang Jewgenija Wassiljewnas.
   c. Ignat nimmt den Hörer ab. Gespräch mit dem Vater.
   d. Das Mädchen mit der aufgesprungenen Lippe.
   e. Fortsetzung der Einstellung: Ignat nach Weggang der Mutter.
   f. Nach dem Fleck auf dem Tisch.
   g. Das Zettelchen im Sessel – »He!«
   h. Das Mädchen geht durch den Schnee.
4) Am Ende der Wochenschaubilder – die Tröstung
5) Die letzten Bilder der Kriegssequenz umstellen
6) Den »Busch« und die »Erwartung« verbinden über Ignat, der sagt: »Es hat geregnet und plötzlich angefangen zu schneien ...« (Im Text des Buches deutlich machen, daß sie auf die Mutter warten).
7) Den Rundschwenk beginnen mit dem Probieren der Ohrringe
8) Tonstreifen neu schneiden

9) Traum II neu schneiden
10) Im Spiegel Änderungen anbringen; Ljalka am Ofen einfügen.
11) Aus den Ohrringen die Einstellung im Dunkeln rausnehmen.
12. Die Replik – (Aljoscha) im »Hahn« – Husten.

Nach der »Krankheit«:
1) *Schwenk* übers Feld – Der Bauernhof. *Schwenk* nach unten auf die Mutter. – Szene mit dem Vater.
2) Aus dem Wald fliegt ein Vogel.
3) Der Junge im Haus (Traum).
4) Die Blumen. Innen.
5) Die Großaufnahme (farbig) des Jungen herausnehmen und dem Brunnen anschließen.

1. APRIL, Montag

Im Vorführsaal die 10. Variante angesehen. Nichts ist dabei herausgekommen – einfach schlecht.
  Hier ist die 11. Allmählich bekomme ich es mit der Angst zu tun.

1. Die Wohnung.
2. Der Bauernhof – die verglimmende Glut, der Spiegel.
3. Natalja – / der Stier, die Spanier – die Mädchen.
4. Die Druckerei – das Feuer.
5. Traum I.
6. Die Erscheinungen – das Telefongespräch – der Vater – Gang – der Fernsehapparat. Der Stotterer – Gang.
7. Der Dachboden – die Rückkehr.   Dachboden
8. Der Busch – (Ignat am Fenster)   Ausbilder
9. Der Ausbilder – die Wochenschau   Wochenschau/
                                      Rückkehr
         siehe andere Variante
10. Erwartung
11. Der Bauernhof – Traum II – *Schwenk*
12. Die Ohrringe

13. Die Krankheit
14. Schlußsequenz.

UND DIE 12. VARIANTE:
1. Vorspann
2. Die Wohnung
3. Der Bauernhof (das Feuer)
4. Natalja und die Spanier
5. Die Druckerei (das Feuer)
6. Traum I
7. Die Erscheinungen – Telefongespr. mit dem Vater – Der Stotterer – Gang durch die Wohnung
8. Der Dachboden, der Ausbilder, die Wochenschau, der Vater
9. Der Busch
10. Der Bauernhof *Schwenk* + Traum II
11. Die Erwartung
12. Die Ohrringe
13. Monolog (Autor) + Tröstung
14. Die Krankheit und Schlußsequenz.

Veröffentlichung in der Zeitschrift »Sowjetskaja Kultura«: meine Erennung zum »Verdienten Regisseur der RSFSR«.

2. APRIL, Dienstag

Über dieser Montage liegt ein Fluch. Oder ich habe nicht das geringste Talent. Oder es liegt an den Drehaufnahmen. Ich verstehe einfach nicht, wo die Ursache liegt.
   Wir montieren die 13. Variante.
Vorspann
1. Der Bauernhof
2. Traum I
3. Die Wohnung. Anruf der Mutter.
4. Natalja – die Spanier
5. Die Druckerei
6. Die Erscheinungen. Anruf des Vaters.

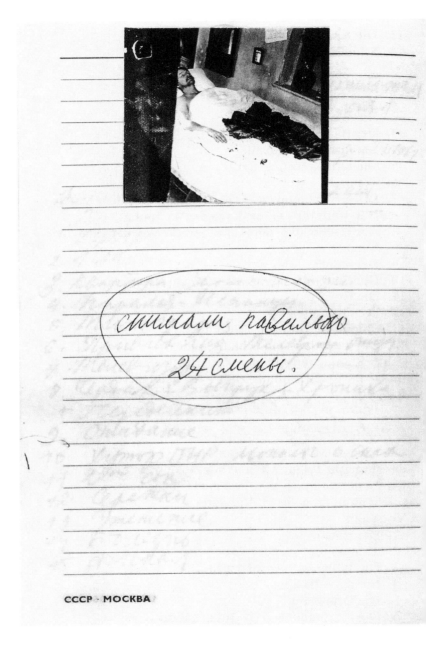

снимали павильон 24 смены.

СССР · МОСКВА

среда 3 апреля

смена 24 <квартира>

7. Der Fernsehapparat
8. Der Dachboden + Ausbilder + Wochenschau + Peredelkino
9. Die Erwartung
10. Der Bauernhof *Schwenk* Monolog über die Träume
11. Traum II
12. Die Ohrringe
13. Die Tröstung
14. Die Krankheit
15. Schluß
Die 24. Schicht im Atelier gedreht.

3. APRIL, Mittwoch

Schicht 24 »Die Wohnung« montiert.

Wir haben die »Krankheit« gedreht – 2 Einstellungen, je zwei Wiederholungen, und die Granate zum »Ausbilder«.

4. APRIL, Donnerstag

1. Tonaunahmen.
2. Montiert: Habe den Schluß geändert. Ein meines Erachtens genialer Schluß. Habe die Musik für den Schluß gefunden. Er wird im wesentlichen Geräusche und Donner enthalten. Und die Mutter schützt sie (die Kinder) »vor dem Regen« ... Näherkommen des Donners.

5. APRIL, Freitag

Wir haben die Gedichte und eine Replik mit Arsenij Aleksandrowitsch neu aufgenommen. Das Material der neuen Szene – »Die Krankheit« ist gekommen. – Habe montiert.

6. APRIL, Sonnabend

Habe die letzte Variante montiert und angeschaut – nicht schlecht. Den Schluß geändert. Der »Stotterer« muß gekürzt werden; die Ohrringe anschließen (die 2 Einstellungen im Haus). Das Buch umstellen.

8. APRIL, Montag

Ein grandioser Skandal. Jermasch und sein Kommando – Pawlenko, Orlow, Beljajew, Sisow, Karajew, Naumow, Nechoroschew – haben sich den Film angesehen. Jermasch hat erklärt: Ich habe überhaupt nichts verstanden. Nach ihm wiederholten alle dasselbe. Ein saftiger Skandal. Wenn er keinen Skandal wollte, hätte er sich nicht als erster äußern sollen. Oder er ist dumm, inkompetent. Bessy, der Direktor des Filmfestivals von Cannes, hat sich den Film angeschaut. Ihm hat er ausnehmend gut gefallen.

Er hat ihn für das Festival in Vorschlag gebracht. Sisows Antwort: Wenn wir die Produktion unserer übrigen 70 Filme stoppen (?!), werden wir Tarkowskijs Film knapp zu Ende bringen. Die Leitung ist schrecklich durcheinander! Bessy wollte sich morgen bei Jermasch mit mir treffen, um mir zu danken und zu dem Film zu gratulieren. Was ihm natürlich verweigert wurde.

9. APRIL, Dienstag

Larissa und Jura sind unterwegs, um mit Bessy zu sprechen. – Und sie haben mit ihm gesprochen. Er plant eine Unterredung mit dem Botschafter. Ich fürchte allerdings, auf dieser Ebene (Tatischtschew – Jermasch) wird nichts erreicht. Wir werden sehen. Heute hat Bessy mehr als eine Stunde mit Jermasch geredet, der jetzt bereits sagt, daß er den Film im nächsten Jahr nach Cannes schicken würde (?). Posner wird über die Einzelheiten berichten. Heute wird der Botschafter mit irgendeinem wichtigen Menschen im Außenministerium reden, mal sehen, was dabei herauskommt. Mit Goscha und Ljusja gearbeitet. Einen neuen Montageplan zusammengestellt:
Variante 14:
1. Vorspann.
2. Das Buch. Natalja vor dem Spiegel. Der Fernsehapparat.
3. Der Bauernhof.

4. Der Traum.
5. Gespräch mit der Mutter, die Spanier.
6. Die Druckerei.
7. Die Erscheinungen, das Telefongespräch.
8. Kriegswochenschau.
9. Peredelkino.
10. Der Ausbilder.
11. Der Bauernhof. Interieur.
12. Traum II.
13. Erwartung.
14. Der Busch.
15. Die Ohrringe.
16. Tröstung.
17. Die Krankheit.
18. Schluß.

10. APRIL, Mittwoch

Ich habe die neue, die 14. Variante zusammengeschnitten. Morgen um drei Uhr schaue ich sie mir an. (Für morgen zwei Uhr hat mich Nechoroschew zu sich gebeten.) Bei der Montage habe ich nur die »Spanier« geändert – an den Anfang habe ich die Wochenschau gestellt, zuerst die Kinder und den Stier ans Ende.

11. APRIL, Donnerstag

Variante 14 ist fürchterlich. Wir werden an der 13. weiterarbeiten.

12. APRIL, Freitag

Wir haben uns im Saal die 16. VARIANTE des Films angeschaut. Sie ist die beste von allen. Alles ist in Ordnung. Nur ein Idiot wird hier nichts begreifen.

HIER ALSO IST SIE:
1. Die Logopädin (den Schluß kürzen) (Ignat einfügen).
2. Vorspann.

3. Der Bauernhof, II. Traum (Ritas Blick herausschneiden).
4. Telefongespräch mit der Mutter (Fenster herausschneiden).
5. Die Druckerei.
6. Natalja vor dem Spiegel (Anfang einfügen).
7. Die Spanier.
8. Die Erscheinungen.
9. Der Dachboden.
10. Der Instruktor (nach der Treppe – Wochenschau).
11. Kriegswochenschau (nach Wochenschau: Junge und Vogel).
12. Der Vater.
13. Der Busch.
14. Interieur X. (Anfang verlängern) Traum I.
15. Die Ohrringe.
16. Die Tröstung.
17. Die alte Mutter.
18. Die Krankheit (einfügen – mich).
19. Schluß (ergänzen Einstellung des Bauernhofs).

13. APRIL, Sonnabend

Montage. Habe den Schluß umgebaut. Gut, scheint mir. Am Montag ist Sitzung des Kunstrats.
Die Musik zum Film:

1. Vorspann.	a. Bach, Präludium in d-Moll für Orgel
2. Traum mit Regen.	b. Artemjew
3. Die Erscheinungen.	c. Artemjew
4. Der Dachboden – der Ausbilder	d. Purcell
5. Kriegswochenschau	e. Artemjew
6. Rückkehr des Vaters	f. Bach (Johannespassion)
7. Traum mit Wind.	g. Artemjew
8. Die Ohrringe – der Junge Aljoscha	h. Purcell

9. Die Ohrringe – das Kind i. Artemjew »Solaris«
10. Der Hahn. k. Bach, Johannespassion
11. Die Tröstung. Die l. Artemjew »Solaris«
    Milch
12. Der Petroleumkocher. m. Purcell
13. Die Krankheit – Schluß n. Bach, Orgel

15. APRIL, Montag

1 Schicht Tonaufnahmen.

16. APRIL, Dienstag

Der montierte Film ohne Vorspann – 2960 m. Es wäre gut, wenn der ganze Film eine Länge von 2800 Metern hätte.

17. APRIL, Mittwoch

Nach der Sitzung des Kunstrats: besser diesmal, aber ziemlich entwürdigend. Alle waren sich einig, der Film sei ein Kunstwerk.

18. APRIL, Donnerstag

Montiert und Unnötiges eliminiert.

19. APRIL, Freitag

Die Montage ist beendet – 2970 m.
  Irgend etwas muß ich eliminieren, weiß aber nicht, was.
  Wir haben Tonaufnahmen gemacht – die Geräusche angelegt.

20. APRIL, Samstag

Für Montag bereiten wir die Tonmischung vor. Das »Telefongespräch mit der Mutter« und die »Krankheit« habe ich gründlich gesäubert. Mit sehr gutem Ergebnis. Vorher habe ich auch die Busch-Sequenz gesäubert.

23. APRIL, Dienstag

Mischung 2.
 Der zweite Teil ist gemacht.
 War bei Sisow. Er weigert sich, den Film in der Form abzunehmen, wie ich es plane (Ausbilder, Kriegswochenschau, die in der Luft schwebende Mutter und der Autor im Bett). Zum Teufel mit ihm.
 Vom 24. 4. bis 1. Mai: Reise nach Italien.

5. MAI, Sonntag

Wir haben die morgige Tonmischung vorbereitet. Ich habe die Musik besorgt, Pergolesi Stabat Mater zum »Dachboden« (»Buch«) – Nr. 1 und zum »Spiegel« in den »Ohrringen«. Die vorletzte Nummer.
 Jetzt muß nur noch die Musik für den Schluß geschrieben und eingefügt werden: »Und Judas ...«, Nr. 39, Sopran – Chor.

13. MAI, Montag

Tonmischung vorbereitet.

14. MAI, Dienstag

Mischung 7.
 Wir haben den 8. und 9. Teil gemacht (2).

15. MAI, Mittwoch

Teil 10 und 11, die letzten zwei Teile, gemacht.
 Die erste Tonmischung ist beendet. Ich habe es mir am Abend angesehen: gar nicht schlecht.
 Dabei waren noch: Kolja Schischlin und Ljena, O. Surkowa, Petja, Felix Kusnezow mit Frau, Posner mit Frau und andere.

17. MAI, Freitag

Heute um 2 Uhr Kunstrat: Regisseurkomitee.
Die Sitzung hat stattgefunden. Entsetzlich. Das Resumee: fantastisch, aber unverständlich. Das Fazit: zwei Punkte: 1. Es wird nicht klar, wo es sich um die Ehefrau, bzw. die Mutter handelt. 2. Der Autor soll aus der Schlußsequenz verschwinden. Nichtsdestoweniger verlangte Sisow in seiner abschließenden Erklärung in seinem eigenen Namen und im Namen der Obersten Staatlichen Filmbehörde der UdSSR, Goskino, daß die Kriegswochenschau, die Sequenz mit dem Instruktor und die »sich in die Lüfte emporschwingende Mutter« aus dem Film zu entfernen seien.
Was ich machen soll, weiß ich nicht.

20. MAI, Montag

NB: 1) Versuchen, Smoktunowskij bei der Nachsynchronisation durch Samanskij zu ersetzen. 2) Versuchen, den Film zu kürzen: 3) Untertitel setzen: »Mutter«, »Ehefrau«. Im »Bauernhof«: »Mutter«, vor dem Spiegel: »Ehefrau« etc. 4. Versuchen, mit dem Vorspann zu beginnen a), dann b) Die Logopädin, c) Der Bauernhof.

24. MAI, Freitag

Ein Skandal:
1. Alow und Naumow haben das Gutachten des Vereinigten Kunstrats nach der Sitzung des »Regie«-Komitees vom 17. Mai abgeändert.
Das heißt, sie haben »die Meinung des Kunstrates der Abteilung« gemäß den Äußerungen Sisows modifiziert.
2. Sisow besteht weiterhin auf einer »Umarbeitung« (?) des »Ausbilders«, der »Kriegswochenschau« und der Schlußsequenz, der »Ohrringe« – ist gegen die »schwebende Mutter« und die unkritische Einstellung sowohl des Autors wie auch der Mutter zu der reichen Solowjowa. Ist

außerdem gegen die »Verklärung der heiligen« Mutter. Gegen das Erscheinen des Autors im Film.

25. MAI, Samstag

3. Alow schweigt diesmal mehr – als Ausgleich zur vorhergehenden Sitzung. Naumow ist aggressiv – und kriecht der Leitung in den Hintern. Er ist innerlich gespalten; hat kein Selbstvertrauen und beginnt andere, die zu schöpferischer Arbeit fähig sind, zu hassen.
4. Das Problem: »wo Mutter – wo Natalja«. Wir haben uns dahingehend geeinigt, daß die erste Szene mit Natalja neu synchronisiert wird – so daß die Betonung darauf liegt, warum und in welcher Weise Natalja der Mutter gleicht. Ich mache dies um so bereitwilliger, als sogar mein Vater sagte, ihm sei diese Szene unverständlich.
5. Die weiteren Ereignisse im Zusammenhang der Veränderungen sind im Konflikt untergegangen.

27. MAI, Montag

Naumow ist plötzlich ausgerastet und brüllte mich an. Ich bat ihn, mich nicht anzuschreien; er hatte Schaum vor dem Mund und schrie: »Ein Genie! Ein Genie! Da wird ein Riesengeschrei gemacht, daß du ein Genie bist und du glaubst das auch noch! Ein Riesengeschrei, daß der Film genial ist, und du glaubst auch das noch!« Ich sagte ihm, er solle sich beruhigen. Und was die Genialität des Filmes anginge, so hätte mir niemand dergleichen gesagt. Aber er beharrt seltsamerweise darauf. Dann begann Sisow alles aufzuzählen, was ich ändern soll:
1. Die Wochenschau; 2. der Ausbilder; 3. die schwebende Mutter; 4. den Autor im Bett. Dann fing er mit dem nackten Hintern der Soldaten in der Wochenschau an (woran Naumow erinnerte), daß ich die unbedingt rausnehmen solle, sonst würden sie sie selbst später aus der Wochenschau rausschneiden, aus dem Quellenmaterial selbst.

Als ich ihm darauf etwas entgegnen wollte, sagte er, ich hätte sie alle betrogen. Und verlas das Exposé (besser die »Erläuterungen des Regisseurs«) zum zugelassenen (besser: autorisierten) Drehbuch. Betrogen deshalb, weil sie (die Eingabe) nicht dem Film entspreche. Naumow gab seinen Senf dazu und sprach von unlauterem Verhalten. Ich verlangte eine Entschuldigung (die ausblieb) – andernfalls ich nicht mehr mit ihm reden würde. Dann sagte ich zu Sisow, sein Vergleich des Exposés mit dem eigentlichen Film sei unberechtigt:
1. Aus dem zweiteiligen sei ein einteiliges Drehbuch geworden.
2. Aus dem auf Bestehen des Staatlichen Komitees und des Studios folgende Episoden herausgenommen worden seien: a) Die Zerstörung der Kirche, b) die Schlacht auf dem Schnepfenfeld, c) das Interview mit der Mutter, was die Dramaturgie des späteren Films endgültig entstellt habe. Infolgedessen habe sich der Film also auf ganz natürliche (bzw. unnatürliche Weise) vom Drehbuch, und noch weiter vom ursprünglich eingereichten Exposé entfernt.

Es endete damit, daß Naumow brüllte: Verflucht sei der Tag, an dem Tarkowskijs Film genehmigt wurde! Das hat mich endgültig fertiggemacht: So etwas kann nur ein Lump sagen. Schließlich wurde die Abgabefrist um einen Monat verlängert. Ich sagte, ich würde mir die Sache überlegen, vielleicht einige Änderungen anbringen.

28. MAI, Dienstag

Mit den ersten zwei Korrekturen habe ich angefangen. Das wären:
1) Entfernung der Person des »Autors« aus dem Film.
2) Einbezug des Dokumentarmaterials über die Luftschiffe, wozu ich in der Tonaufnahme (als Radioübertragung mit Sendersuche und Wechsel von Welle zu Welle) die Logik einer Bewegung in der Zeit entwickeln möchte: die Stimme Stalins, Hitlers, Chruschtschows, Breschnews,

unterbrochen von Musik sowie anderen Stimmen und Geräuschen (Lewitan* usw.)
3) Ich möchte der Kriegswochenschau ihre Einschichtigkeit nehmen und mehrere Ebenen einführen: die Bilder vom Siwasch-See rhythmisch zerstückeln durch Kriegsereignisse in chronologischer Folge: Hiroshima, Korea, Vietnam, Israel – arabische Länder, China / Daman-Insel, um die Spur der wachsenden Kriegsgefahr aufzunehmen.
   Sie wollen die Lebensrealität unseres Landes? – Sie werden sie kriegen.

29. MAI, Mittwoch

Habe die »Stratosphärenballons« mit Musik von Purcell eingefügt.
   Den WEGGANG DER MUTTER und des Jungen von der Solowjowa verbessert (nach der »schwebenden Mutter« und vor dem Vogel, der aus dem Wald fliegt) zu Vaters Gedicht »Eurydike«.

10. JUNI, Montag

Am Freitag, dem 7., habe ich mit Mischarin ein paar Teile zur Szene »Natalja am Spiegel« und der »Ausbilder« geschrieben. Nachsynchronisation.
   Habe heut in die Szene »Natalja am Spiegel« eine Einstellung des Bauernhofs eingeschnitten, damit endgültig klar wird, warum die Terechowa beide Rollen spielt.
   Den Schluß neu montiert.
   Überlegen, was weiter mit der Musik.
   Zuerst (das heißt, in der letzten Version) war der Schluß wie folgt:

---

* War in der Sowjetunion einer der bekanntesten Rundfunksprecher, sozusagen die offizielle Stimme Radio Moskaus; verlas u. a. die Regierungserklärung zum Ausbruch des II. Weltkrieges (des »Großen Vaterländischen Krieges«). (A. d. Ü.)

1. Der Junge mit Milchkrug
2. Farbiges Interieur des Bauernhofs
→ Landschaft mit der Mutter
3. Der Junge (*Halbtotale*) geht zur (*Groß*) Mutter (der Petroleumofen)
4. Erlenbüsche (*Schwenk*) Mutter und Junge von hinten
5. Der Stein → die Ruine des Hauses → der Brunnen
6. Die Mutter kommt aus dem Wald, nimmt die Kinder an der Hand und entfernt sich mit ihnen (»Aljoscha, komm, wir gehen«).
Die Wäsche.
7. *Totale*: Die Mutter geht mit den Kindern auf uns zu und vorbei → *Totale:* Rückfahrt in Wald. (Donner)
8. Die Krankheit
9. Autor mit dem Vogel
10. Himmel → der Bauernhof → die jungen Eltern: (»Und bei wem möchtest du lieber sein?«)
11. *Halbtotale* der Vater
12. *Groß* die Mutter
13. Der brennende Span erlischt.

Die letzte Version sieht jetzt so aus (Nummern entspr. der vorletzten Version):
1. Der Junge mit Milchkrug
2.
3.
5.
9.
10.
4. evtl. streichen.
5. Einst. 4) oder 6?)
6.
12.
7.
13.

Und so die Musik:
1. vom Krug und Jungen
   → bis zum Tuten des Dampfers zur Mutter.
   Bach. Präludium.
2. Vom Vogel bis zum Ende: Händel mit Donner, von da zur Coda.

11. JUNI, Dienstag

Tonaufnahmen: Schluß.
   Nach »Letzten Endes will ich einfach nur glücklich sein«: Stimme von Tamara G.:
»Dann sei es doch!«

Musiktitel im Vorspann: Filmmusik von: J. S. Bach, Händel, Pergolesi, Purcell.

In den Rollen der Mutter und Nataljas
    Margarita Terechowa

Die Rollen der Mutter und Nataljas spielt
    Margarita Terechowa.

17. JUNI, Montag

Montiert.

18. JUNI, Dienstag

Zur Sequenz der Spanier ergänzt Einstellungen der Bombardierung Madrids (bis zu den Kindern).

Die »Radio«-Sequenz im »Stratosphärenballon« gebe ich auf – zuviel Amtsschimmel.
   Jermasch sagte (als Antwort auf die Bitte, ob er uns helfen könne, an die Tonaufnahmen der Reden zu kommen): »Mal sehen, das müssen wir uns überlegen.«

Den »Ausbilder« neu montiert. Besser geworden.

19. JUNI, Mittwoch

Die Kriegswochenschau montiert.

20. JUNI, Donnerstag

Kriegswochenschau montiert.

21. JUNI, Freitag

Am Montag will Sisow den Film sehen. (Vor seiner Abreise nach Japan).

Sisow verlängert Abgabefrist nochmal um einen Monat, obwohl ich dagegen bin, weil ich den Film als abgeschlossen betrachte.

Das ist die zweite Verlängerung. Offizieller Abgabetermin war der 28. Mai – an Jermasch.

Räuberhauptmann Jermak Timofejewitsch!

Habe die Kriegswochenschau montiert.

24. JUNI, Montag

Seit morgens an der Montage der Kriegschronik.

Die Repliken in der Szene mit dem Ausbilder redigiert.

Um 18.50 den Film einem betrunkenen N. T. Sisow gezeigt. Die Wochenschau hat ihn gepackt. Was den Ausbilder angeht: Er bittet um Streichung der überflüssigen Repliken am Ende der Szene.

Meine Idee, die »Ohrringe« und den ganzen »Krieg« die Plätze tauschen zu lassen, hat Gehör gefunden.

Aus unerfindlichem Grund ist er gegen die schwebende Mutter und die Hände mit dem Vogel – meines Erachtens ist das Blödsinn.

Trotzdem verschiebt sich der Abnahmetermin um zwei Wochen.

Wir müssen auf 3000 Meter kommen. Aber wie?

- Wir müssen die Schultern des Autors ergänzen.
- Und die »schwebende Mutter« beibehalten.
- Die Wochenschau zusammenscheiden.
- Artemjew soll die Musik zur »Wochenschau« schreiben.
- Vater noch einmal die Gedichte zur »Wochenschau« lesen.

25. JUNI, Dienstag

Die Version angeschaut, in der die »Ohrringe« und der »Krieg« umgestellt sind. Sehr schlecht.

Ich habe den Schluß des »Krieges« – »die Rückkehr des Vaters« umgearbeitet.

»Das Buch« vor die »Ogorodnikowa« gestellt.

Jetzt ist die entscheidende Frage: Wie soll der Film werden – einteilig (das heißt, den Film entweder um 178 m kürzen) oder zweiteilig (das heißt, ihn um 420 m verlängern)?

Kürzen geht auf keinen Fall: Die Chronik würde ausgedünnt und Luft und Transparenz gehen verloren.

Falls wir ergänzen, muß alles gleichmäßig verlängert werden.

26. JUNI, Mittwoch

Montiert. – DAS DILEMMA IST:
1. Bei 3000 m müßte man alles enorm zusammenpressen und vieles vergröbern.
Und trotzdem gäbe es einen Skandal mit dem Verleih, denn zugelassen sind nur 2700.
2. 3600 m machen – zwei Teile (von minimaler Kürze). Wäre von Vorteil für mich und den Verleih, aber wie 430 Meter ergänzen? Mit Sisow sprechen. Nechoroschew habe ich es schon gesagt.

27. JUNI, Donnerstag

Montiert. Habe ergänzt, verlängert. Geklebt und geschnitten.

Vor den »Krieg« und die Schießstände die Chronik und die »Radiogeräusche« 1930–1970; danach der »Krieg« als Resultat.

Das Komitee hat die Verlängerung (zum letzten Mal) akzeptiert.

28. JUNI, Freitag

Habe mich mit zwei Szenen herumgeschlagen. Es fehlen 150 m.

Am Montag zeige ich die Version Nechoroschew und Chuzijew.

1. JULI, Montag

Habe den Film auf 3600 m erweitert.

2. JULI, Dienstag

Mit dem Kunstbeirat die 3600 angesehen. Entsetzlich. Bin mit der eindeutigen Absicht, den Film einteilig zu machen, an den Schneidetisch zurückgekehrt.

3. JULI, Mittwoch

Montiert.

4. JULI, Donnerstag

Montiert.

Sisow hat (durch Nechoroschew) erklären lassen, daß er den Film nicht mit der »schwebenden« Mutter akzeptiere.

Ich habe beschlossen, sie drin zu lassen – koste es, was es wolle. Und wenn sie mir den Film nicht abnehmen!

5. JULI, Freitag, bis 10. JULI, Mittwoch

Montage. Der Film hat 2989 m. Gut.

Im Ton haben wir ein paar Geräusche geändert und das Gedicht »Leben, Leben ...« umgeschrieben.

11. JULI, Donnerstag

Eigentlich sollten sich Jermasch und Sisow den Film ansehen. Sind aber nicht erschienen.
 Morgen um 10 kommen Sisow und Pawljonok mit den Leuten vom Komitee.

12. JULI, Freitag

Pawljonok, Orlow, Sisow waren zur Vorführung da: Sisow erklärte im Namen aller, ich hätte nichts am Film gemacht, die Verbesserungen nicht eindeutig ausgeführt. Das heißt, er äußerte das genaue Gegenteil dessen, was er beim letzten Mal gesagt hatte.
 Pawljonok hat getobt. Etwas mußte er ja sagen.
 Auch Orlow hat noch etwas gelallt.
 Alles lief auf die drei Dinge hinaus: Der Ausbilder, die schwebende Mutter, die Wochenschau.
 Was tun? Es sind eben Kretins.

15.–17. JULI

Alle möglichen Erwartungen und Ausarbeitung weiterer Aktionen. Herausgefunden, wie sich
 1. der Instruktor,
 2. die Wochenschau,
 3. die Schwebende
ändern lassen.

18. JULI, Donnerstag

Tonmischung: Teil 1 und 2.

Um 16.30 habe ich den Film E. D. Surkow gezeigt.
Er sagt, saß ihm der Film gefiele; er sei das Beste, was er je im Kino gesehen hätte, damit sei völliges Neuland beschritten usw., usf.

Um 19.00 Uhr bei Sisow, der zuckersüß war.
Ich konnte ihn überzeugen, sich anzusehen, was ich mit der SCHWEBENDEN machen will.

19. JULI, Freitag

Tonmischung: Teil 3.

22. JULI, Montag

Tonmischung: 4. und 5. Teil.
Wir haben die Musik für die Kriegschronik aufgenommen – irgendwie hat sie mir nicht gefallen.
Dann die »Schwebende« synchronisiert mit den Stimmen von Arsenij Aleksandrowitsch und Rita. Das ist nicht schlecht geworden.
Ich habe den Film St. Kondraschow, Smoktunowskij, F. Kusnezow und seinem weißrussischen Freund Nikifor Paschkjewitsch gezeigt. Sie waren begeistert.

23. JULI, Dienstag

Sisow will (da scheint ein Plan dahinterzustecken) den Abgabetermin erneut (zum 14. Mal) hinausschieben. Er hat sich offensichtlich mit Jermasch beraten.
Das Komitee hat eine Möglichkeit zum Hinausschieben gefunden, ohne sich vorerst an den Ministerrat zu wenden.

Ich habe das alles furchtbar satt.

Tonaufnahmen Teil 8.

24. JULI, Mittwoch

Tschernouzan und Karaganow haben sich den Film angeschaut. Er hat ihnen, glaube ich, gefallen. Sie werden dafür sein.

Tonaufnahmen Teil 9 und 10.

25. JULI, Donnerstag

Tonaufnahmen Teil 11. Es bleiben Teil 6 und 7.

Jermasch hat den Film nicht abgenommen. Und gesagt, wenn ich (wohlgemerkt *ich*) nicht bis morgen fünf Uhr eine Liste der Korrekturen bringe, wird er dem Studio 450 000 anhängen.

26. JULI, Freitag

Ich bin krank. Jermasch hat den Abnahmetermin noch einmal um einen Monat verschoben.

Nackte Angst und eine deutliche Unlust, Entscheidungen zu treffen.

12. AUGUST, Montag

Heute habe ich einen Brief aufgesetzt und Jermasch ins Sanatorium geschickt (armer, kranker Jermasch!). Eine Antwort auf seine Anmerkungen.

Im Schneideraum habe ich Verbesserungen ausgeführt. Es bleiben noch Tonaufnahmen (2 Stunden), die nicht vor dem 20. gemacht werden (die Übertragung auf ein Band – am 28.)

13. AUGUST, Dienstag

Habe die Kriegschronik montiert. Nicht fertig geworden – morgen.

6 АВГУСТ
Понедельник

*Смотрели материал.
Всё — брак.
Нет фокуса. Всё будем
переснимать.*

*Камеру отправили
в Москву.*

*Игнатьево — хутор.
сцена с Солоницыным.*

АВГУСТ 7
Вторник

Завтра по приезде
, Тереховой
надо начинать Терехову,
если буду намерен.

10 СЕНТЯБРЬ Понедельник

Хутор XXXII

С утра дождь и пасмурно. Валерий должен был приехать вчера вечером и не приехал. Двигубский должен был приехать сегодня утром и не приех.

Из-за отсутствия Двигубского завтра мы вынуждены выехать в Томшино в 8 часов утра.

[сняли 2 кадра]: 5 дублей
1) солнечный прорыв во 2"см
2) 1й быт кадр I сна (?/8) 5 дублей.

Завтра, несмотря ни на что едем в Томшино говорить и, может быть, снимать фундамент.

Хутор XXXIII

СЕНТЯБРЬ Вторник 11

В тишине сидели фундамент с Филиппом —
1 кадр.

Ездили в Москву смотреть материал. По-моему всё плохо. Сцена с Солонициным тоже. И всё резко. Конечно будет резко, если снимать ~~не~~ с полной диафрагмой. В общем настроение мерзкое.

← СЪЕМКИ ФИНАЛА ↓

Mit Sascha einen neuen Schluß für den Text des Autors geschrieben:

DIE ALTE:	Nein, nein! Das denkst du dir so!
AUTOR:	Laßt mich in Ruhe!
ARZT:	Verzeihung, haben Sie etwas gesagt?
AUTOR:	Laßt mich in Ruhe! Letzten Endes wollte ich doch nur glücklich sein.
T. G.:	Und deine Mutter? Was wird mit ihr, wenn du nicht aufstehst?
	(Pause)
AUTOR:	Das... habe ich mir eigentlich nicht überlegt...
T. G.:	Dann tu das!
AUTOR:	(seufzt).

20. AUGUST, Dienstag

Wir haben den siebenten Teil umgespielt und den fünften aufgezeichnet.

Übriggeblieben sind folgende Teile: der dritte (Demidowa), der sechste (»Der Leiter der vormilitärischen Ausbildung«) und der elfte (Smoktunowskij).

Ich habe mit Sisow gesprochen: Er hat dem Negativschnitt und der Fertigung von Kopien für das Komitee zugestimmt. Um die Überspielung des dritten, sechsten und elften Teils vornehmen zu können, müssen sie vertont werden.

26. AUGUST, Montag

Wir haben den dritten Teil aufgezeichnet (¹/2 Schicht).

27. AUGUST, Dienstag

Wir haben den siebenten und elften Teil aufgezeichnet. Während der Herstellung des Originalnegativs müssen der sechste und elfte Teil aufgezeichnet werden.

28. AUGUST, Mittwoch

Sisow hat den Film abgenommen und das Protokoll unterzeichnet. Zugleich hat er gesagt, ich müßte gewärtig sein, daß mir Jermasch wegen der »Logopädien« und der »Schwebenden« noch Unannehmlichkeiten bereiten würde.

N.B.: Drehbuch und kleine Rolle mit Filmausschnitten für die Werbung.

12. SEPTEMBER, Donnerstag

Am Morgen habe ich mit Jermasch telefoniert. Er hat mich gebeten, zu ihm zu kommen, sobald ich wieder gesund bin.

Schließlich haben wir ein Gutachten von GOSKINO erhalten. Da ist es nun.

Mein Gott, wann wird all das ein Ende haben?

30. SEPTEMBER, Montag

Ich war bei Jermasch. Er hat folgende Korrekturen verlangt:
1. Nach der spanischen Wochenschau ist die Fahrt Tschkalows auf der Gorkijstraße einzufügen (im Teil, wo die Ballons vorkommen).
   Das mache ich.
2. In das Material der Kriegswochenschau (Salut) ist die Begrüßung unserer Panzer durch die Einwohner Prags einzufügen.
   Das mache ich.
3. Das Stottern des Leiters der vormilitärischen Ausbildung ist zu eliminieren.
   Das mache ich nicht.
4. Im Schlußteil sind die Repliken Smoktunowskijs zu berichtigen.
   Das mache ich.
   1. Spanien (überlegen).
   2. Großer Vaterländischer Krieg (Wochenschau).

18 ОКТЯБРЬ
Четверг

Москва.

Павильон —
«Дом бабушки»

Сняли дубли кадр. ч. 2 дубля цветных,
1 дубль ч/б. Гоша наш играл, что
может быть очень хорошо.
Посмотрим.

ОКТЯБРЬ 19
Пятница

Смены не было.
С понедельника в
монтажной будут доснимать мой материал
без режиссёра.
Жень, молодец.
(титры)

3. Episode mit dem Leiter der vormilitärischen Ausbildung.
4. Schluß.

So sieht die »Handschrift« Jermaschs aus.

9. OKTOBER, Mittwoch

Ich war bei Sisow, der mir Jermaschs kategorische Forderung übermittelte, die Episode über den Leiter der vormilitärischen Ausbildung auf irgendeine Weise zu ändern.

Ich habe eine Stelle herausgeschnitten, wo dieser stottert, statt dessen habe ich eine Einstellung eingeführt, wo Assafjew seine Matte verläßt.

Es ist nicht schlecht geworden.

Jetzt müssen wir es schaffen, rechtzeitig die Endkopie abzuliefern.

22. OKTOBER, Dienstag

Heute hat das Komitee das Protokoll über die Abnahme des »Spiegel« unterzeichnet. (Orlow übergab das Gutachten, in dem er verschwieg, daß ich alle Korrekturwünsche berücksichtigt habe.)

Damit ist die ganze Prozedur der Filmabnahme erledigt.

20. DEZEMBER, Freitag

Das Studio hat den Film »auf Wunsch« des Komitees in die zweite Kategorie eingestuft.

Heute findet die Premiere statt.

TEXT ZUR »SCHWEBENDEN«

»Das ist doch nicht so schlimm ... beruhige dich; alles wird gut.«

»Schade, daß ich dich erst jetzt sehe, wo es mir schon sehr schlecht geht.«

»Hörst du mich?«

»Ja.«

(Pause)

»Jetzt habe ich zu schweben begonnen.«

»Was ist mit dir, Marussja? Ist dir schlecht?«

»Wundere dich nicht, es ist doch einfach zu verstehen: Ich liebe dich.«

(Pause)

*

(Meinungen)
1. CHUZIJEW:

Nicht das ganze Material ist kompliziert (ohne Film) – man muß das Wesentliche der Lage und der seelischen Verfassung erfassen, den Kern der Sache treffen.

Pasternak (schwierig) und Puschkin (klar). Klären, wie die Akzente zu setzen sind: von Boris Leonidowitsch zu Alexander Sergejewitsch.*

»Ich habe die ganze Zeit ein und denselben Traum« – liegt darin nicht der Anfang eines treibenden Motivs für die ganze Konstruktion?

2. BONDAREW:

Mir ist der Film bei all meiner Beschränktheit dennoch verständlich.

---

* Gemeint sind hier die russischen Dichter Boris Leonidowitsch Pasternak und Alexander Sergejewitsch Puschkin. (A. d. Ü.)

Meiner Ansicht nach handelt der Film vom menschlichen Glücksgefühl, davon, was wir über das Glück denken.

Mir fehlt das Wort »Glück« im Film. Die Vielfalt des Lebens ist meines Erachtens in der Existenz des Helden nicht ausreichend dargestellt.

3. LASAREW:

Ich möchte den Film noch einmal sehen, so wie ich ein Buch noch einmal lesen möchte. Die ersten Episoden sowie »Der Leiter der vormilitärischen Ausbildung« und »Die Druckerei« sind gut montiert. Was kann man deutlicher machen? Manchmal ist es besser, eine Idee klar herauszuarbeiten. Die *Idee* eines Menschen – seine Anhäufung von Erfahrungen.

Die Bemerkung über die »Erinnerung« (Schluß) sollte wegfallen.

Der Text des Autors ist nicht immer gut. Der Vortrag der Verse ist nicht besser.

Die Verse schaffen eine Distanz zur bildlichen Darstellung.

Die Szene mit dem offenen Feuer ist zu lang.
Die Episode mit den Spaniern ist nicht sehr gut plaziert.
Man hat das Gefühl, daß zwei Schlußteile existieren (das Bett und gleich darauf die Mutter).
Es ist ein großartiger Film. Er handelt von der Spiritualität in unserer heutigen Welt.
– Was heißt es, mehrmals ein Buch zu lesen?
– Handelt von der Kindheit – so etwas ist immer traurig.
– Primäre und sekundäre Zusammenhänge.

4. MALZEW:

Sowohl in der Ästhetik als auch von der Sprache her stellt dieser Film etwas Neues in der Kunst dar.

Er hat mich erschüttert.

Man kann sich unschwer vorstellen, daß man ihn oben als problematisch ansehen wird.

Es ist ein Film über die innere Welt des Menschen, über den Sinn des Lebens, darüber, *welchen Weg man einschlagen soll.*

Er ist nicht pessimistisch.

Er hat mir sehr gefallen, und ich möchte ihn noch einmal sehen und über ihn nachdenken.

a) Mich haben die Verse sehr stark berührt (Kunst der zweiten Reflexion).

   Es regt sich Protest wegen der Verse.

b) Einige Unklarheiten, was die Übergänge zu den Rückblicken betrifft.

   Klären!

Das ist auch ein Film über mich, mein Leben, meine Familie. Es ist sehr zeitgemäß.

5. PUDALOW:

Ich habe den Film zum ersten Mal gesehen. Ich bin tief erschüttert. Wirkliche Kunst wird von jedem auf seine Weise wahrgenommen.

Die Dynamik der Momente, die dem Autor im Gedächtnis geblieben sind. Das ist ein und dasselbe aus verschiedener Sicht.

Es wurde gesagt, die Verse würden stören. Ich empfinde das nicht so. Sie werden leidenschaftslos vorgetragen. Das ist gut. Die Verse passen sehr gut zum Material der Kriegswochenschau. Hier ergibt sich eine harmonische Verbindung.

Mir ist bange um einen Film, der durch die Mühlen gedreht werden muß. Ein Herumkorrigieren nützt niemandem.

Die Spanier sind zu abrupt eingefügt. Vielleicht kann eine geeignete Stelle für sie gefunden werden.

Mir gefällt Smoktunowskij.

Es sind Längen vorhanden.

6. LEONOW:

Wenn alle Gedanken verschieden sind, werden sie verschieden aufgefaßt werden. Die Wahrnehmung ist individuell.

Es ist ein komplizierter, ungewöhnlicher, das Gefühl ansprechender Film.

Die Welt der Dinge. Sowohl die Verse sind gut als auch der Text des Autors.

Mich haben die unklaren Übergänge gestört. Sobald ich anfange, über Logik nachzudenken, die manchmal nicht vorhanden ist, stört mich das.

Ich muß die Informationen genauer rezipieren.

Es herrscht eine gewisse Einförmigkeit des Themas. Auch wären da noch etliche Fragen zu stellen.

7. L. N. NECHOROSCHEW:

Diese Variante ist besser.

Ein Mangel ist der komplizierte Aufbau (die Spanier).

Vielleicht habe ich unrecht, aber der Text Smoktunowskijs (Leonardo) kommt unerwartet – Das Ganze ist nicht verständlich. Der Film ist von seinem Aufbau her nicht exakt.

● (Trischkas Kaftan).

8. NAUMOW:

Der Film ist besser geworden, aber trotzdem habe ich Einwände. Was die Verständlichkeit betrifft, so muß er (A. Tarkowskij) die Spielregeln einhalten, die er selbst vorschlägt. Die Episoden gehen wild durcheinander und fügen sich dann plötzlich zusammen.

Der Aufbau ist noch unfertig. Man versteht nicht, wer sich wo befindet. Natalja? Maria?

Vieldeutigkeit – die Träume, die Spitzen, der Leiter der vormilitärischen Ausbildung.

— Ideologie: der Junge schießt nicht (Pazifismus)
die Granate, der Junge im Bett (»Die Ohrringe«).
Der Autor im Bett.
Die Spanier fügen sich deswegen so schlecht in den Film ein, weil es keine weiteren dazu passenden Episoden gibt.

9. KREMNJOW:

Mir gefällt der Film außerordentlich.
Er ist emotional.
Mir ist alles verständlich. Sogar Tamara Ogorodnikowa. — Handelt es sich um die Geliebte des Autors?
Der Film ist voller Musikalität. Er berührt sehr viele Themen. Über die Pflichten, das Talent — das Bittere und das Gute —.
— Der Stotterer soll anfangen zu sprechen.
Das ist ein fertiger Film für sich; in ihm gibt es noch keine Musik und keine Geräusche.
Diese Musterkopie ist das Ergebnis ernsthafter Arbeit.
Meiner Meinung nach wird den *Spaniern* darin zu wenig Platz eingeräumt.
Eine zerrissene Episode.
Die Verse sind sehr gut.
Der Schluß ist gut.
Der allgemeine Eindruck: ein in politischer Hinsicht richtiger Film.
Er hat keinen subversiven Charakter.
Die Form ist ungewöhnlich — die gesellschaftliche Realität vielgestaltig.

10. SKUIBINA:

a) Mich stören die Hilfswörter, die um der Kopula willen verwendet werden;
b) Mich haben die Verse gestört. Ohne Verse wäre es besser (»Erste Begegnungen«). Das Wesentliche geht bei der Episode verloren;

c) Schade *um den alten Schluß* (Nechoroschew ist auch dieser Meinung).

11. CHUZIJEW:

Fellini — *Eindrücke!*
Dokumentarischer Anfang
— Einförmigkeit
— Wie gesprochen wird
Stratosphärenballon

*

Fragen
(an die Mutter)

ERSTER ENTWURF

»Was verstehen Sie als Mutter unter der erzieherischen Mission der Kunst?«

»Sagen Sie immer die Wahrheit?«

»Worüber würden Sie sich jetzt am meisten freuen?«

»Was ist Glück? Wären Sie zufrieden, wenn diejenigen, die Sie lieben, entgegen Ihrer Glücksauffassung glücklich wären? Wenn nein, warum?«

»Sind Sie davon überzeugt, daß Ihre Kinder glücklich sind? Woran erkennen Sie das?«

»Womit würden Sie sich gern in Ihrem Leben befassen, wenn Sie keine Korrektorin geworden wären?«

»Sie waren acht Jahre alt, als die Revolution stattfand. Was ist von dieser Zeit in Ihrer Erinnerung geblieben?«

»Haben Sie irgendwann einmal gegen Ihr Gewissen gehandelt? Wenn ja, unter welchen Umständen?«

»Wen halten Sie für stärker – den Mann oder die Frau? Weshalb?«

»Verzeihen Sie die profane Frage: Was essen Sie gern?«

»Wie haben Sie mit dem Rauchen angefangen? Empfinden Sie deswegen Gewissensbisse?«

»Haben Sie mit Menschen zu tun bekommen, die nicht aus Ihrer Umgebung stammen? Wie und unter welchen Umständen? Erzählen Sie, wen Sie am meisten liebgewonnen haben. Und weshalb?«

»Wie würden Sie den Begriff ›Geschichte‹ formulieren?«

»Was glauben Sie? Warum haben wir im Vaterländischen Krieg gesiegt?«

»Ihr Enkel ist noch ein Kind. Welche Bücher, Gemälde und Werke der Musik möchten Sie ihm in erster Linie nahebringen? Und warum?«

»Stellt der Neofaschismus Ihrer Meinung nach eine ebensolche Gefahr dar wie der Faschismus vor Ausbruch des Zweiten Weltkrieges?«

»Was würden Sie sagen, wenn Sie die Möglichkeit hätten, sich mit einem Rat oder einer Bitte an alle Menschen der Welt zu wenden?«

»Wie stehen Sie zur Kulturrevolution in China?«

»Kommt es vor, daß Sie ungerecht sind? Wenn ja, unter welchen Umständen?«

»Geht Ihr Enkel zur Schule? Haben Sie etwas am Schulwesen auszusetzen? Was im einzelnen?«

»Gibt es Menschen, die Ihnen Gutes angetan haben? Sind Sie ihnen dankbar? Und wofür genau?»

»Und gibt es Menschen, die Ihren Kindern Gutes erwiesen haben? Wer eigentlich?«

»Welche Eigenschaften an den Menschen schätzen Sie am meisten und warum? Welche Eigenschaften schätzen Sie nicht, sind aber bereit, sie zu tolerieren?«

»Und wie verhalten Sie sich zum Egoismus?«

»Was gefällt Ihnen an der heutigen Jugend?«

»Gibt es Menschen, die Sie hassen? Haben Sie irgend jemanden aus Ihrem früheren Bekanntenkreis je gehaßt?«

»Gibt es in Ihrem Charakter Eigenschaften, die schwer zu erklären sind? Welche?«

»Warum lieben Sie das Leben?«

»Und was hassen Sie daran?«

»Was war die komischste Begebenheit in Ihrem Leben?«

»Sie haben doch Ihr ganzes Leben nicht nur in Moskau verbracht. Wo haben Sie sich am wohlsten gefühlt? Und weshalb?«

»Ist es vorgekommen, daß Sie unter den Folgen Ihres Handelns gelitten haben, weil Sie sich konsequent verhielten? Möchten Sie diesen Fehler korrigieren? Oder ist ein Prinzip für Sie wichtiger als das, was Sie als Folge für das Vertreten ebendieses Prinzips in Kauf nehmen müssen?«

»Was möchten Sie, ausgehend von Ihren Erfahrungen, jemandem raten oder wünschen, der ins Leben tritt?«

»Was macht Ihres Erachtens den russischen Charakter aus? Welches sind seine Vorzüge und welches seine Mängel?«

»Was würden Sie sich wünschen, wenn Ihnen wie im Märchen drei Wünsche offenstünden? Und für sich selbst?«

»Weshalb haben Sie Ihre Freunde in der Druckerei gern? Wen besonders?«

»Weshalb lieben Sie Ihre Kinder?«

»Und was ärgert Sie an ihnen?«

»Was halten Sie von unseren Flügen in den Kosmos?«

»Was würden Sie Ihren Kindern wünschen, solange sie noch Kinder sind: Nichts außer abstraktem Glück?«

»Kennen Sie Ihre Kinder gut?«

»Was halten Sie für Ihre Bürgerpflicht?«

»Erzählen Sie bitte die allerunwahrscheinlichste Begebenheit Ihres Lebens.«

»Was glauben Sie: Könnten Ihre Lebenserfahrungen für Ihre Kinder von Nutzen sein? Oder halten Sie Ihre Erfahrungen für allzu individuell?«

»Könnten Sie einem talentierten Menschen vieles verzeihen? Weshalb?«

»Welche menschliche Charaktereigenschaft würden Sie als die widerlichste bezeichnen? Weshalb? Sind Sie solchen Menschen je begegnet?«

»Begingen Sie in Ihrem Leben je Fehler? Und welche?«

Dokumente zum langen Marsch des »Spiegel«
durch die Instanzen
der sowjetischen Filmbehörde

PROTOKOLL

der Sitzung des Redaktionskollegiums
des Experimentellen Filmstudios,
abgehalten am 6. Januar 1967

Teilnehmer:
W. F. Ognjow, W. I. Grakina, W. M. Djatschenko, B. A.
Slutzkij, L. A. Gurjewitsch, L. F. Schmugljakowa, A. A.
Tarkowskij, A. N. Mischarin, L. I. Lasarew, A. M. Chait.

Tagesordnung:

Information A. A. Tarkowskijs über die Grundidee für
einen Film mit dem Arbeitstitel »Die Beichte«

Tarkowskij: Die Grundidee meines Films ist kompliziert;
er wird, was seinen Aufbau, seine Vorbereitung und die
Inszenierung betrifft, sich etwas von den üblichen Werken
der Filmkunst unterscheiden. Auch der Produktionsprozeß
wird bei diesem Film etwas anders sein als sonst ... vor
allem möchte ich Ihnen hier Alexander Nikolajewitsch
Mischarin vorstellen, mit dem ich das Drehbuch für den
künftigen Film gemeinsam schreiben werde.

Die Idee, die diesem Projekt zugrunde liegt, besteht in
folgendem:

Wir wollen bei diesem Film etwas tun, was in der Filmpraxis noch nicht genügend erprobt ist, nämlich Befragungen durchführen, damit es ein in wahrstem Sinne künstlerischer Film wird. Das Material für diesen Film soll in der
Art eines direkten Gesprächs mit der Hauptfigur des künftigen Films – nicht etwa mit einem Schauspieler – gedreht
werden. Die Idee besteht, kurz gesagt, darin, einen Film
über meine Mutter zu drehen. Sie hat, wie alle Mütter, ein
langes und interessantes Leben hinter sich. Wir sind dabei,
eine Liste von Fragen zusammenzustellen – das ist eine
reine Drehbucharbeit und eine sehr schwierige Aufgabe –,

die dazu dienen soll, meine Mutter schon frühzeitig zur Beantwortung unserer Fragen zu bewegen. Alles soll mit einer versteckten Kamera aufgenommen werden. Das soll ganz unauffällig geschehen, damit sie nicht weiß, daß ein Film gedreht wird. Es soll sich einfach um irgendwelche vorbereitenden, rein zufälligen Gespräche handeln. Sie soll nicht traumatisiert werden. Wir müßten selbstverständlich nicht zu solchen Methoden greifen, wenn wir die Möglichkeit hätten, mehrere Male zu proben und einen Menschen auszuwählen, der sich vor der Kamera und dem Mikrofon nicht scheut. Aber hier müssen wir anders vorgehen.

Ich sagte schon, daß die Zusammenstellung solcher Fragen eine schwierige psychologische Aufgabe ist. Die Gestaltung der Fragen, ihre allgemeine Tendenz, ihre Verbindung mit der Biographie meiner Mutter, mit deren Verhältnis zu den Menschen und zu verschiedenen gesellschaftlichen Ereignissen – all das muß gut durchdacht und von uns als die Basis unseres Arbeitsprogramms betrachtet werden. Dann werden wir all diese Dialoge drehen.

Dafür brauchen wir jemanden, der diese Interviews macht. Ich weiß noch nicht, wer das sein soll. Vielleicht ein guter Psychiater, der es versteht, mit einem Menschen so zu reden, daß dieser sich ihm mit völliger Leichtigkeit rückhaltslos offenbart ... Das gedrehte Material sehen wir uns auf der Leinwand an und sondern das aus, was vom Hauptthema des Films abweicht oder mißlungen ist. Das, was danebengeraten ist, drehen wir noch einmal. Danach werde ich – gerade ich, weil ich diesen Menschen, über den ich den Film mache, sehr gut kenne (und ich kenne ihn wirklich gut) – erneut mit diesem Material arbeiten. Ich bitte Sie, zu verstehen, daß sich durch den Gehalt der Antworten, durch den Grad ihres Interesses die Akzente verschieben können: Manche Fragen werden zweitrangig werden, während andere kraft der Improvisation und der Natürlichkeit des Gesprächs in den Vordergrund rücken können. Daher wird man, je nach dem Resultat der Filmaufnahmen, die Richtung des Films neu entscheiden müssen. Danach werden wir an den Stellen, die wir schon im voraus festgelegt haben, speziell gedrehte Episoden einfügen. Diese werden entsprechend einem speziellen Drehbuch gedreht werden, das sich auf den bereits aufgezeichneten Text der Interviews stützt. Diese Episoden werden unseren Standpunkt als Autoren zu dem enthalten, was die Mutter erzählt. Sie werden einen großen oder nicht allzu großen Kontrast zu deren Bericht bilden, aber dies wird auf jeden Fall schon unseren Standpunkt zum Ausdruck bringen. Diese Episoden können sehr vieles enthalten: Sowohl altes Material von Wochenschauen als auch neues, das vielleicht speziell für unsere Zwecke aufgenommen wird; sie können auch viele Rückblicke enthalten, Rückschauen des Autors – es sind eigentlich meine –, eines Menschen also, welcher der Mutter sehr nahesteht, aber trotzdem alles, was sie erzählt, anders sieht.

Überhaupt muß davon ausgegangen werden, daß ein Sohn einen Film über seine Mutter macht, nicht etwa ein Außenstehender ... Denn unsere Beziehungen – die Verbindung zwischen mir und ihrem Leben – sind sehr eng, angefangen von der rein biologischen Verbindung mit meiner Mutter. Nicht nur sehr viel Zeit ist inzwischen vergangen, es ist sozusagen auch eine neue Generation herangewachsen, und die Ansichten haben sich geändert. So bedeutet zum Beispiel alles, was sie über meine Kindheit erzählt, für sie etwas ganz anderes als für mich. Sie kann von dem erzählen, was ihr vertraut ist, ich aber werde das drehen, was in meiner Erinnerung geblieben ist ... Das wird nicht nur jene Ereignisse betreffen, die ich gut kenne und die sich vor meinen Augen abgespielt haben. In diesem Film darf man auf keinen Fall der Phantasie freien Lauf lassen, hier ist eine sehr genaue soziale Charakteranalyse erforderlich. Mein Herangehen an den Film gründet sich auf ein Prinzip, das für mich sehr wichtig ist: Ein Charakter, eine Gestalt, die man verallgemeinert, wird ist erst dann am tiefgründigsten, wenn er sehr individuell und unwiederholbar ist. Das ist sozusagen die notwendige »halb theoretische« Voraussetzung.

Ich habe ziemlich allgemein über die Logik des Aufbaus, der Konstruktion des Films gesprochen. Es kann sich zugleich als nötig erweisen, auch Menschen zu befragen, die meine Mutter gut kennen, Menschen, die ihrerseits etwas über bestimmte Ereignisse berichten können, die mit ihrer Biographie zusammenhängen, besonders wenn es sich um wichtige Begebenheiten handelt, die die Zeit oder die Gestalt der Mutter charakterisieren. Vielleicht drei oder vier solcher Menschen. Vielleicht werden sie dasselbe Ereignis so wiedergeben, wie sie es sich vorstellen: Jeder auf seine Weise. Dabei soll dies mit dem Charakter der Mutter im Zusammenhang stehen, nicht nur mit dem Charakter des Ereignisses. Denn der Charakter der Mutter soll überhaupt die Grundlage des Films bilden. Der Kern des Films ist der Charakter des Menschen.

Im Unterschied zu den üblichen gefilmten Interviews und Befragungen wird es ein Film über einen einzigen Menschen sein. Bei verfilmten Umfragen hat man es gewöhnlich mit verschiedenen Menschen zu tun. Sie tragen durch die Aussagen diverser Personen zu einem genaueren Urteil über eine Zeit, über bestimmte Ereignisse bei. Solche Filme erzeugen beim Zuschauer die Illusion, daß ihm die Stimmung einer bestimmten Zeit vermittelt wird. Oder er erfährt, wie jemand zu einem bestimmten soziologischen, politischen oder anderen Problem steht. Unsere Aufgabe ist eine völlig andere, sie hat eigentlich nichts mit derartigen Befragungen zu tun. Unsere Aufgabe ist es, den Film so zu drehen, daß bei der Endmontage der Charakter der Mutter deutlich wird – eines Menschen mit all seinen individuellen und unwiederholbaren Beziehungen. Dieser Film müßte meines Erachtens auch für den Zuschauer interessant sein.

Wovon soll dieser Film handeln? Letzten Endes fühlen wir uns bis zu einem gewissen Grade schuldig gegenüber unseren Müttern. Dieses Gefühl ist nicht immer deutlich ausgeprägt. Häufig neigen wir dazu, das Wichtigste zu vergessen. Daher scheint es mir sehr wichtig, dieses Problem ins allgemeine Bewußtsein zu rücken. Es ist mir nicht peinlich, daß es sich um meine Mutter handelt. Ich will erklären, weshalb. Man könnte das Problem auch anders stellen: Man könnte irgendeinen anderen Menschen nehmen und genau das gleiche in Verbindung mit jener Person zum Ausdruck bringen. Für mich wäre das jedoch inakzeptabel. Ich muß meinen Film, ohne Beimischung von Phantasie, auch über einen Menschen machen können, den ich sehr gut kenne und den ich liebe.

Wovon also soll dieser Film handeln? Vor uns soll das ganze Leben einer Frau und Mutter vorüberziehen. Ich bin absolut davon überzeugt, daß ein derartiger Film interessant sein muß, wenn wir es mit einem Menschen zu tun haben, der sein Leben ehrlich gelebt hat. Und dieses Leben kann wegen seiner Individualität nur interessant sein. Der Film wird schon wegen seines Inszenierungskonzepts von Interesse sein. Selbst jene Stellen, wo irgend etwas, vom Standpunkt der Perfektion aus betrachtet, nicht gelingen wird. So wird sie vielleicht erwidern, daß sie auf eine bestimmte Frage nicht zu antworten gedenkt. »Und weshalb verweigern Sie die Antwort?« werden wir sie fragen. »Erklären Sie uns bitte, warum Sie uns nicht antworten wollen ...« Das heißt, jeder Fehler, jedweder Mangel an Präzision vom Standpunkt eines banalen Filminterviews, wird sich hier in einen Vorzug verwandeln. Das heißt, wenn ich Ihnen eine Frage stelle und unbedingt eine wahrheitsgemäße Antwort verlange, und wenn Sie sich aus irgendeinem Grund weigern, mir diese Frage zu beantworten, löst dies bereits bestimmte Gedanken aus. Ich führe dies nur als Beispiel an; wir können auch andere interessante Überraschungen erleben. All dies bringt etwas über den Charakter meiner Mutter zum Ausdruck, eines Charakters, der sich dank ihrer Erfahrung und jener Information herausgebildet hat, über die sie verfügt.

Und so soll dieser Film also von meiner Mutter handeln, von ihrem sehr schweren Leben, mit seinen Hoffnungen, seinem Glauben, seinen Helden, seinen Freuden. Es soll eine normale Lebensgeschichte sein. Die Befragung soll sich schließlich in einen Film verwandeln – im Laufe seiner Entstehung. In einen Film im wahrsten Sinne des Wortes! Daher besteht unsere Aufgabe darin, unseren Fragebogen so anzulegen, daß er sich auf das Leben eines einzigen Menschen konzentriert. Unsere Aufgabe ist es also, die Ergebnisse der Befragung so zu verarbeiten, daß die Gedanken der Mutter und ihr Text mit Hilfe des Autors besonders zur Geltung kommen. Wir fügen auf diese Weise in ihr Leben Material ein, das den Film plastisch erweitert...

Ich verschweige nicht, daß es interessant wäre, mit Hilfe bestimmter Filmschnitte und Stilmittel einfach einen Menschen zu zeigen, der auf eine Befragung antwortet. Schon das wäre interessant. Aber mich reizt das nicht. Für mich ist es auch wichtig, unseren Standpunkt als Autor zu diesem durchlebten Leben deutlich zu machen. Und uns hierzu in gutem Sinne tendenziös zu verhalten.

Sie werden mich sicher fragen: Welche Fakten sollten hier gezeigt werden? Worüber werden Sie mit ihr sprechen? Warum soll das für alle von Interesse sein? Es können da ganz verschiedene Fragen gestellt werden. Zum Beispiel: »Welches ist das wichtigste Ereignis in Ihrem Leben? An welche Ereignisse in Ihrem Leben erinnern Sie sich am deutlichsten?« Sie kann diese Fragen beantworten oder auch die Antwort verweigern, was ebenfalls sehr aufschlußreich wäre. Man könnte sie auch auffordern, vom schwersten, tragischsten Moment in ihrem Leben zu erzählen. Nehmen wir an, wir stellen ihr die Frage: »Glauben Sie an Gott?« und sie bejaht, worauf wir weiterfragen: »Und weshalb?« Oder sie antwortet: »Ich glaube nicht an Gott.« Und wir fragen weiter: »Warum nicht? Sie sind doch im Jahre 1908 geboren und wurden religiös erzogen, usw. usf.« Dieser Charakter kann von nichts unberührt bleiben, was den Menschen heute bewegt. Die Fragen akkumulieren sich. Die Autoren müssen in der ersten Etappe, sozusagen auf dem halben Weg zum Drehbuch, diese Liste von Fragen zusammenstellen. Die zweite, nicht minder wichtige Aufgabe besteht darin, einen Menschen zu finden, der mit ihr reden könnte. In diesem Film werden keinerlei Schauspieler vorkommen. Aber es wird ein Spielfilm sein. Selbstverständlich kann es Zufälle geben. So weiß ich beispielsweise, daß außer meiner Frau (die die Rolle der Närrin in »Rubljow« verkörperte) niemand meine Mutter spielen kann. Der springende Punkt dabei ist nicht, daß sie Schauspielerin ist, sondern daß sie meiner Mutter vor dreißig Jahren absolut ähnlich sieht. Ich habe hier also einfach Glück gehabt. Falls die Dinge anders lägen, würde ich völlig davon Abstand nehmen, mit irgendeiner anderen Frau die Rückblicke zu drehen. Aber da diese Möglichkeit existiert und mir das Leben selbst einen Fingerzeig gegeben hat, wer von den mir nahestehenden Personen diese Rolle spielen könnte, bin ich gewillt, die Jugend meiner Mutter, die Kriegsjahre oder noch andere Ereignisse in ihrem Leben in der Retrospektive zu zeigen...

Dieser Film erscheint mir noch aus anderer Sicht äußerst interessant: Zum ersten Mal wird die Filmkunst, obgleich es vielleicht schon vorher Ähnliches gegeben hat ... vor eine schöpferische Aufgabe gestellt, die dem literarischen Schaffen gleichkommt, eine Aufgabe also, bei der der gesamte Schaffensprozeß die ursprüngliche Grundidee vertieft, ihr allmählich Gestalt verleiht und ihre endgültigen Konturen erst ganz zum Schluß beim Filmschnitt deutlich werden läßt.

Selbstverständlich nahmen auch die gefilmten Interviews nicht gleich Gestalt an. Sie wurden ebenfalls nach und nach mit Material angereichert. Aber in ihnen wurde immer die endgültige Tendenz, die Idee des Films deutlich sichtbar, und sei es in den Fragen oder in der soziologischen Auswahl der Personen, die die Antwort geben sollten. Schon darin zeichnete sich die Logik des künftigen Films ab, waren die voraussichtlichen Antworten erkennbar: Das eine ist so, das andere so. Dieser Mensch verhält sich so zu dieser Sache, und jener anders. Und es war schon im voraus erkennbar, wie der Film sein wird, mit Ausnahme der Personen, der Intonationen usw.

Was dagegen unseren Film angeht, so soll für ihn dasselbe gelten, wie für die Poesie oder die Malerei, bei denen selbst der Autor vorher nicht weiß, wie alles aussehen, wie es rein plastisch wirken wird ... Dennoch muß alles konzeptionell ausgearbeitet werden: das eigentliche Thema, die Figur des Helden, sein Aussehen, welche Fragen zu stellen sind und welche Leute daran mitwirken sollen. Das heißt, wir werden auf Schauspieler verzichten, doch werden Aufnahmen mit irgendwelchen Personen gemacht werden. Sie werden im Drehbuch charakterisiert, es werden Fotos von ihnen angefertigt und spezielle Proben mit ihnen abgehalten werden – all dies muß vorher genau ausgearbeitet werden. Die Hauptsache wird jedoch wiederum die Suche nach dem Gesprächspartner sein.

Die Produktion des Films ist daher natürlich vor allem mit der Durchführung von Interviews verbunden. Wir müssen die Möglichkeit besitzen, sie an den passenden Drehorten zu drehen. Wir werden die Orte für den Dialog daher entsprechend einer bestimmten Grundidee und in einem bestimmten Zusammenhang mit dem Charakter der Fragen auswählen. Das wird uns beim endgültigen Schnitt des Materials eine zusätzliche emotionale Information liefern. Vielleicht kann man einige Dialoge an Orten durchführen, die mit bestimmten Ereignissen im Leben der Mutter zusammenhängen. Diese Reisen erfordern keine besonderen Aufwendungen, es ist ein absoluter Reportagefilm. Und dieser Charakter entspricht auch seiner Produktionsstruktur. Sobald alles fertig und montiert ist, werden jene Stellen des Films markiert, an denen sich die Episoden befinden, für die eine zweite Etappe – die der literarischen Bearbeitung – erforderlich sein wird. Hier beginnt die darauffolgende »vorbereitende Periode«, besser gesagt, die zweite Hälfte der Vorbereitungszeit. In dieser Etappe bereiten wir uns auf das Drehen all jener Episoden vor, die die Vergangenheit ins Gedächtnis rufen werden, das, was man nicht unmittelbar drehen kann. Es handelt sich dabei um Begebenheiten, die entweder mit dem Leben der Mutter oder mit dem Leben von Menschen zusammenhängen, welche wiederum Einfluß auf ihr Leben genommen haben, generell um beliebige Ereignisse, die imitiert werden müssen.

Das Ziel ist das folgende: Sogar diese Rückblicke, Erinnerungen, Gedanken, vielleicht auch Teile von heutigen Wochenschauen sollen überzeugend wirken. Jeder Eindruck von Phantasiererei, alles, was man als »Filmpoesie« bezeichnet, muß vermieden werden. Bei einer Rückschau müssen wir demnach mit absoluter Exaktheit das Vergangene ins Bewußtsein zurückrufen und nicht rekonstruieren. In dieser Hinsicht mache ich mir keine Sorgen, was mein Erinnerungsvermögen betrifft: Alles »Schöne« wird weggeschnitten werden. Alles wird so sein, wie es in meiner Erinnerung ist; wo ich mich nicht erinnere, wird eine »Lücke« sein. Oder es wird irgendeine Hemmung eintreten, bzw. dort, wo ich mich nicht erinnern kann, werde ich mich erneut an die Mutter wenden... Kurzum, was wir von den rückschauenden Episoden verlangen, ist, daß sie überzeugend und psychologisch wahrhaftig sind. Das ist schon deswegen erforderlich, weil die beiden verschiedenen Teile – die reine Reportage und die inszenierten Episoden – sich dem Charakter nach unterscheiden. Die Befragung selbst – die Reportage – muß sicherlich mit mehreren Filmkameras aufgenommen werden, und zwar heimlich. Das sollte möglichst in der Bewegung geschehen, damit das Material leichter zusammengeschnitten werden kann. Wir möchten uns gern kabellose Mikrophone beschaffen, die in der Frisur oder in der Brusttasche versteckt werden. Dadurch würden wir die Hände freibekommen. Denn unsere Aufgabe ist schwieriger als bei den gefilmten Meinungserhebungen, bei denen man verschiedene mehr oder weniger ausdrucksvolle Personen auswählen kann. Wir dagegen nehmen von vornherein einen bestimmten Menschen ins Visier.

Das ist die Grundidee des Films. Wir müssen höchstwahrscheinlich einen Antrag schreiben, in dem wir vor allem die ideologische Konzeption zu formulieren haben: die Zeit, in der wir leben, die Gründe dafür, daß wir uns gerade jetzt diesem Thema zuwenden. Ich hoffe, daß sich niemand von den Anwesenden über meinen Wunsch wundert, einen Film gerade über meine Mutter zu drehen. Mir scheint, die Idee ist bereits in dem Anliegen der Autoren enthalten, das Porträt eines Menschen zu zeichnen, der zum einen durch seine Individualität und zum anderen dadurch interessant ist, daß sein ganzes Leben vor unseren Augen abläuft. Noch einmal wiederhole ich, daß ich mich mit meiner Mutter gerade deswegen befasse, weil ich diesen Menschen sehr gut kenne. Ich bin davon überzeugt, daß man einen Film dieses Genres nur über einen Menschen drehen kann, mit dem man aufs engste verbunden ist. Sonst würden wir anfangen, etwas über ihn zusammenzudichten, irgendwelche Bruchstücke vorzuspielen und – das Prinzip zu verletzen.

Mischarin: Ich möchte Andrejs Darlegungen ergänzen. Noch eine andere Seite unseres Vorhabens ist von Interesse: Es muß der Kernpunkt des Berichts gefunden werden. Wir haben da keineswegs eine olympisch-ruhige Betrachtungsweise im Sinn. Weshalb haben wir uns gerade jetzt, in dieser Zeit, eine solche Arbeit vorgenommen? Ein Porträt ist gut und schön. Doch ist es ein Monolog. In den Episoden dagegen, in denen Rückschau gehalten wird und der Autor die Ereignisse kommentiert, streben wir einen *Dialog* an. Es wäre wichtig und interessant, nicht nur zu erfahren, welches Verhältnis der Autor und Regisseur zu seiner Mutter hat, sondern auch seine Sicht dieser Begebenheiten kennenzulernen. Es soll – ich wiederhole es – ein Dialog stattfinden. Durch eine solche Abgrenzung wird das Thema meines Erachtens eine interessante Dimension erhalten: Weshalb befassen wir uns damit, und was interessiert uns? Auf die Art der Fragen kommt es an. Die Fragen sind nicht einfach enzyklopädisch und, da ein zweiter Mensch betrachtet wird, nicht objektiv, sondern haben einen persönlichen, intimen Charakter. Die Beziehung, die sich zwischen zwei einander nahestehenden Menschen entwickelt, wird es ermöglichen, ein lebendiges Werk zu schaffen. Es soll kein ruhiges und glattes Porträt sein, wie es etwa ein Laktionow*) malen würde. Hier wird es Streit, Kampf und Konflikt geben, bei weitem keine ruhige, vergötternde Darstellung der eigenen Mutter. Ein solcher Versuch wäre entsetzlich in diesem Film, es würde sich nicht lohnen, Zeit für ihn zu verschwenden. Den Konflikt wird es in verschiedener Dosierung geben, ob mehr oder weniger, das wird die Arbeit zeigen. Das Folgende scheint mir jedoch in ideeller Hinsicht wichtig: Beabsichtigt ist nicht etwa eine künstlerische Zufälligkeit, sondern eine Betrachtung und vielleicht Umdeutung nicht nur ihres Lebens, sondern auch des Lebens der menschlichen Familie.

Tarkowskij: Es kann sich sogar als unumgänglich erweisen, am Anfang des Films – damit man sogleich dessen Zielrichtung erkennt – dem Zuschauer gleichsam als Einleitung eine Begründung dafür zu liefern, warum der Film nötig ist, weshalb die Autoren sich diesem Thema zugewandt haben und warum sie ihren Film so strukturieren. Das soll nicht deklarativ geschehen, sondern klar und bestimmt, damit keine Faseleien aufkommen. Denn es entspricht überhaupt nicht mehr meiner Denkweise, zu sagen: »Ich liebe meine Mutter, und daher drehe ich einen Film über sie.« Man wird mich aber fragen: »Warum über Ihre Mutter? Werden Sie ihr Geld dafür zahlen?« ... Sie haben natürlich das Recht zu fragen, warum der Film nicht über irgend jemand anderen gemacht wird. Ich halte es für wichtig zu erklären, daß wir im Jahre 1967 leben und daß sich bei unserer Generation eine Vielzahl von Fragen angehäuft hat, die das Verhältnis zur Mutter, das Verhältnis zu jener Frau betreffen, die ihren Kindern das Leben geschenkt und

---

*) Alexander Laktionow (1910–1972), russischer Maler und Grafiker, von dem in der ehemaligen Sowjetunion z. B. das 1947 gemalte Bild »Brief von der Front« sehr bekannt war. (A. d. Ü.)

sie erzogen hat. Wir müssen die Einstellung der Mutter zu vielen Fragen zeigen und dabei unseren eigenen Standpunkt deutlich machen. Dieser Widerstreit soll auch Gedanken stimulieren.

Mischarin: Das Modewort »Kommunikationsfähigkeit« gebrauchend, möchte ich darauf hinweisen, daß ein solcher Film ein neues Stadium der Kommunikationsfähigkeit analysiert, die überhaupt nichts damit zu tun hat, ob man sich bei Familienfeiertagen sieht oder sich jeden Donnerstag besucht usw. Es geht um eine kompliziertere und zugleich normale Beziehung, nicht um allgemeingebräuchliche Normen (»Du hast am Feiertag nicht angerufen, du hast keinen Brief geschickt«). Man muß sich eine ganz normale Beziehung genauer ansehen und wird dabei kompliziertere Gesetzmäßigkeiten entdecken als bloße Regeln des guten Tons.

Tarkowskij: Diese Beziehung kann man sich nicht von vornherein ausdenken und in Form eines Drehbuchs aufzeichnen, mit anderen Worten – man kann sie nicht »vorspielen«. Diese Beziehung läßt sich ideell wie emotional nur dann am deutlichsten zeigen, wenn es sich um einen konkreten Menschen handelt. Und dieser konkrete Mensch, dieses individuelle Leben soll den Anspruch darauf erheben, eine Verallgemeinerung zu sein. Und wenn keine Verallgemeinerung, so doch ein Versuch, manche der Probleme zu erklären, die viele bewegen.

Slutzkij: Wir alle müssen eine gewisse »Barriere der Schamhaftigkeit« überwinden. Das ist ein besonderes Thema. Als erstes wird man sich darüber verständigen müssen, wer das verehrte Mütterchen des Andrej Arsenjewitsch* an der Nase herumführen wird. Sie haben die Berufssparte der Psychiater erwähnt. Wenn man dies in

---

* Vatersname Andrej Tarkowskijs. (A. d. Ü.).

Betracht zieht, so gibt es in Moskau drei dichtende professionelle Psychiater, die ich kenne. Wenn Sie bei dieser Variante bleiben, bringe ich Sie mit ihnen in Verbindung. Anatolij Dobrowitsch ist ein außerordentlich talentierter Mann, er schreibt sehr gute Gedichte. Er ist sechsunddreißig Jahre alt, ist sehr fotogen und außerordentlich gebildet. Er würde sich für diese Aufgabe eignen, er ist genügend klug und feinfühlig. Es gibt da auch noch eine Frau – Nina Grebelnaja, ein kluger Mensch von angenehmem Äußeren; sie ist etwa vierzig Jahre alt und eine Moskauer Psychiaterin mit großer Berufserfahrung. Schließlich gibt es einen sehr interessanten Mann, einen Poeten aus dem Moskauer Gebiet – Jegor Sawtschenko. Er ist sechsundzwanzig Jahre alt, sehr begabt, aber weniger erfahren. Er ist ein sehr junger Mann von höchst angenehmem Äußeren. Ich muß Ihnen aber sagen, daß Dobrowitsch und Sawtschenko in psychologischer Hinsicht absolut unausgeglichen wirken ...
   Es gäbe jedoch noch andere Methoden, Ihre Mutter hinters Licht zu führen. Zum Beispiel mit Hilfe eines Porträtmalers. Es ließe sich durchaus ein gewitzter Porträtist finden, der rund zehn Sitzungen abhält und mit Ihrer Mutter spricht. Erstens gewinnen Sie durchaus eine zusätzliche Dimension für Ihren Film: Allmählich schält sich dabei das Porträt der Mutter heraus. Nichts eignet sich mehr für ein offenes Gespräch als die Beziehung, die sich nach drei bis vier Sitzungen zwischen einem Porträtisten und seinem Modell ergibt.
   Finden sie sich gegenseitig sympathisch, kann so ein Gespräch über jedes beliebige Thema zustande kommen. Man darf sich zu diesem Zweck jedoch keinesfalls an einen Psychiater wenden; dies wäre völlig unangebracht. Ein Gespräch mit einem Psychiater ruft beim Gesprächspartner immer eine seelische Spannung hervor. Anders verhält es sich bei einem Porträtisten; es entwickelt sich ein herzliches Verhältnis, und im Laufe von zehn Sitzungen kann über sehr vieles gesprochen werden, während eine versteckte Kamera läuft. Ich könnte hierfür den Maler Boris Wladimi-

rowitsch Birger empfehlen. Er ist klug, aufrichtig, etwa fünfundvierzig Jahre alt; er kommt gut bei den Leuten an und malt zudem interessante Bilder. Ein idealer Mann für Sie wäre vielleicht auch Falk aufgrund seines scharfen Verstandes und seiner Fähigkeit, jemanden dazu zu bringen, neunzig Sitzungen über sich ergehen zu lassen. Oder Fonwisin ... In Frage kämen eventuell auch zwei Maler, ich würde sagen, sogar Laktionow, ein Mann mit glänzenden professionellen Fähigkeiten. Leider würden seine Reden wahrscheinlich ein Element der Komik in das Szenarium hineinbringen, da er nicht sonderlich klug ist. Er ist unser uneingestandener Surrealist ... Kurzum, es lohnt sich, über einen Porträtisten nachzudenken.

Als Gesprächspartner käme auch ein Untersuchungsrichter in Frage. Das klingt natürlich etwas furchterregend, vielleicht sogar unmoralisch. Bedenkt man jedoch, daß Ihre Mutter über etwas sprechen würde, was sie nicht unmittelbar betrifft, wäre das bereits halb so schlimm. Man könnte das Ganze auch so anlegen, daß das Gespräch sie zunächst gar nichts anginge. In dieser Berufssparte ließe sich gewiß ein genügend kluger Kopf finden, der später das Gespräch geschickt auf sie lenken würde.

Eine weitere Möglichkeit: Sie könnte sich mit einem x-beliebigen Anliegen an irgendeine hochgestellte Persönlichkeit wenden. Und damit ihre Bitte erfüllt wird, müßte sie etwas über ihr Leben berichten ...

Tarkowskij: Das ist eine überaus heikle Aufgabe. Wichtig ist vor allem, eine Methode dafür auszuarbeiten, wie man die erforderliche Information erhalten kann. Das ist sehr interessant, aber auch sehr schwierig.

Slutzkij: Die Idee, einen Psychiater zu nehmen, gefällt mir nicht. In diesem Falle würde eine innere Barriere entstehen. Und Ihre Mutter, würde sie denn wissen, daß sie es mit einem Psychiater zu tun hat?

Tarkowskij: Nein, nicht unbedingt. Es gibt da zahlreiche Methoden ... Zum Beispiel, man lädt sie ins Studio ein: »Mama, ich möchte ausprobieren, ob du dich für eine Rolle eignest. Du müßtest dafür unbedingt mit dem Mann sprechen, der die Hauptrolle spielen wird. Es handelt sich um eine reine Probe, wir werden nicht filmen ...« Als ich den Psychiater erwähnte, ging es mir dabei nicht so sehr um dessen Beruf, sondern vor allem um einen Menschen, der mit anderen zu reden versteht. Richtiger wäre es, ihn einen Psychologen zu nennen, aber bei uns existiert dieser Beruf nicht. Es gibt hier keine Psychologen, die sich damit befassen, mit Menschen Gespräche zu führen.

Slutzkij: Eine weitere völlig akzeptable Variante wäre ein Journalist oder ein Schriftsteller. Man müßte einen Anlaß suchen und etwas aus der Biographie der Mutter auswählen, was ein ausreichender Grund dafür wäre, daß ein guter Journalist ein langes Gespräch mit ihr führt. Sagen wir z. B. Agranowskij. Noch eine Klasse besser wäre Bek. Er ist zweifellos unser König auf dem Gebiet der Interviews. Ich würde ihn auf eine Stufe mit Curzio Malaparte oder Egon Erwin Kisch stellen. Das wäre meines Erachtens auch eine Möglichkeit.

Jetzt möchte ich eine Frage an Sie richten. Ich überwinde erneut die »Barriere der Schamhaftigkeit« und möchte Sie vor allem nicht beleidigen. Ihre Mutter ist die Mutter des Regisseurs Tarkowskij. Wird das eine Rolle spielen?

Tarkowskij: Ich denke, nein. Das sollte keine Rolle spielen.

Slutzkij: Das ist wirklich eigenartig.

Tarkowskij: Es geht nicht darum. Ich möchte mit ihr einen Austausch rein menschlicher Art herbeiführen.

Slutzkij: Noch eine taktlose Frage. Ihre Mutter war die Frau des Dichters Arsenij Tarkowskij. Wird davon die Rede sein?

Tarkowskij: Ja, vielleicht werden wir sogar einige Filmaufnahmen von ihm machen.

Slutzkij: Wenn man das im Film, also aus dem Schicksal der Mutter wegließe, wäre das sehr schade.

Tarkowskij: Ja, das darf keinesfalls geschehen.

Ognjow: Ihre Konzeption des Films ist mir durchaus klar, weil ich ebenfalls der Ansicht bin, daß das Typische direkt davon abhängig ist, wie stark ausgeprägt der Charakter eines Individuums ist. Und trotzdem erhebt sich die eingangs gestellte Frage: Wodurch wird – falls man das in diesem Stadium sagen kann – erreicht, daß die Bevölkerung dem Film das nötige breite Interesse entgegenbringt? Tolstoj schrieb im Zusammenhang mit Dostojewskij an Strachow: »Je tiefer man gräbt, um so interessanter wird es...« Und trotzdem entbebt uns das nicht der Notwendigkeit, diese Fragen zu stellen. Ich meine nicht die ökonomischen Notwendigkeiten – für den Film wird man sich sowieso mit aller Energie einsetzen müssen, da es sich um ein einmaliges Filmexperiment handelt. Aber lassen Sie uns über das Wesentliche sprechen: Ich finde ihn interessant, und Sie finden ihn interessant, und daher kämpfen Sie und ich gemeinsam – Sie noch mehr als ich – dafür, daß der Film die Massen erreicht und genügend Geld einspielt. Weshalb wird ihm das nötige breite Interesse entgegengebracht werden? Weil alle eine Mutter haben? Oder weil hier das Generationsproblem eine Rolle spielt? Oder weil sie sechzig Jahre alt ist und sich eine gewisse Parallelität zum Alter unseres Staates, unserer Gesellschaft ergibt? Es ist ein Alter, in dem es gerechtfertigt ist, Rückschau zu halten und gründlich darüber nachzudenken, wer uns geboren, in die

Welt gesetzt hat. Und es ist an der Zeit, uns über bestimmte moralische Kategorien, wenn schon nicht zu streiten, so doch Gedanken zu machen ... Wie soll all das bei diesem rein subjektiven Stoff erschlossen werden? Hauptsächlich durch Kommentare und Wochenschauen vom Geschehen an der Front? Oder durch die Beschaffenheit der Bilder selbst?

Tarkowskij: Ich begreife ... Hier wird man mehrere Aspekte zu berücksichtigen haben. Erstens muß vor allem ein interessanter Dialog zustande kommen. Das heißt, eine gegenseitige Befragung. Aber das ist nur die Vorbedingung für das Gespräch. Wichtig ist, daß zwei interessante Menschen zusammentreffen und daß nicht einfach ein Mann mit Mikrophon formal all diese Fragen stellt. Allein die Wahl des Gesprächspartners muß sorgfältig bedacht werden: Wie passen die beiden zueinander? Was für ein Mensch ist das? Was hat er selbst erlebt? Und plötzlich lösen während des Gesprächs ihre Worte irgend etwas in ihm aus, und das wiederum gibt ihr einen neuen Anstoß. Es muß ein interessanter Mensch sein. Wir werden ihn selbstverständlich in das Projekt einweihen.

Zweitens werden darin auch Menschen vorkommen, die mit ihr überhaupt von vornherein in enger Beziehung stehen. Es wird sich da um mehrere, höchst unterschiedliche Menschen handeln.

Drittens wird es nicht nur einen Monolog geben, sondern auch einen ›Antimonolog‹ des Autors, was uns das Gefühl vermitteln wird, daß Probleme auftauchen oder Meinungen aufeinanderprallen, daß plötzlich eine Wende im Gespräch eintritt, daß es zu Unstimmigkeiten kommt. Oder daß Mitleid empfunden wird ... Oder daß der Autor plötzlich etwas begreift, was er bislang nicht verstanden hat ... Das heißt, hier gibt es viele interessante Seiten, es kann sich keine Eintönigkeit einstellen.

Was jedoch den rein technischen Aspekt der Möglichkeit betrifft, das Interesse des Zuschauers zu wecken, so möchte ich Ihnen von einem Erlebnis berichten. Vor kurzem sichtete ich ein bestimmtes Material: 600 Meter Film – vor der Kamera saß ein Greis und hielt eine Eloge auf das Leben. Das war in Susdal ... Und das wurde in den Film nicht aufgenommen. Können Sie sich das vorstellen?

Die Menschen saßen in einem vollen Saal wie erstarrt da. Wie der Alte sprach! – Kein einziger Schauspieler der Welt, weder Spencer Tracy noch Jean Gabin, hätte so konkret, ausdrucksvoll, einmalig und interessant sein können! Und dazu vollkommen überzeugend. Die Zuschauer saßen mit offenem Mund da. Das Problem des Helden ruft also bei mir keine Zweifel hervor. Mit diesem Beispiel möchte ich Ihre Frage beantworten, warum die Zuschauer ihre Aufmerksamkeit gerade auf die Mutter konzentrieren werden. Es hat solche Filme schon gegeben. Unter der Voraussetzung, daß man einen Menschen nicht zwingt, eine Rolle zu spielen, sondern ihn provoziert, ist er in jeder Filmszene so lebendig, wie er es in Wirklichkeit ist. Das läßt sich mit keiner schauspielerischen Leistung vergleichen. Das packt die Zuschauer! Denn jeder Schauspieler, selbst ein guter, spielt im Grund genommen zwei bis drei Schablonen herunter ... Ja, und wenn dieser Mensch noch dazu Charme besitzt, ist die Sache geritzt ...«

Ognjow: Wie stellen Sie sich die Zusammensetzung des Teams vor, und wie lange soll die Produktion dauern? Es wird für uns ziemlich schwierig sein, den Film aufgrund seiner Besonderheit in den Themenplan aufzunehmen ... Man wird diese Formalität umgehen müssen.

Tarkowskij: Man kann damit rechnen, daß der Film als Titel der Filmproduktion des Jahres 1968 abgenommen werden kann. Das wird jedoch etwa Ende Januar geschehen, sobald der im Laufe des Jahres 1967 produzierte Film »Hadschi-Murat« fertig sein wird. Wenn wir Winterszenen drehen müssen, wird es im Winter – im November, Dezember – geschehen. Der Arbeitsumfang ist nicht groß. Und wenn es sich um Sommerszenen dreht, wird es im Sommer dieses Jahres sein. Dazwischen liegt der Herbst: Wir haben die Möglichkeit, uns sozusagen nach den Jahreszeiten zu richten, ohne in Terminverzug zu geraten, natürlich nur, wenn wir nicht den geeigneten Zeitpunkt verpassen.

Ich habe schon über spezifische Einzelheiten der Produktion gesprochen. Am Anfang steht selbstverständlich die Arbeit des Autors, aber nicht diese allein. Wir möchten in unser Team gern einen intelligenten Burschen aufnehmen, der unternehmend und rührig ist und uns mit jenen Menschen zusammenbringt, die für uns von Interesse sind. Danach werden wahrscheinlich irgendwelche Personen aufgrund der von uns durchgeführten Probeaufnahmen ausgewählt werden müssen. Wir brauchen also ein Arbeitsteam von drei Personen (inklusive Fotograf), die Drehbuchautoren nicht mit eingerechnet. Die Autoren werden indes ein in allen Aspekten klares Konzept vorlegen. Vor allem aber werden sie jene Fragen zusammenstellen, die die Grundlage des Porträts, des Monologs bilden sollen. Dieser »Fragebogen« sollte nicht als komplett abgeschlossen angesehen werden, da es passieren kann, daß uns ein Teil des Materials – wegen unpräziser Fragestellung oder wegen Änderungen, die sich im Laufe der Befragung ergeben, oder aus irgendwelchen anderen Motiven – noch nicht befriedigend erscheint. In einem solchen Fall muß noch eine kurze Liste von Fragen zusammengestellt werden, damit wir die ›Lücken‹ schließen und die Konzeption korrigieren können.

Die erste Etappe endet also mit der Befragung. Dann folgt die Arbeitsetappe – in der vor allem die Mutter mit ihrem Gesprächspartner an vorher festgelegten Orten gefilmt wird. Danach werden hierzu die Ergänzungen und Änderungen – »Fragebogen Nr. 2« – gedreht. Dieses gesamte Material wird anschließend geprüft und diskutiert. Darauf folgt die zweite Etappe, in der die filmischen Episoden, Rückblicke, Chroniken usw. erarbeitet und abgedreht werden. Somit wird sich die Arbeit in zwei Phasen gliedern:

Zuerst die Erarbeitung der ersten Hälfte des Drehbuchs, die sich auf die Befragung stützt, und danach die Vorbereitung und Realisierung der entsprechenden Dreharbeiten und -aufnahmen, Rückblicke, Chroniken und Wochenschauen etc.; danach die zweiten Hälfte des Drehbuchs sowie die zweite Phase der Dreharbeiten. Eine solche Staffelung ist notwendig: Wir sprachen bereits darüber, daß der schöpferische Prozeß vor allem durch die ständige Auseinandersetzung mit dem Material ausgelöst und stimuliert wird. Es findet so gewissermaßen eine »Rückkopplung«, eine Art Selbstprogrammierung statt.

Ognjow: Was die Billigung dieses Projektes betrifft, so sehen wir zweifelsohne großen Schwierigkeiten entgegen. Sollte man es in die Kategorie »Spielfilm« einstufen, wird es keinesfalls durchkommen. Wir müssen diese Barriere überwinden. Wir haben bereits die Frage aufgeworfen, ob unserem Studio die Produktion eines publizistisch-künstlerischen Films gestattet werden könnte. Speziell bei diesem Film wird es kein Drehbuch im eigentlichen Sinne geben. Und ohne Drehbuch ist es unmöglich, den Film in den thematischen Plan aufzunnehmen.

Tarkowskij: Ein Drehbuch wird es nicht geben. Das ist einfach nicht möglich.

Ognjow: Vielleicht sollten wir das Problem so lösen, daß wir dem einzureichenden Konzept auch den Text des Fragebogens beifügen.

Tarkowskij: Das wird wohl kaum das Richtige sein. Für das Komitee wird das so oder so nicht ausreichend sein, und es wird sie nur unnötig aufbringen.

Ognjow: Das heißt also, daß wir anscheinend offen über ein neues, ungewöhnliches, aber unserer Meinung nach unbedingt notwendiges künstlerisches Vorhaben sprechen müssen. Vielleicht müssen wir sagen, daß es sich um ein ganz spezielles persönliches Projekt Tarkowskijs handelt.

Djatschenko: Ich habe zwei Fragen. Erstens, wie lang ist der Film?

Tarkowskij: Ich denke, er wird aus neun Teilen bestehen. Es wird ein abendfüllender Film sein.

Djatschenko: In diesem Zuammenhang die zweite Frage. Sie wird ohnehin früher oder später auftauchen. Worauf wird sich der Film vor allem stützen? Auf biographisch-persönliche oder historische Ereignisse?

Tarkowskij: Ich neige dazu, daß der Film eindeutig biographischen Charakter haben soll. Doch dieser Mensch, diese Frau lebt nicht in Frankreich und auch nicht auf der Venus, sondern in der Sowjetunion, in Rußland. Ich bin absolut davon überzeugt, daß die in ihrer Biographie auftauchenden Schlüsselprobleme sich unvermeidlich mit gesellschaftlichen Problemen, mit den Problemen unseres Landes kreuzen und überschneiden werden. So war sie zum Beispiel 1917 neun Jahre alt und lebte in Kischinjow. Sie besuchte dort die zweite Klasse des Gymnasiums. Schon allein dazu läßt sich eine Vielzahl von Fragen stellen. Woran erinnert sie sich, und was kann sie über die Revolutionstage in Kischinow sagen? ... Nicht nur sie, sondern auch bestimmte ihr nahestehende Menschen, Freundinnen aus dem Gymnasium z. B. So hat sie auch jahrelang als Korrektorin in der Schdanow-Druckerei gearbeitet. Das kann der Film keinesfalls verschweigen. Oder die Zeit des Krieges, der Evakuierung. Sie lebte doch dort, in Kischinjow ... Da ist noch so ein Städtchen, das Jurjewez heißt, ... Dort gibt es wunderschöne Stellen an der Wolga ... Das heißt die Hauptetappen unseres Lebens können einfach nicht losgelöst von unserer Biographie betrachtet werden, das Schicksal der Menschen ist mit dem Schicksal ihres Landes eng verwoben.

Slutzkij: Ich glaube, der Film kann schon aus zweierlei Gründen als außerordentlich annehmbar vom Komitee empfunden werden: Wegen der Oktoberrevolution und wegen der Ereignisse während des Bürgerkrieges in Kineschma, gesehen mit den Augen eines Mädchens, und sagen wir mal nicht zuletzt wegen des großen Kollektivs der Druckerei, in dem sich ebenfalls Menschen finden lassen, die ihr nahegestanden haben...

Gurjewitsch: Die Idee dieses Films begeistert mich aus verschiedenen Gründen. Erstens hat sie Adel und Würde. Zweitens ist dieser Stoff für mich von höchstem Interesse: Aus der Verbindung von dokumentarischem und persönlichem Prinzip lassen sich erstaunliche Funken schlagen. Ich bin dafür, aus voller Seele! Vielleicht könnte ich Ihnen behilflich sein, Andrej Arsenjewitsch, ich kenne mich im Dokumentarfilm ziemlich gut aus; ich kenne auch die betreffenden Leute, die interessantesten Streifen und könnte Ihnen raten, was Sie sehen, mit welchen Leuten Sie reden sollten.

Tarkowskij: Mich interessiert die Kamera. Der Film muß direkt so gedreht werden, daß er sich gut schneiden läßt. Trotz Reportagecharakter und Wirklichkeitsnähe der Darstellung müßte noch eine zusätzliche ästhetische Qualität erreicht werden. Das Porträt ist hier ungemein wichtig...

Gurjewitsch: Eine zweite Überlegung. Unser Studio sollte meines Erachtens zum Schrittmacher dieser großen und wichtigen Sache, der Geburt neuer Arbeitsmethoden werden. Wenn von unserem Studio und – fassen Sie das nicht als Kompliment auf – von Künstlern wie Tarkowskij und Tschuchrai die Initiative zur Entstehung solcher Filme ausgeht, dann tun wir etwas sehr Wichtiges und Nutzbringendes. Das heißt, es wird ein Beispiel geliefert und die prinzipielle Möglichkeit einer solchen Arbeit auch für alle anderen frei gemacht. Dazu möchte ich sagen, daß ich selbst Zeuge einer Filmarbeit gewesen bin, die der hier besprochenen methodisch ähnlich war. Während derer die Konzeption sich im Laufe der Arbeit herausbildete, in der sich aus dem Arbeitsprozeß selbst heraus die jeweils nötige Richtung ergab. Ich meine den Film »Sieh dich um, Genosse!«, den »Kirgisfilm« mit Juris Gerschtejn und I. Morgatschow produziert hat. All das war ziemlich kompliziert: Die Konzeption änderte sich ständig während des Arbeitsprozesses, nicht ohne Aufwand, aber die Leute entdeckten in dieser Arbeit für sich sehr viel Neues. Und auch für den Zuschauer. Es ist einfach eine sehr ergiebige und fruchtbare Angelegenheit. Und deshalb sollten wir diese Ideen nach unseren Kräften und in jeder Hinsicht unterstützen: als Menschen und als Filmschaffende.

Tarkowskij: Ich muß sagen, daß ich diesem Vorhaben, mit seiner Tiefe, mit dem, was es nach sich zieht, mit bedeutend mehr Ernst gegenüberstehe als meinen beiden früheren Filmen, mit einer Art Schrecken fast. Die Idee zu „Rubljow" würde ich bei mir selbst niemals mit dieser neuen Idee vergleichen. Der neue Film ist für mich etwas absolut Heiliges. Die Verantwortung ist bedeutend größer, die künstlerischen Ambitionen weit höher. Und das ist für mich auch logisch. Ich glaube ja überhaupt, daß der Regisseur die menschliche Erfahrung nachahmen muß. Aus diesem Grund geht meiner Ansicht nach der Zuschauer ins Kino. Die Reden über den Unterhaltungswert des Kinos sind zeitbedingt... Rossellinis Empörung ist nichts Zufälliges: Er dreht dem Kino den Rücken, weil er die Dominanz des Unterhaltungselements im Film für eine Tragödie hält. Er hat recht...
Nehmen wir an, unser Film wird gedreht. Vielleicht ist nicht alles darin gelungen, doch allein die Tatsache, daß er realisiert wurde, wird von Bedeutung sein. Ich bin davon überzeugt, daß es unmöglich sein wird, ihn mit einem beliebigen Spielfilm, dem ein menschlicher Charakter, eine menschliche Biographie zugrunde liegt, in eine Reihe zu

stellen. Wenn nämlich, und das ist der entscheidende Punkt, diese Idee tatsächlich verwirklicht wird, dann kommt darin das Prinzip des Filmischen, sein Wesen selbst, unmittelbar zum Ausdruck. Die Wirkung auf den Zuschauer muß total sein, weil das auch im Plan des Regisseurs steckt. Im besten Fall. Denn die Arbeit des Regisseurs besteht ja keineswegs darin, mit dem Schauspieler zu arbeiten, das Grundmaterial für den Film zu drehen – er arbeitet genauso wie der Schriftsteller: Die Kamera ist für den Regisseur genau das, was für den Schriftsteller das Wort ist. Nicht etwa die Tinte, sondern das Wort. Und gerade das können die Regisseure eben heute ganz und gar nicht, sie drehen überhaupt nicht das, was sie drehen wollen. Weil es sich gar nicht machen läßt. Mal ist der Schauspieler nicht ganz das Wahre, mal die Aufnahmeposition, mal sind's die Drehbedingungen, und so vom Hundertsten ins Tausendste: Und durch all das gelangt der Regisseur zu rein zufälligen Ergebnissen. Er ist nicht in der Weise Herr über seine Arbeit wie der Schriftsteller über die Sprache. Das heißt, der Regisseur braucht den unmittelbarsten Kontakt zu seinem Werk – und das ist unbedingt sicherzustellen. Warum soll sich der Schneider das Material auf dem Webrahmen weben, wenn er einen Anzug näht? Für den Regisseur gilt dasselbe wie für den Schneider, ebenso für den Schriftsteller oder den Maler... Der mixt sich die Farben ja auch nicht selbst. Früher hat er das zwar getan... Mit anderen Worten, wir wollen einen unmittelbareren Kontakt des Regisseurs zu seinen heutigen Aufgaben.

Lasarew: Ich möchte hier nur hinzufügen, daß sich mir in diesem noch nicht verwirklichten Vorhaben auch gewisse Gefahren andeuten. Vor allem aber muß ich jedoch eines sagen – die Idee selbst erscheint mir außerordentlich fruchtbar und interessant. Ganz außerordentlich! Das alles lag schon irgendwie in der Luft, und die Zeit war ganz offensichtlich reif für derartige Bestrebungen. Wahrscheinlich wird es parallele Versuche geben... Vor allem haben wir da eine sehr interessante und ernstzunehmende Idee. Auf deren Grundlage ein großes Kunstwerk entstehen kann. Und zweitens existiert auch schon die Vorstellung eines künstlerischen Idioms, einer Struktur. Sie wird sicher noch differenzierter werden, doch im großen und ganzen ist sie klar.

Was aber gibt noch Anlaß zu Überlegungen, wo liegen da die Gefahrenmomente verborgen, außer denen, die der Film schon durch seine Ungewöhnlichkeit wachrufen wird? Man muß sich allmählich mit dem Gedanken vertraut machen, daß der Film in allen Phasen seiner Produktion Zweifel und Unverständnis wecken wird. Trotz allem muß er gefördert werden. Aber das sind nicht die Zweifel, die ich im Auge habe. Erstens: Sie alle kennen die Biographie Ihrer Mutter, wir aber kennen sie nicht. Natürlich hat im Schicksal eines jeden der hier Anwesenden, wie auch in dem aller Menschen überhaupt, die Zeit ihren Ausdruck gefunden. Im Schicksal eines jeden von ihnen läßt sich die Zeit betrachten. Zugleich jedoch sehen wir sie in jedem Fall auf einer anderen Ebene, je nachdem, wessen Schicksal uns als Medium der Betrachtung dient. Und da wir ja die Biographie Ihrer Mama nicht kennen, können wir, das heißt, ich persönlich, vorläufig nur eine ganz allgemeine Vorstellung gewinnen. Das heißt, die Biographie auch dieser Frau wird selbstverständlich Züge der Zeit widerspiegeln. Doch jedes menschliche Schicksal ist individuell, und so stellt sich die Frage, welche Züge im besonderen Sie darstellen wollen: Denn Sie müssen ja aus diesen achtundfünfzig Jahren eine Auswahl treffen. Mir scheint, Sie müßten sowohl für sich selbst als auch im künftigen Exposé zum Film festlegen: Das und das will ich zeigen, nicht nur weil ich meine Mutter sehr gut kenne, sondern auch insofern, als ihr Leben, wie ich glaube, die Möglichkeit bietet, ebendiese Prozesse erkennen zu lassen.

Die zweite Gefahr hat Slutzkij überaus treffend als „Schamgrenze" bezeichnet. Zum Beispiel hängt vieles von der Frage ab, ob allgemein bekannt wird, daß es sich um die

Mutter des Regisseurs handelt. Es gibt da in den persönlichen Beziehungen einen Grad von Intimität, dessen Zurschaustellung schockiert. Andererseits natürlich könnte man in solchen Fällen zur Verdrängung neigen, und das darf durchaus nicht sein, denn vieles muß ja hier zur Sprache kommen. Wäre mir zum Beispiel klar bewußt, daß es um Ihre Mutter geht und Sie ihr auf der Leinwand keinerlei Gerechtigkeit widerfahren lassen, dann kämen mir Zweifel an Ihrer Moral. Deshalb sagt mir offengestanden die Idee mit dem Psychologen nicht zu. Denn 90% der Leute bei uns gehen in völlig eindeutigen Fällen zu einem Psychiater – sagen wir, wenn ein Mensch, sozusagen, nicht normal ist. Es sieht so aus, als wollte er sie ins Irrenhaus schicken. Grob gesagt ... ich übertreibe jetzt natürlich. Kurz, mit einem derartigen Stoff verletzt man sehr leicht sittliche Gefühle. Darum hat mir die Idee eines Künstlers sehr viel besser gefallen. Vielleicht könnte es statt eines Künstlers auch ein Elektromonteur sein.

Weiter. Ich würde mir wünschen, daß es eine Beichte wäre. Kein Interview. Ich fände es verständlich, das hätte nichts Schockierendes, wenn eine Frau auf der Leinwand, aus irgendeinem Anlaß, ohne erkennbare Täuschung, ihr Herz öffnete. Das scheint mir doch vertretbarer als ein regelrechtes Interview.

Ich hätte noch eine Anregung – mir ist da ein Gedanke gekommen. Sie haben vorgeschlagen, man könnte sich mit Leuten in Verbindung setzen, die mit Ihrer Mutter irgendwie in Beziehung gestanden haben. Und vielleicht folgendes machen: Nehmen wir an, Ihre Mutter erzählt ihr Leben, sagt zum Beispiel, daß sie so und so über die Kinder denkt. Dann interviewt Tarkowskij fünf ganz zufällig ausgewählte Frauen zu demselben Themen: Und was denken Sie heute über Ihre Kinder? ...

Tarkowskij: Ich hätte es mir gerade umgekehrt gedacht. Ich könnte auch fragen: Was denken Sie über Marja Iwanowna (das ist ihr Name) im Zusammenhang mit ihren

Ansichten über Kinder? Verstehen Sie – diese Scheinwerferlichter müßten auf *sie* gerichtet sein, nicht auf das Problem.

Lasarew: Ich komme zum Schluß. Es wären also zwei Dinge zu überlegen: Welcher Inhalt dieses Lebens soll dargestellt werden, und was ist die moralisch annehmbarste Art, zur Selbstoffenbarung der Heldin zu gelangen. Das Wort Beichte würde mir mehr zusagen als das Wort Interview.

Mischarin: Eine Beichte ist dieser Film als Ganzes.

Tarkowskij: Aber sehen Sie, auch für eine Beichte müßten sich die Gesprächspartner treffen und miteinander reden. Aus welchem Grund sollte Marja Iwanowna mit dem von uns ausgewählten Menschen sprechen? Man müßte sich in jedem Fall eine Strategie ausdenken. Eine Strategie, die sie irreführt und ihr vor allem einsichtig macht, warum sie sich heute, morgen und so weiter und so weiter an verschiedenen Orten mit diesem Menschen zu unterhalten hat.

Slutzkij: Ich habe eine Idee, wie sich dieser Moment der Täuschung bis auf ein Minimum aus dem Weg räumen ließe. Ich glaube, Ihre Mutter würde offen und von Herzen in aller Ausführlichkeit sprechen, wenn zum Beispiel jemand zu ihr käme, den sie als Schriftsteller verehrt und der ihr sagte: Ich schreibe ein Buch über Andrej Tarkowskij, und ich möchte, daß Sie mir ausführlich von seiner Kindheit und von sich selbst als Mutter erzählen. Er könnte ihr sagen, daß er ebenfalls mit den Lehrern Andrej Tarkowskijs und mit Schauspielern reden wird und ganz nebenbei auch mit ihr. Und damit ist es sofort ganz beiläufig geworden, die Mutter erzählt von sich – und wir benutzen das. Das heißt, die eine Hälfte wird leer gedreht, die andere jedoch zur Gänze in dem Film untergebracht. Ihnen ist doch klar – wenn der Journalist sagt: Nicht Sie interessieren mich, sondern Ihr Sohn, dann wird es für die Mutter letzten Endes auch einfacher sein, über sich selbst zu sprechen.

Mischarin: Das Ideale wäre, wenn Andrej sie über alles befragte.

Tarkowskij: Das bezweifle ich. Direkte Kontakte sollte es hier meiner Meinung nach nicht geben. Sie wird mir nicht alles erzählen können, und auch ich kann sie nach vielen Dingen ganz einfach nicht fragen. Es genügt schon, daß ich darüber einen Film mache.

Slutzkij: Ist Ihre Mutter ein gläubiger Mensch?

Tarkowskij: Das ist eine komplizierte Sache. Gerade danach wollte ich sie fragen.

Slutzkij: Ich denke an folgendes – einen sowjetischen Menschen zur Beichte zu „treiben" ist nicht einfach. Aber wenn jemand, sagen wir, als baptistischer Prediger, als Seelenfänger zu ihr käme ... Nein, ich meine es ernst. Der eine sagt in einem solchen Fall: Geh zum Teufel. Ein anderer läßt sich vielleicht in ein Gespräch ein. Man weiß ja, daß die Baptisten und Adventisten ihre Sektenmitglieder auf genau diesem Weg anwerben – auf einem Rundgang durch die Wohnung, im persönlichen Gespräch. Und wenn wir es schon auf eine Täuschung Ihrer Mutter ankommen lassen, dann könnte man ein wunderbares Gespräch mit diesem Mann über ihren Glauben drehen.

Schmugljakowa: Mir gefällt die Idee. Ich bin dafür. Die Mutter – das ist ein sehr menschliches Thema. Aber der Gedanke an die Notwendigkeit der Täuschung war mir von Anfang an unbehaglich.

Tarkowskij: Überlassen Sie das meinem Gewissen.

Schmugljakowa: Was mich dabei interessiert, ist – pardon! – in erster Linie gar nicht ihr Gewissen. Mich interessiert der Film. Ich glaube, ein Gespräch über die Mutter ist etwas Heiliges. Wenn Sie hier eine Form der Täuschung finden, die vertretbar ist – dann liegt die Sache anders. Ich begreife, daß es auch so etwas wie einen heiligen Betrug gibt, der sozusagen zu den Spielregeln gehört ... Aber mir scheint, es könnte sich für Sie als sehr nachteilig erweisen. Denn wenn sich auf der Leinwand Dinge zeigen würden, über die sie im Beisein eines Dritten niemals gesprochen hätte – ich fürchte, dann könnten sich Empfindungen einstellen, die eine normale Wahrnehmung beeinträchtigen würden.

Tarkowskij: Einwände dieser Art sind mir nichts Neues mehr. Sie kommen nicht von ungefähr. Aber sehen Sie – auch der Film ist eine Kunst und, ob wir es wollen oder nicht, genauso ernst zu nehmen wie die übrigen Künste. Darum ist er entstanden; und im 20. Jahrhundert entstanden, in dem Augenblick, in dem sein Erscheinen notwendig wurde. Er ist eine Kunst, mit der wir uns – pardon! – sehr ernsthaft beschäftigen müssen. »Traumfabriken« anerkenne ich grundsätzlich nicht. Und ich bin der Meinung, daß auch der Film entstanden ist, um in irgendeinem Sinn zum Gewissen zu werden. Zum Gewissen der Menschen, die unter uns leben.

Es geht um ein rein moralisches Problem, da gebe ich Ihnen recht. Und wir alle tun uns schwer damit. Ich denke sehr oft darüber nach, und mit Mischarin habe ich fast pausenlos darüber gesprochen. Glauben Sie mir, diese Frage beunruhigt mich nicht weniger als Sie alle hier. Aber ich glaube, diese Grenze müssen wir überschreiten. Es ist ein Vorurteil. Davon bin ich zutiefst überzeugt. Ein Film entsteht im Namen eines bestimmten Ziels, und vor allem dazu, um in sehr tiefe Fragen einzudringen. Seine Grundvoraussetzung ist Aufrichtigkeit. Und mir scheint, wenn meine Mutter aus irgendeinem Anlaß gesprächsweise einem

Menschen, der ihr gar nicht besonders nahesteht, etwas erzählt – warum sollte sie, die von Natur aus leicht Vertrauen schenkt, davon nicht auch einem Dritten erzählen können?

Sie können sich vorstellen, daß es tausend Mittel, eine Vielfalt von Mitteln geben kann, sie davon zu überzeugen, offen zu sein. Vielleicht braucht auch nicht jedesmal derselbe Mann mit ihr zu sprechen. Das muß man noch überlegen ... Und sogar wenn es nicht gelingen sollte, sie »aufzubrechen«, und sie Äußerungen verweigert, dann ist auch noch ihre Weigerung sehr interessant. Ich habe das schon einmal erwähnt: Ein kluger Mensch, der Gesprächspartner, könnte in diesem Fall versuchen, die Gründe, aus denen sie die Antwort verweigert, zu analysieren, und das wäre ganz ungeheuer interessant. Denn dahinter verbergen sich bestimmte moralische Probleme usw. ... Meine Mutter ist eine Frau, und ich würde sie zum Beispiel sehr gern danach fragen, ob sie sich nach der Trennung von ihrem Mann jemals wieder verliebt hat ... Ob ihr Leben nach der Trennung von ihrem Mann wieder glücklich gewesen ist. Denn sie hat ihr ganzes Leben mir und meiner Schwester gewidmet ... Nehmen wir an, sie sagt: Ja, das war ich. Oder: Nein, das war ich nicht. Oder: Auf diese Frage möchte ich nicht antworten. Wie immer die Reaktion aussähe, sogar die punktierte Linie der Aussageverweigerungen in diesem Interview würde die moralische Struktur ihres Charakters und vieles andere erkennen lassen. Um die Repliken herum entstehen Obertöne, die vielleicht sogar bedeutend gehaltvoller sind, als die einfache Antwort auf eine Frage es wäre. Eine Vielzahl von Aspekten tut sich auf, die einander beleuchten und stützen können.

Ich muß Sie alle darum bitten, daß unsere heutige Besprechung Redaktionsgeheimnis bleibt. Wenn sie irgend etwas davon erführe, was der Himmel verhüte – alles wäre aus und vorbei.

Grakina: Ich glaube, daß den Kontakt mit Ihrer Mutter, eine Annäherung, am ehesten eine Frau zuwege brächte.

Die Barriere wäre in diesem Fall weniger hoch. Es könnten sich im Gespräch Dinge ergeben, die man lieber einer Frau sagt. Gespräche über die Kinder, über das Schicksal ... Besonders wenn man eine Frau etwa gleichen Alters fände ...

Ognjow: Ich glaube, unsere heutige Sitzung war fruchtbar. Ich habe aus den Beiträgen auch für mich selbst viel mitgenommen. Unsere Sitzung hatte, wie es häufig vorkommt, keinen formellen Charakter. Ich glaube, auch für die Autoren gab es einiges Nützliche zu hören. Es bleibt uns jetzt noch, als Drehbuchkollegium über das Vorhaben zu entscheiden. Gleichzeitig sollten wir die Autoren bitten, innerhalb kürzester Frist eine schriftliche Darstellung einzureichen.

Tarkowskij: Ich möchte darum bitten, daß in der Entscheidung des Kollegiums die beiden Fragen berücksichtigt werden: Erstens: Die Frage nach dem völlig neuen Arbeitsprozeß. Zweitens: Im Zusammenhang damit die Frage nach
einer prinzipiell anderen Möglichkeit, diese Idee auf den Weg durch die Instanzen zu schicken.

Es wurde beschlossen: Nach dem Bericht A. A. Tarkowskijs über sein neues Filmvorhaben unter dem vorläufigen Titel »Die Beichte« wird das Vorhaben vom Drehbuchkollegium der ETK gutgeheißen und für äußerst fruchtbar und interessant erklärt. Das Drehbuchkollegium bittet die Autoren darum, innerhalb kürzester Frist ein Gesuch vorzulegen, und wird gleichzeitig bei der Leitung der ETK die Aufnahme von Verhandlungen mit dem Filmkomitee der UdSSR über die Herstellungsmöglichkeit zur Verwirklichung dieses Vorhabens befürworten.

STAATLICHES FILMKOMITEE
DES MINISTERRATES DER UDSSR
(GOSKINO UDSSR)

Kopie:

An den Chefredakteur
des Filmstudios »Mosfilm«
Gen. L. N. Nechoroschew

Vorschläge zu Montageänderungen
im Film »Der Spiegel« von A. Tarkowskij

Nach der Probevorführung des Films »Der Spiegel« (»Heller, heller Tag«) von A. Tarkowskij sieht sich das Staatliche Filmkomitee der UdSSR zu folgenden Feststellungen genötigt:

Die komplizierte Gestaltungsform des Werks, die mehrstufige Anordnung der Handlungsstränge erfordern vor allem eine logische Verdeutlichung sowohl der zugrundeliegenden Idee des Autors sowie der Handlung im ganzen. Damit der Sinn des Films deutlicher erkennbar wird, ist unserer Ansicht nach der Neugestaltung und Verbesserung einer Reihe von Szenen und Episoden besondere Aufmerksamkeit zu schenken.

1. Die einleitende Episode mit der Logopädin sollte herausgenommen werden.

2. Die Episode mit dem Ausbilder muß nachbearbeitet werden. Das respektlose Verhalten der Jungen einem Soldaten gegenüber, die unnötige Betonung seiner Behinderung lassen sich durch Kürzungen bei der Montage sowie durch neue Vertonung eliminieren.

3. Wünschenswert wäre eine Bearbeitung der »Spanien«-Episode, um den allzu traurigen Ton der Episode aufzuhellen und bei der ersten Begegnung der Kinder mit der Sowjetunion ihre Freude stärker zu betonen. Die Dokumentaraufnahmen mit den Ballonfahrern sind unmotiviert und daher überflüssig.

4. Für die Szene, in der der Brief Puschkins vorgelesen wird, ist bei einer Kürzung des Gesamtumfangs die Auswahl der Textstellen besser zu bedenken und außerdem auf die mystische Fortführung der Szene zu verzichten.

5. In der Druckerei-Szene sollte die unnötige atmosphärische Bedrückung vermieden werden, die durch Winke und Anspielungen auf den Charakter der Ausgabe entsteht. Angebracht wäre auch eine Kürzung der zu langen Gänge in dieser Szene.

6. Eine besonders sorgfältige und durchdachte Rekonstruktion empfiehlt sich für die Montage des Kriegsdokumentarmaterials. Die Ereignisse des Zweiten Weltkriegs und die in Vietnam dürfen nicht miteinander vermischt und unmittelbar nebeneinander gezeigt werden. Die Einstellungen mit der Parade auf dem Platz in Peking stehen nicht in organischer gedanklicher Verbindung zum übrigen Dokumentarmaterial.

Der ganze dokumentarische Block sollte in zwei Hälften gespalten und das Material zum Zweiten Weltkrieg nur in der ersten Hälfte konzentriert werden.

7. Das Gespräch mit Natalja hat biblischen Charakter. Es sollte neu synchronisiert werden und einen realen Ton sowie inhaltliche Motivierung erhalten.

8. Die Metapher der Frau, die in der Luft schwebt, ist nicht überzeugend, man sollte darauf verzichten.

9. Der Text im Off, der von der Figur des erwachsenen Helden gesprochen wird, ist zu pessimistisch. Damit wird der falsche Eindruck erweckt, daß der Künstler, von dem erzählt wird, sein Leben umsonst gelebt hätte, da er in der Kunst einfach nicht zum Zuge kommen konnte. Dieser Eindruck ist unbedingt zu vermeiden, indem ein paar neue Repliken in den Text eingefügt werden.

10. Der ganze Film ist von Elementen der Mystik zu befreien.

E. P. Barabasch

Stellvertretender Chefredakteur
Chefredaktion Drehbücher

I. I. Sadtschikow

Chefredakteur der thematischen Gruppe
für künstlerische Publizistik

GUTACHTEN ZUM FILM A. TARKOWSKIJS »DER SPIEGEL« (»Heller, heller Tag«)*

Die Leitung der IV. Abteilung für künstlerische Gestaltung hält nach Betrachtung der neuen Version des Films »Der Spiegel« (»Heller, heller Tag«) fest, daß die Montagekorrekturen und Kürzungen, die auf Empfehlung des Kunstkomitees der Abteilung durchgeführt worden sind, sich positiv ausgewirkt haben.

Gleichzeitig jedoch haben die Veränderungen noch nicht zu dem gewünschten Ergebnis geführt. Viele der von der Abteilung und nachfolgend auch vom Büro des Kunstkomitees des Studios ausgesprochenen Forderungen sind leider unberücksichtigt geblieben. Es ist nach wie vor nötig, sowohl den Sinn des Films wie auch seine Konstruktion im ganzen sowie eine Reihe von Episoden verständlicher zu machen.

Die Abteilungsleitung hält folgende Veränderungen zur Fertigstellung der Filmarbeiten für unabdingbar:

1. Die Abteilung empfiehlt eine klare Abgrenzung der drei Ebenen des Films – zeitgenössische Gegenwart, Erinnerungen, Träume. Im Zusammenhang damit, daß die Rollen der Mutter und Ehefrau, des Sohnes und des Vaters von denselben Darstellern gespielt werden, muß erkennbar sein, welche der Personen im jeweiligen Moment auf der Leinwand erscheint.

2. Widerspruch erweckt nach wie vor die Episode mit dem Ausbilder. Vom Autor als Beispiel des Heroismus gedacht, wirkt die Episode in ihrer ideologischen Sinngebung jedoch unscharf, da sie nicht den Geist, das Pathos und die Atmosphäre der Kriegsjahre zum Ausdruck bringt.

Diese Episode müßte entweder neu gedreht werden oder durch redaktionelle Veränderungen in Text und Montage die richtige Note erhalten.

* mit dem handschriftlichen Vermerk des A.: »Nr. 2, verfälscht«.

3. Die Darstellung des Krieges ist einseitig und entspricht nicht dem Vorhaben, wie es der Regisseur im Drehbuchentwurf selbst formuliert hat, wo es heißt, im Film gehe es auch »um den Zweiten Weltkrieg, seine Befreiungsmission, den Patriotismus der Sowjetbürger«. Wir empfehlen dem Filmteam, diese Absicht des Regisseurs in die Tat umzusetzen. Dazu wäre in zweckdienlicher Weise ergänzendes filmisches Dokumentarmaterial aus der Kriegszeit einzusetzen.

Aus der Episode der Wochenschaubilder von der Front, die der Film enthält, sind die naturalistischen Details herauszunehmen.

4. Bei allem fehlt dem Film der weite Atem jener Zeit. Das geistige Leben der Heldin ist zu wenig mit dem großen Leben des Landes verquickt. Es scheint uns in diesem Zusammenhang äußerst wichtig, die Wochenschauepisode vom Start des Stratosphärenballons wieder in den Film hineinzunehmen, das Bildmaterial über die Ereignisse in Spanien zu erweitern, die Ankunft der spanischen Kinder in der Sowjetunion und ihren Empfang zu zeigen und ebenso die 1.-Mai-Parade des Jahres 1939 auf dem Roten Platz (was im Drehbuchentwurf des Regisseurs vorgesehen war).

5. Verdeutlichung braucht die Spielszene mit den Spaniern. Jetzt ist sie unverständlich, ihre Verbindung zur Haupthandlung unklar.

6. Es scheint uns notwendig, da die Episode der »Ohrringe« mit einem Abgang der Heldin schließt, der ihre Ablehnung eines spießbürgerlichen Wohllebens während der Kriegsjahre ausdrückt.

7. Nach wie vor Zweifel weckt die Einstellung mit der in der Luft schwebenden Heldin. Sie ist in ihrer Bedeutung unklar und verschwommen. Die Einstellung sollte herausgenommen werden.

8. Durch das Erscheinen des Autors am Ende des Films erhält die im Film erzählte Lebensgeschichte eine allzu private Note. Die Einstellung weckt Widerspruch nicht nur aus ästhetischen, sondern auch aus ethischen Erwägungen.

O. Karajew   A. Alow   W. Naumow

Direktor der Abteilung für künstlerische Gestaltung   Künstlerische Leiter der Abteilung

B. Kremnjow

Chefredakteur der Abteilung

Bestätigt vom:

Generaldirektor des Filmstudios »Mosfilm«
N. Sisow

24. Mai 1974

Plan
für die Korrekturen an der Endfassung des Films
»Der Spiegel«

1. In der Episode »Die Spanier« werden in das Wochenschaumaterial über die Stratosphärenballons die Einstellungen über den Empfang Walerij Tschkalows in Moskau und seine Fahrt durch die Gorkij-Straße eingefügt.

2. Das Material der Kriegswochenschau wird anders geschnitten und chronologisch geordnet.

3. Am Schluß der Kriegswochenschau werden Szenen vom Empfang eingefügt, der den sowjetischen Soldaten in Prag bereitet wurde.

4. Die Szene »Die schwebende Mutter« wird gekürzt, um die emotionale Wirkung zu verstärken.

5. Am Schluß des Films werden die Worte des Autors ergänzt, die dessen Gedanken über das weitere Leben genauer zum Ausdruck bringen.

A. Tarkowskij
Filmregisseur

Dieser Brief wird an Jermasch gesandt.

DISKUSSION ÜBER DEN »SPIEGEL«
in der Generaldirektion unter Beteiligung des Komitees
(Gen. Jermasch und Barabasch)

F. T. Jermasch: Was meint die Abteilung?
M. M. Chuzijew: Die Abteilung ist der Ansicht, daß der Film einen sehr schwierigen und komplexen Weg genommen hat, daß er seinem eigenen Ton, in dem er entstanden ist, treu geblieben ist. Es hat Stellen gegeben, die nicht stimmten und in der Arbeit von Regisseur und Abteilung ausgebügelt worden sind. Gelegentlich hat Tarkowskij sich gesträubt, aus Starrsinn oder auch weil er sich von bestimmten Bildvorstellungen nicht lösen konnte. Aber seine Beziehung zu seiner Arbeit ist von äußerster Gewissenhaftigkeit, und in dieser Ästhetik ist der Film zu Ende geführt worden, bis auf eine Sequenz – die Sequenz aus der Wochenschau, die noch nicht fertig realisiert, aber bereits auf den Weg gebracht ist.

Die letzten Beanstandungen konzentrieren sich auf drei Punkte:
1. die Episode mit dem Ausbilder
2. die Assoziationen – die Wochenschau
3. die Episode mit der schwebenden Frau;

1. Der Episode mit dem Ausbilder fehlte ein Schluß – die Kinder trieben ihren Unfug immer weiter bis zur Rüpelei. Diese Episode ist jetzt unserer Ansicht nach zu Ende geführt worden: Der Schuldige verläßt betreten den Schießplatz.

2. Im Dokumentarbericht ist das, was geplant war – nämlich zu zeigen, daß diese Soldaten einen schweren Weg hinter sich haben – nicht ganz erreicht worden: Das Gefühl des Sieges, des Triumphes fehlte. Jetzt ist es spürbar, obgleich die Sequenz noch nicht vollständig gereinigt ist.

3. Am meisten umstritten war die Sequenz mit der Frau. Bei einigen entstand der Eindruck, es handle sich um eine

biblische Metapher. Die Abteilung und der Regisseur fanden einen Weg, den Einwand auszuräumen. Rein vom Geschmacklichen her hatten wir unsere eigenen Einwände, aber was den Sinn angeht, meinten viele, daß sie am Platz sei.

Ich war früher der Meinung und habe es auch Andrej gegenüber erwähnt, daß vieles im Film unverständlich sei, doch jetzt, wo ich den Film von Etappe zu Etappe verfolgt habe, glaube ich (wie auch die Abteilung), daß in dieser Hinsicht der Regisseur die Forderungen der Kritik erfüllt hat.

Jermasch: Und was meint der Chefredakteur?

Nechoroschew: Die Frage ist tatsächlich nicht einfach. Ich glaube, daß alles, was getan worden ist, dem Film genützt hat. Er ist klarer, schlanker, verständlicher geworden, die unnötigen Schnörkel sind raus. Trotzdem ist es natürlich kein Film, der von seiner Idee und von seiner Art her leicht zugänglich ist. Und ich fürchte, daran läßt sich auch nichts mehr ändern.

Wir haben es hier mit einer Ausnahmeerscheinung zu tun. Der Film ist irgendwo ein Versuch, neue Wege der Gestaltung zu beschreiben. Mir ist offensichtlich in diesem Film alles deshalb klar, weil ich ihn ungefähr zehnmal gesehen habe, aber es ist möglich, daß er bei der ersten Betrachtung unverständlich bleibt. Dieser Film ist offensichtlich nicht für einen breiten Zuschauerkreis gedacht. Denken Sie an eine beliebige Symphonie von Bach. Er ist nicht nach den Gesetzen von Prosa oder Drama gebaut, sondern nach denen von filmspezifischen Bildern, Metaphern und Assoziationen.

Ich sehe hier drei Ebenen: Erinnerungen, Gegenwart, Traum. Ein sehr, man könnte sagen: übermäßig komplizierter, verwickelter Handlungsverlauf. Vielleicht läßt sich an den Übergängen doch noch einiges machen durch eine Stimme im Off, es würde dabei helfen, den Sinn des Werks zu erschließen. Wenn dies möglich ist, sollte es gemacht werden.

Zu den strittigen Punkten: Die Episode mit dem Ausbilder ist bedeutend klarer geworden. Die Schuld des Jungen ist akzentuiert usf. Auch daß auf den Jungen die Wochenschau mit unseren Soldaten folgt, damit man versteht, wer der Ausbilder eigentlich ist, entspricht dem inneren Sinnverlauf.

Die Dokumentarsequenzen sind noch nicht restlos montiert, aber klar ist, daß sich der Vergleich zweier Bilder ergibt: der edlen Ritter und der Räuber. Aber das ist offenbar noch nicht endgültig montiert. Die schnell vorbeifliegenden Bilder des Sieges sind noch keine Bildfolge geworden, haben noch den informativen Charakter rein formeller Mitteilungen.

Was den Schluß angeht, ist mir auch dort alles verständlich. Die schwebende Frau – sie kann schockieren, wenn man an das Bild noch nicht gewöhnt ist, aber jetzt ist sie durch den Text erklärt, unter dem Stichwort Liebe usw. verständlich, und andere Lesarten sind ausgeschlossen.

Was ließe sich für den Film noch tun:
1. leichte Kürzungen;
2. die Übergänge von der Wirklichkeit zu den Träumen verdeutlichen.

Sisow: Andrej Arsenjewitsch hat bei all seinem eisernen Starrsinn doch sehr viel an dem Film gearbeitet. Ich glaube, daß er viele der strittigen Fragen, die bei uns aufgetaucht sind, inzwischen erledigt hat.

Was den Ausbilder angeht, hat Andrej Arsenjewitsch alles getan, was möglich war, unter Ausnutzung der bereits bestehenden Bildfolge. Anderes läßt sich nicht mehr machen. Vielleicht allerdings, man müßte sich die Sequenz noch mal ansehen, könnten Elemente des »Ausbilders« noch etwas gekürzt werden, die negativen. Filipp Timofejewitsch, Sie müssen uns unterstützen und den Film mit den Montagekorrekturen abnehmen.

Nur was das Dokumentarmaterial betrifft – wenn nach der sehr kurzen, punktiert gezeigten Episode des Sieges noch einmal die durch den Dreck watenden Soldaten auftauchen, so erscheint mir das doch ein Bruch. Der Sieg müßte irgendwo in die Mitte. Chronologisch müßte das genauer aufgebaut werden. Und ich würde mir eigentlich doch wünschen, daß das Thema unseres Sieges etwas breiter behandelt wird. Das Material war anscheinend zu knapp ...

Ich bin auch jetzt noch der Meinung, daß die Sequenz mit der Frau vielleicht nicht gerade überflüssig ist, aber vom Standpunkt des Zuschauers her doch eher entbehrlich wäre. Obwohl der Text die Möglichkeit einer religiösen Deutung ausschließt. Mir scheint, ohne diese Sequenz würde der Film klarer.

Was nun die Frage angeht, wer den Film wie verstehen wird, so wird es da, glaube ich, die verschiedensten Meinungen geben. Jedenfalls ist sehr an dem Film gearbeitet worden.

Ich bin der Ansicht, Filipp Timofejewitsch, daß der Film abgenommen werden kann; alle Montagekorrekturen, Ihre Anmerkungen etc., können bei der Endmontage berücksichtigt werden.

F. T. Jermasch: Ich muß leider sagen, daß Andrej Arsenjewitsch seine am Anfang der Filmarbeiten gegebenen Versprechen nicht erfüllt hat. Es ist ein ganz anderes Werk geworden.

Abnehmen kann ich den Film in dieser Form nicht. Ich bitte das Studio, Vorschläge zu unterbreiten, zu entscheiden, was bei der Endmontage zu machen ist. Wir werden das prüfen und die Korrekturen für die Montage angeben.

Neu drehen läßt sich ja offensichtlich nicht. Diskutieren auch nicht. Es ist schon sehr viel diskutiert worden. In dieser Form wird der Film nur Feindseligkeiten hervorrufen.

Eine Bearbeitung erfordert der Film nur vom Standpunkt der logischen Verdeutlichung – der Sinn der Sache muß klar werden. Das ist ohne weiteres möglich.

1. Zum Beispiel, um zur Sache zu kommen, verstehe ich den *Anfang* nicht, der dem Vorspann vorangeht (die Logopädin).

2. *Spanien.* Ungeheuer trübselig. Aber das muß man sich noch genau überlegen. Gut sind die Dokumentarsequenzen, aber der Stratosphärenballon ist sinnlos. Nötig ist Klarheit des Sinns.
   3. *Der Brief Puschkins* erfordert Pointierung. Es braucht nicht alles gelesen zu werden.
   4. *Der Ausbilder.* Ich kann Ihnen nicht zustimmen, daß hier jetzt nichts mehr auszusetzen ist. Es bleibt immer noch die respektlose Behandlung durch die Kinder. Er weckt keinerlei Sympathien. Monoton, beschränkt. Wozu das hämische Verhalten der Jungen ihm gegenüber? Das muß klarer und kürzer werden.
   5. *Die Kriegswochenschau.* Hier sehe ich keine Logik. Warum beginnt sie mit dem Sieg? Bauen Sie das so auf, daß klar wird, was für ein Krieg das ist. In Ihrem Gesuch haben Sie etwas anderes geschrieben. Hier im Film ist alles durcheinandergeworfen. Es ist ganz einfach nicht das, was wir brauchen. Die Dokumentarsequenzen brauchen einen logischen Aufbau. Mich stört nicht, daß sie im Dreck waten. Es waren schwere Zeiten, tapfere Männer. Aber der Aufbau ist absurd unlogisch (zuerst der Sieg, dann der Verlust der Ohrringe). Zweimal tropft die Milch – ein Detail, man versteht nicht, was es soll.
   6. Was *die schwebende Frau* angeht, so sehe ich nicht ein, warum sie nötig sein sollte. Die Worte erklären sie zwar, aber das Bild ist symbolisch ... Eine Aussichtslosigkeit ... Das Leben war schwer und umsonst ... Irgendeine Logik und einen Sinn sollte das Leben von Mutter und Sohn doch haben. Man braucht nur den Text zu ändern, zu sagen, daß sie ihr Leben nicht umsonst gelebt haben.
   7. Unnötig sind die großartigen Anspielungen. (*Die Druckerei.* Oh, diese Gesammelten Werke!) Es geht gar nicht darum, was für eine Ausgabe das ist, sondern um die Redlichkeit der Heldin, ihr Gewissen. Jetzt denkt der Zuschauer automatisch an die Zeit des Persönlichkeitkults und daß sie im nächsten Moment verhaftet wird.

Wie ich es sehe, Nikolaj Trofimowitsch, läßt sich das bei gutem Willen in der Endmontage machen, alle Verbesserungen sind rein durch Montage erreichbar.

Andrej Arsenjewitsch soll schriftliche Vorschläge unterbreiten, was er am Film ändern will, und sie dem Komitee mitteilen. Es geht ja immer wieder um dasselbe. Und das muß gemacht werden. Ich glaube nicht, daß sich dadurch der Zusammenhang des Werks so weit verzerrt, daß die künstlerische Logik zerstört wird, denn die fehlt ja gerade. Nötig ist ein wenigstens elementares Verständnis.

Im wesentlichen ist das gedrehte Material in eine gewisse Form gebracht worden, aber unsere Bitten sind leere Wünsche geblieben.

(Diskussion über den Sinn der Kriegswochenschau ...)

Ich bin nicht gegen das Wochenschaumaterial, es gibt dem Film einen tieferen Sinn, eine gesellschaftliche Ausrichtung, da der Film seiner Art und Logik nach ausgesprochen individuell ist. Ich sage nicht, daß man verwechseln könnte, wo die Ehefrau, wo die Mutter, wo Alexej, wo Ignat erscheint – es ist eben die reinste Verschlüsselung. Eine solche Verschlüsselung aber, sagen wir es geradeheraus, gehört nicht in einen Film.

Im Gegensatz zu Ihren früheren Filmen ist dieser ein undurchdringliches Bilderrätsel. In den anderen Filmen war alles klar, ohne die Frage der Grundidee u. a. aufzuwerfen.

Das ist ohne weiteres möglich, es zerstört keineswegs den Zusammenhang und das künstlerische Konzept des Films. Immerhin haben wir das Recht zu verlangen, daß der Gedanke eines Films klargemacht wird, etwas davon stand ja auch im Drehbuch.

Sisow: (erwähnt den Abgabetermin)

Andrej Arsenjewitsch muß zusammen mit der Abteilung seine Vorstellungen morgen noch formulieren, bevor die Bank das Konto schließt.

Jermasch schlägt vor, sich morgen nach der Arbeit zu treffen.

Sisow: Diese Vorschläge müssen vom Regisseur selbst formuliert werden.

Jermasch: Der Regisseur ist ein Mann mit Verantwortung, er nimmt diese Sachen ernst und wird dann auch einsehen, daß es ihm genützt hat.

Kremnjow: Was soll in dem Brief von Puschkin rausgeschnitten werden?

Jermasch: Alles was im Zusammenhang mit dem Zaren steht – dienen und ihm treu sein (dem Zaren ergeben, die Christen etc.)

Chuzijew: Und es bleibt bei der kategorischen Frage, ob die Frau herausgenommen wird?

Jermasch: Sie sind sich ja alle selbst nicht sicher!

Chuzijew: Vielleicht könnte der Text früher einsetzen? (ein Streit, ob sie fliegt oder schwebt)

Sisow: Diese 8 Punkte, die oben aufgezählt wurden, müssen alle überlegt werden und brauchen Verbesserungen.

Jermasch: Das habe ich noch nicht erwähnt, aber der Film enthält sehr viele Stellen, wo unverständlich oder zunächst unverständlich bleibt, ob es ein Traum ist (die Zimmerdecke bricht ein), es gibt eine Menge Bilderrätsel, aber ein paar Dinge, die den sozialen, gesellschaftlichen Sinn des Films klarmachen, sind einfach unbedingt nötig.

Am Ende des Films setzt die Musik zu früh aus, das ist ein Bruch. Diese leere Stelle ohne Musik ist unmöglich, die Musik muß weitergehen.

Und dort, wo Bach gesungen wird (in der Szene des Vaters mit den Kindern), ist das schlecht gemacht. Die Musik im Film stammt ausschließlich aus der geistlichen Musik von Bach, und das gibt dem Film im ganzen einen mystischen Charakter, das klingt alles überhaupt nicht weltlich.

A. A. Tarkowskij: Für mich ist es die beste Musik, die je geschrieben wurde.

Ich bin gegen Musik, die eigens für den Film komponiert wird, es gibt eine großartige klassische Überlieferung.

Jermasch: In »Solaris« war solche Musik logischer.

Tarkowskij: Eine konkrete Sache im Zusammenhang mit den Änderungen zwecks Erweiterung des sozialen Apekts. Ich habe mich entschlossen, das dokumentarische Kriegsmaterial zu erweitern, aber nicht dem Umfang nach, das würde den Film beschweren, sondern so, daß die Figur dieses Soldaten beide Zeiten, die Vergangenheit und unsere Zeit, verbindet. Entbehrungen ertragen im Namen des Sieges, im Namen dessen, was unserer Armee ihren Sinn gibt. Sie gehen und gehen, sie haben die Atombombe durchgemacht und Vietnam und verhindern die Möglichkeit neuer Krisen. Es ist ein Zug von wahrhaft epischen Dimensionen, der eine Brücke schlägt vom Krieg bis in unsere Tage. Was bedeutet dieser Soldat für uns? Wie ist unsere, die heutige Beziehung zu ihm – das ist eine wichtige sittliche Frage.
Jermasch: Ich bin für die Chronologie, aber kategorisch dagegen, hier Vietnam, den Nahen Osten und China hineinzubringen. Das gehört an einen andern Ort. Man braucht nicht alle Kriegsschauplätze in eine Sequenz zusammenzupressen.
Chuzijew: Mich beunruhigt etwas, daß hier für Andrejs Plan nichts Konkretes herausgekommen ist. Noch ist das Dokumentarmaterial nicht montiert. Sobald die Sequenzen getrennt sind, ist die ganze Mühsal verloren, es gibt keine Stafette der Soldaten. Jetzt stimmt die Montage nicht. Früher gab es keine Bilder vom Sieg, es entstand nicht der Eindruck des bevorstehenden Sieges, aber dann wurde alles ganz anders.
Jermasch: Zusammen (der Krieg und danach) ist das einfach nicht machbar. Das Material muß getrennt werden.

Moskau, 12. August 1974

Sehr geehrter FILIPP TIMOFEJEWITSCH!

Erst nach Ihrer Abreise nach Duschanbe habe ich die Liste mit den Anmerkungen zu unserem Film vom Gen. Barabasch erhalten. Ich spreche von den dort festgehaltenen Eindrücken von der Diskussion über den Film im Anschluß an die Vorführung im Mosfilm-Studio.

Sie äußerten am Ende der Diskussion den Wunsch, sich mit mir zu treffen, um Änderungen am Film zu besprechen, die ich nach einer umfassenden Erwägung Ihrer Bemerkungen vornehmen würde. Leider konnte ich mich vor Ihrem Urlaub nicht persönlich mit Ihnen treffen, da ich krank war. Jetzt möchte ich Ihnen, wenn auch brieflich, doch mitteilen, was ich entsprechend diesen von Ihnen geäußerten und von mir sorgfältig erwogenen Anmerkungen unternommen habe.

Größte Aufmerksamkeit habe ich Ihren Wünschen bezüglich des Dokumentarmaterials geschenkt, die im wesentlichen eine genauere Beachtung der historischen Chronologie zum Gegenstand hatten und denen ich auch nachgekommen bin.

Ich habe, auf Ihr Beharren hin, die Bearbeitung der Szene mit der Granate fortgesetzt und den Dialog des Schülers Afanassjew mit dem Ausbilder gestrichen, der tatsächlich ungerechtfertigt freche und grobe Töne enthielt.

Was die Episode in der Druckerei betrifft, von der ebenfalls die Rede war, werde ich die Repliken der Figuren neu so synchronisieren, daß der Eindruck, es handle sich um eine ganz bestimmte Werksausgabe, vermieden wird.

Im Brief Puschkins an Tschaadajew sind Kürzungen durchgeführt worden. (Ich weiß nicht, ob uns das eigentlich zu verzeihen ist.)

Gerechtfertigt scheint mir die Forderung, den Tonfall des Autorentextes (in der Ausführung durch Smoktunowskij) am Schluß des Films zu präzisieren, damit der Zuschauer die Möglichkeit erhält, sich vom Verhältnis des Filmhelden zu sich selbst ein genaueres Bild zu machen.

Was die Anmerkungen zum Prolog des Films (die Sequenz mit der Logopädin) sowie zur »schwebenden« Marja Nikolajewna angeht, so kann ich sie auch bei noch so ernsthafter Überlegung nicht akzeptieren, denn mit der Herausnahme dieser Szenen würde die künstlerische Gestalt des Films zerstört.

Der Prolog bildet in seiner Art den Schlüssel zum Film und bereitet den Zuschauer von Anfang an auf den künstlerischen Gedanken und die Stilistik des Films vor. Ohne den Prolog ist der Film schlicht unverständlich. Er stimmt den Zuschauer auf die dramaturgische Besonderheit dieses Werks ein, in dem sich die Handlung eher nach der assoziativen Gesetzmäßigkeit der Musik und Lyrik entwickelt als nach dem landläufigen Kanon der »Kinobelletristik«.

Gar nicht davon zu reden, daß diese Episode auch an sich auf sehr bedeutende Weise symbolisch befrachtet ist. Sie gibt die Mühsal wieder, die der Held und Erzähler auf sich nimmt, weil er gedrängt ist, von sehr persönlichen und schwierigen Dingen zu erzählen, und zugleich aber auch das Gefühl der inneren Befreiung, der strahlenden Klarheit und Hinwendung zum Leben und zu den Menschen, das er im Finale erreicht.

Jetzt zur Sequenz mit der Mutter. Da kann von Mystik überhaupt nicht die Rede sein. Diese Sequenz ist im Gegenteil ganz und gar irdisch und, nach Maßgabe des Films, real. Denn dieser Film ist eine Apotheose, eine Hymne auf die Frau und Mutter, auf ihre Treue zu den Kindern, auf eine Liebe, die sie ihr ganzes Leben lang bewahrt hat. Die Episode ist das poetische Bild der seelischen Befindlichkeit einer liebenden Frau, ihres Glücks auf der Höhe eines Gefühls, das kein Vergessen kennt. Erlauben Sie, daß ich aus der Szene zitiere: »*Die Mutter:* Siehst du, und jetzt fliege ich. – *Der Vater:* Marussja?! Fühlst du dich schlecht? – *Die Mutter:* Keine Angst. Das muß so sein. Ich liebe dich doch.«

Ihr scheint, daß sie fliegt. Ein Gefühl, das jeder kennt, wie Sie selbst doch sicherlich auch?! ... Sie fügt hinzu: »Wie ein Vogel ...«, als genieße sie diesen Flug. Was kann realer sein als dieses Gefühl?

Verehrter Filipp Timofejewitsch!

Ich muß Sie daran erinnern, daß die Verbesserungen, die ich auf Ihr Drängen vorgenommen habe, eine unermeßliche Arbeit darstellen, die von mir und vom Studio bereits ausgeführt worden ist.
Ich betrachte den Film als abgeschlossen.
Ich bin genötigt, Sie während Ihres Urlaubs zu stören und Sie von der getanen Arbeit in Kenntnis zu setzen, da die Verlängerungsfrist ausläuft. Entschuldigen Sie die Dringlichkeit, aber ich muß Sie bitten, in dieser Frage zu entscheiden, die nicht nur das Schicksal des Films und die Interessen des Studios, sondern auch mein persönliches Schicksal aufs engste berührt.

Hochachtungsvoll
(A. TARKOWSKIJ)

STAATLICHES FILMKOMITEE
DES MINISTERRATS DER UDSSR
(Goskino UdSSR)

3. September 1974
An den Chefredakteur des Filmstudios »Mosfilm«
Gen. L. N. Nechoroschew

GUTACHTEN

zum Spielfilm »Der Spiegel« des Regisseurs A. Tarkowskij

Nach der Probevorführung des Films »Der Spiegel« (»Helle Tage«) des Regisseurs A. Tarkowskij in der endgültigen Fassung hält das Staatliche Filmkomitee der UdSSR es für nötig, das Filmstudio »Mosfilm« auf folgendes aufmerksam zu machen:

Eine Reihe von Vorschlägen und Empfehlungen der Leitung von Goskino zu diesem Film sind unberücksichtigt geblieben.

Unserer Ansicht nach bedürfen einzelne Sequenzen des Films nach wie vor einer Nachbearbeitung.

So ist es in der Episode »Spanien« nicht gelungen, die schwermütige und tragische Grundstimmung der Episode insgesamt abzuschwächen. Eine derart einseitige Behandlung des Schicksals der spanischen Kinder in der UdSSR ist im wesentlichen unzutreffend.

In der Montage des Dokumentarmaterials ist die Chronologie der Ereignisse gestört, es mangelt an offensiven Kampfepisoden aus dem Zweiten Weltkrieg. Die Wochenschaubilder der Ereignisse in China enthalten nach wie vor viele Einstellungen der Parade auf dem Platz in Peking. Die Bilder vom Krieg im Nahen Osten scheinen uns überflüssig.

Die mystischen Elemente des Films sind daraus zu tilgen.

Im Zusammenhang damit, daß die Einleitungsepisode mit der Logopädin auch weiterhin im Film enthalten ist, hat das Studio eine Einverständniserklärung des Jungen (bzw.

der Eltern, im Fall seiner Unmündigkeit) und der Ärztin vorzulegen, daß die gezeigte Episode im Film verwendet werden darf.

Diese Empfehlungen sind bei der Endmontage des Films zu berücksichtigen.

D. K. Orlow

Chefredakteur

Chefredaktion Drehbücher.

HANS-JOACHIM SCHLEGEL

DER ZUSAMMENHANG DES AUTHENTISCHEN UND DES POETISCHEN

Andrej Tarkowskijs Arbeitstexte zum »Spiegel«

Es ist ein Glücksfall besonderer Art und Bedeutung, daß gerade auch zum »Spiegel«, also zu Andrej Tarkowskijs sicher »schwierigstem«, weil überaus hermetischem und autobiographisch-intimem Film nunmehr die vorausgegangene Filmnovelle, Zeitdokumente und vor allem auch Arbeitstagebücher publiziert werden können: In Ergänzung zu Tarkowskijs »Versiegelter Zeit« (Ullstein-Verlag 1985 u. ä.) kann so wildwuchernden Mutmaßungen, Mißverständnissen und Spekulationen zu diesem nach wie vor intensiv rezipierten Film mit auch zeitlich konkreten Selbstaussagen begegnet werden. In diesen Tagebuchaufzeichnungen notierte philosophische und literarische Zitate verweisen auf die Quellen von Andrej Tarkowskijs geistig-weltanschaulicher Orientierung jenseits ideologisch verordneter Normierung und sind zugleich Verständnishilfe für die tatsächliche ideoästhetische Funktion literarischer, musikalischer und bildlicher Zitate im »Spiegel«. Der komplexe und sicher auch komplizierte Entstehungsprozeß des filmischen Konzepts und seiner Umsetzung wird im Kontext sozialer, familiärer Alltagssorgen und politisch-bürokratischer Bevormundung, des Auf und Ab von Selbstzweifeln und Hochstimmungen, aber auch ausgesprochen intimer Bekenntnisse von psychologisch hochinteressantem Aussagewert deutlich.

Andrej Tarkowskijs Arbeitstexte zum »Spiegel« richten sich also durchaus nicht nur an engere Cineastenkreise, an Filmhistoriker, -theoretiker und -kritiker. Nicht weniger aufschlußreich dürften diese Texte auch für Zeitgeschichtler, Politologen und Soziologen, für philosophisch, theologisch und psychologisch Interessierte sein. Für interdisziplinär Fragende, die hier zahlreiche Anregungen für ein Nachdenken über die Wechselbezüge filmischer Strategien mit denen der bildenden Kunst, der Musik und der Literatur entdecken können. Vor allem aber werden diese Texte für all jene wichtig und aufschlußreich sein, die die jüngere Entwicklung Rußlands in einem tieferen, auch deren geistige Prozesse erfassenden Sinne verstehen wollen: Gerade im zutiefst individuellen Schicksal Andrej Tarkowskijs, in dessen Suche nach den verschütteten Quellen russischer Spiritualität und in den schließlich zur Tragödie der Emigration führenden Konflikten mit dumm-dreister Politbürokraten-Arroganz spiegelt sich hierfür generell Bezeichnendes.

Auch Arbeitstagebücher werden sicher vor allem für eine Selbstverständigung ihres Autors geschrieben. Bei einer Veröffentlichung gerät der Leser so in eine bestimmte voyeuristische Position. Doch man sollte bedenken, daß so etwas bei jedem Kinogang geschieht, da jede Filmvorführung schon ihrer Natur nach immer auch die Schaulust der Zuschauer befriedigt. Hinzu kommt, daß der ansonsten eher verschlossene, in sich gekehrte Andrej Tarkowskij im »Spiegel« eine geradezu radikale Ausstellung seines Selbst wagt: In der Mitte seines Lebens entschließt sich dieser Regisseur zu einer öffentlichen Erkundung seiner Selbstwerdung, seiner Wurzeln in der Kindheit, seines Verhältnisses zu Mutter und Ehefrau (die hier in psychologisch aufschlußreicher Weise von ein und derselben Schauspielerin, von Margarita Terechowa, verkörpert werden) ja, zu einer intimen Ortsbestimmung der krisenschwangeren Gegenwart, der bedrohlich verworrenen »Zone« zwischen Gestern und Morgen.

Eine derart offensichtlich eindeutige Ichbezogenheit des Filmkonzepts provozierte nicht nur die Gralshüter eines aufs Kollektive, auf »Massenerziehung« gerichteten »Sozialistischen Realismus«, sondern durchaus auch Tarkowskij nahestehende Kollegen und Freunde. Etwa Wadim Jussow, den Kameramann aller seiner bisherigen Filme: »Als Jussow das ›Spiegel‹-Drehbuch durchgelesen hatte, lehnte er es ab, an dem Film mitzuarbeiten. Er begründete dies mit dem allzu unverhohlen autobiographischen Charakter, der ihm aus moralischen Gründen zuwider sei. Auch stoße ihn die zu offen lyrische Intonation der gesamten Erzählweise, der Wunsch des Regisseurs, nur von sich selbst zu sprechen, ab« (»Die versiegelte Zeit«, S. 157).

Nicht weniger irritierend wirkte bereits Tarkowskijs erste Projektidee aus dem Jahre 1968, die unter dem charakteristischen Titel »Beichte« (»Ispowedj«) eine dokumentarfilmische Befragung der Mutter plante, bei der diese über ihr Gefilmtwerden im unklaren gelassen werden sollte und im Gespräch mit einem Psychologen Fakten und Haltungen ihres Lebens zu Protokoll geben sollte. Dieses Interview, das durch den Tod von Tarkowskijs Mutter dann nicht zustande kam, sollte in einer späteren Konzeptphase unmittelbar in die Spielfilm-Struktur des »Spiegel« integriert werden.

Seine Suche nach der verlorenen Zeit der Kindheit, nach den eigenen Wurzeln, die ganz sicher – und viele russische Zuschauer haben das bestätigt – auch viel mit den Wurzeln, mit den Erfahrungen seiner Generation zu tun haben, betreibt Tarkowskij also auch mit betont dokumentarischen Mitteln. Die Mutter sollte sich der filmischen Aufzeichnung ihrer Selbstaussagen nicht bewußt werden, damit die Unmittelbarkeit, die Authentizität ihrer Wahrheiten dadurch nicht beeinflußt würde. Das erinnert sicher an den damals auch in Rußland zu beobachtenden zeitgenössischen Trend eines »direct cinema«, eines »cinéma verité«. Doch Tarkowskij verfolgte damit ganz sicher erheblich komplexere Ziele und ging dabei von einem markant anderen Realitätsverständnis aus:

Ihm ging es vor allem um die grundsätzliche Ambivalenz von Innen und Außen, von materieller und geistig-spiritueller Wirklichkeit. Um die Einheit, den Zusammenhang, das Ineinander des Authentischen und des Poetischen. Darum, daß die im Filmbild konkret festgehaltene, »fixierte« Realzeit zugleich immer auch eine »versiegelte Zeit« ist und das Transzendente in sich birgt. Um die Möglichkeit durch einen beharrlichen, noch im Detail präzis beobachtenden Blick auf die äußere, endliche Wirklichkeit deren Fenster in die innere Wirklichkeit, in die Unendlichkeit aufzustoßen. Zum Wesen der Dinge vorzudringen. In diesem Sinne werden dann letztendlich die Grenzen zwischen dem »Dokumentarischen« und dem »Fiktiven«, zwischen dem »Authentischen« und dem »Poetischen«, zwischen »Außen« und »Innen«, »Traum« und »Wirklichkeit« aufgehoben. Der »beharrliche« Blick sucht nach dem Ineinander, dem Zusammenhang der beiden Bereiche. Er ist und er erkennt meditativ. Von daher auch das »kompositorische Chaos« des »Spiegel« – seine assoziative Struktur, die weder etwas mit der tradierten Erzähllogik noch mit jenem intellektuellen Montagekino zu tun hat, das durch eine bewußt planende Kontextuierung divergierender Materialien Sinn stiftet.

Jene »Sinnfälligkeit«, die die Ideologiewächter des »Goskino«–Kollegiums immer wieder einklagen, meinte eine banale Offenkundigkeit, die vor allem dissidentische Deutungsmöglichkeiten ausschließen sollte. Ihr Unvermögen, Tarkowskijs völlig anderes Realitätsverständnis zu begreifen, mußte diese Beamten der Stagnation geradezu zwangsläufig in jenen kläglichen Grabenkrieg mit dem Regisseur führen, den die Tagebuchaufzeichnungen des Regisseurs ausgiebig dokumentieren. Interessant ist, daß diese Kulturfunktionäre neben dem „Mystizismus« der schwerelos im Raum schwebenden Mutter, der »unheroischen« Figur des Militärausbilders und der »geistlichen Musik« Johann Sebastian Bachs vor allem den Einsatz der Dokumentarmaterialien im »Spiegel« kritisieren: Den Prolog, in dem eine Logopädin einen Stotterer zum Sprechen bringt; die Kriegswochenschau-Zitate mit den mühsam durch die Sümpfe des Siwasch-Sees watenden Sowjetsoldaten, die Kompilation von Kriegsbildern, die bis zum sowjetisch-chinesischen Ussuri-Konflikt reichen. In all dem erblickten sie vor allem Verletzungen eines offiziös verordneten Pathos. Und ganz sicher muß es sie irritiert haben, daß Tarkowskij, zwar ohne weiteres Nachdenken, die nach 1968 sicher propagandistisch motivierte Forderung akzeptierte, Dokumentarbilder vom begeisterten Empfang sowjetischer Panzer im Prag des Jahres 1945 aufzunehmen, zugleich aber unnachgiebig auf dem monierten Stottern des Militärausbilders und dem Überwinden des Stotterns im dokumentarischen Prolog beharrte.

Entscheidend für Tarkowskij blieb die gerade auch im unscheinbaren Detail sich manifestierende Parallelität, der tieferen Sinn stiftende Zusammenhang des Inszenierten und des Dokumentarischen. Das Motiv des Stotterns beispielsweise verweist nicht nur auf Autobiographisches, sondern vor allem auch auf die zahlreichen Grenzüberschreitungen im »Spiegel«, auf die hier immer wieder zu beobachtenden Überwindungen der physischen und der psychischen Raum-Zeit-Logik.

Die Dokumentar-Passagen des »Spiegel« sind derart organisch in dessen epische und poetische Fiktion integriert, daß sogar irrtümliche Vermutungen über deren »Nachinszenierung« auftauchen. Diese Organik wurde möglich, weil Andrej Tarkowskij auch im Dokumentarischen nicht etwa nur zeithistorische Verweise, Orientierungs-Signale für seinen immer wieder zwischen Vergangenheit und Gegenwart changierenden Film sieht. Das konkret Authentische und die episch-poetische Fiktion haben den gemeinsamen Nenner einer gleichbleibend subjektiv-emotionalen Autorenperspektive. Tarkowskij sichtete unendlich lange Kriegswochenschauen, bis er endlich auf »sein« Material stieß, das eben so gar nicht den offiziösen Normen, wohl aber seiner ureigenen, emotional-subjektiven Disposition entsprach und auch den Zusammenhang mit der antiheroischen »Militärausbilder«-Szene herstellte.

Wie sehr Tarkowskijs Ringen um Authentizität gerade auf die innere Wirklichkeit gerichtet ist, demonstriert die Akribie, mit der er das zerstörte Haus seiner Kindheit nach alten Fotografien auf den erhalten gebliebenen Fundamenten, also an gleicher Stelle, errichten ließ und dann auch noch unbedingt für ein davor blühendes Buchweizenfeld sorgte: Die »Rekonstruktion der Kindheit« wird mit einer Rekonstruktion realer Dinge verbunden, weil diese zu assoziativen Trägern der zu erinnernden Emotionen werden.

Tarkowskijs poetischer Authentizismus hat also auch etwas mit jenem »déjà vu« zu tun, das im Film direkt angesprochen wird (»Mir ist, als ob alles schon einmal gewesen wäre«, sagt dort Ignat, der Sohn des auktorialen »Erzählers«). Etwa das hier die realen Dinge, aber auch die Träume von den realen Dingen betrifft. Und nicht zuletzt die erlebten Phantasiebilder der Tag- und Nachtträume. Auch dies befördert das Ineinander des Realen und des Imaginären, Poetischen. Die letztendlich romantische Dimension der Spiegel und der Doppelungen (nicht zufällig plante Tarkowskij eine »Hoffmanniana«), die Vergangenes und Gegenwärtiges, Reales und Irreales in bedeutungsvolle Bezüge zu setzen vermag (wozu eben auch die psychoanalytisch aufschlußreiche Parallelisierung, ja Gleichsetzung von Mutter und Ehefrau der »Erzählers« gehört).

Am »déjà vu«, an Tarkowskijs poetischem Authentizismus ist nicht nur die sichtbare Welt der realen Dinge und der Visionen beteiligt, sondern auch die »Sprache« der Dinge und Elemente – der gesamte Kosmos der Geräusche, der Originaltöne, denen ebenfalls eine erhöhte subjektiv-authentische Aufmerksamkeit zuteil wird und die ebenso wiederum in einer über sich selbst hinausweisenden Funktion eingesetzt werden (besonders charakteristisch etwa sind die vor allem Traumatisches und Träumerisches ankündigenden Windstöße).

Musik spielte für Tarkowskij immer eine besondere Rolle und galt ihm zuweilen sogar als der Inbegriff des Kreativen. Eduard Artemjew, dem »Spiegel«-Komponisten, gegenüber sagte Tarkowskij einmal, daß er ursprünglich die Kunst des Dirigierens erlernen wollte, weil es sein »ständiger Traum sei, das Chaos zu ordnen und zu organisieren«. Bekannt ist auch, daß er eigentlich keinen Tag ohne Bachsche Musik leben konnte.

Und zum großen Ärger der Ideologiewächter von »Goskino« spielte Bachs geistliche Musik ja auch eine wichtige Rolle im »Spiegel«. Dennoch war Tarkowskijs musikfilmisches Ideal keinesfalls ein Einsatz von Orchestermusik, weil diese dort gar zu leicht ein eigenwertiges Leben beginnen könne. Wie Eduard Artemjew berichtet, sagte ihm Tarkowskij bereits bei den vorangegangenen »Solaris«-Arbeiten, »daß er ›Musik als solche‹ in seinen Filmen eigentlich überhaupt nicht gebrauchen könne und seine Aufgabe vielmehr in einer Organisation natürlicher Geräusche bestehe, etwa in deren klanglich-rhythmischen Synthesizer-Bearbeitung, in einer Bereicherung der natürlichen Geräusche durch irgendeinen musikalischen Stoff, der diesen natürlichen Geräuschen eine ausgeprägte Individualität, Spezifik und emotionale Expressivität verliehe.«

Auch auf der Tonebene strebte Tarkowskij also nach einer subjektiven Authentizität. In der »Versiegelten Zeit« radikalisiert er diesen Ansatz sogar noch: »Um das filmische Bild voll und umfassend tönen zu lassen, muß man vermutlich ganz auf Musik verzichten. Strenggenommen bilden ja die filmisch und die musikalisch transformierte Welt zwei parallele, miteinander in Konflikt liegende Welten. Eine adäquat organisierte tönende Welt ist schon ihrem Wesen nach musikalisch ... Im Grunde genommen neige ich zu der Auffassung, daß die Welt von sich aus sehr schön klingt, daß das Kino überhaupt keine Musik benötigt, wenn wir nur richtig hören lernten.«

Es kommt Tarkowskij vor allem auf das Organisationsprinzip an, auf die Zuordnung der authentischen, der natürlichen und der poetischen Elemente, weshalb der Rhythmus zum entscheidenden bedeutungsbildenden Faktor wird, der eine Überhöhung des Authentischen ins Sinnlich Spirituelle ermöglicht. Im Rhythmus manifestiert sich die Individualität, das subjektiv-sinnliche Zeitempfinden des Regisseurs (vgl.: »Die versiegelte Zeit«, S. 140). Durch ihn wird dessen Wahrnehmung der inneren Realität der sichtbaren Welt erfahrbar. Eine Grenzüberschreitung, die die realen Dinge nicht etwa zu rational erklärbaren Zeichen »entfremden«, sondern eben poetisch-spitituell überhöhen will. Aus diesem Grunde wehrt sich Andrej Tarkowskij auch immer wieder gegen spekulativ wuchernde »Symbol«-Exegesen: »Derlei Fragen und Mutmaßungen versetzen mich regelrecht in Verzweiflung und Raserei. In keinem meiner Filme wird irgend etwas symbolisiert« (ebd., S. 225). »Nachdem die Leute den ›Spiegel‹ gesehen hatten, war es äußerst schwierig, ihnen klarzumachen, daß hinter dem Film keine andere, keine verborgene, chiffrierte Absicht steckt (...) Sie suchten nach verborgenen Symbolen, nach Absichten, nach dem Geheimnis. Denn sie waren einfach nicht an filmische, bildliche Poesie gewöhnt ...« (ebd., S. 154). Das »Geheimnis« der filmbildnerischen Kraft des »Spiegel« liegt eben in jener rhythmisch-syntaktischen Einheit der Bilder und Töne, die die poetische, die innere, die spirituelle Dimension der authentischen, konkreten Welt und Zeit zugänglich machen. Dies ist Tarkowskijs Gegenentwurf zu einer Zeit, zu einem Welt- und Kunstverständnis, das sich seiner Überzeugung nach durch seinen Rationalismus und Materialismus »heillos in die Sackgasse« manövriert und dabei auch die Sensibilität tatsächlich wahrnehmenden Sehens und Hörens verloren hat. Ihr hält Andrej Tarkowskij seinen Spiegel, das magische Ineinander von Authentischem und Poetischem, entgegen.